北京中央民族大学教育基金会资助

跨文化心理学的 20 项经典研究

Twenty Classic Studies in Cross-cultural Psychology

高 兵 著

科 学 出 版 社
北 京

内 容 简 介

跨文化心理学于 20 世纪 70 年代正式成为一门心理学分支学科，并获得了巨大发展，出现了大量设计精妙、意义深远的重要研究，对主流心理学产生了广泛影响。

为了向国内读者介绍西方跨文化心理学的发展成就，本书从该分支学科发展的洪流中审慎选取了 20 项经典研究案例，并将其分为认知，发展，情绪、动机与人格，社会心理四个类别，以相关研究领域为参照，详细介绍了这些研究的理论背景、研究设计、主要结论，并在跨文化心理学发展的广阔视野中评价其意义及长期影响。

本书适合心理学、教育学相关专业的本科生、研究生及研究人员参阅，也可供对心理学感兴趣的其他读者参考。

图书在版编目（CIP）数据

跨文化心理学的 20 项经典研究 / 高兵著. —北京：科学出版社，2020.12
ISBN 978-7-03-064005-5

Ⅰ. ①跨… Ⅱ. ①高… Ⅲ. ①文化心理学-研究 Ⅳ. ①C912.6-0

中国版本图书馆 CIP 数据核字（2020）第 000070 号

责任编辑：孙文影　高丽丽 / 责任校对：何艳萍
责任印制：师艳茹 / 封面设计：润一文化

科学出版社 出版
北京东黄城根北街 16 号
邮政编码：100717
http://www.sciencep.com
三河市春园印刷有限公司 印刷
科学出版社发行　各地新华书店经销
*
2020 年 12 月第　一　版　开本：720×1000　B5
2020 年 12 月第一次印刷　印张：15
字数：282 000
定价：89.00 元
（如有印装质量问题，我社负责调换）

作者简介

高　兵　山东莱芜人，博士毕业于中国科学院心理研究所，现为中央民族大学教育学院教授、院长，硕士生导师，主要从事跨文化心理与教育研究。

前　言

1879年，威廉·冯特在德国莱比锡大学建立了第一个心理学实验室，标志着心理学脱离了哲学的怀抱，成为一门独立的学科。经过一个多世纪的发展，心理学已经被广泛认可为一门科学。然而，主要产生于西方社会的心理学理论不能充分解释非西方文化中的心理与行为现象，因此，文化取向的心理学研究在19世纪末20世纪初从欧洲人类学、社会学、心理学和进化论中起源与发展，并于20世纪70年代正式成为一个专门的领域——跨文化心理学。跨文化心理学主要是一种研究的角度和看待问题的方法，凡心理学所关心的问题都可以进行跨文化研究。几十年来，跨文化心理学领域诞生了大量设计精妙、意义深远的研究，大大加深了我们对心理学的理解。

本书的构思主要源于笔者在跨文化心理学方面的教学经历。2007年从中国科学院心理研究所毕业后，笔者来到中央民族大学教育学院工作。在常永才教授的关照下，笔者开始关注跨文化心理学，负责教育学专业"跨文化心理学"课程的教学，参与了常永才教授主持的对著名跨文化心理学家约翰·贝里等的著作《跨文化心理学——研究与应用》（第3版）（译本由北京师范大学出版社出版）的翻译工作，并结合当时的最新研究进展，于2010年出版了《跨文化心理学研究》一书。笔者在教学过程中发现，相关著作由于篇幅有限，无法较为详细地介绍跨文化心理学领域的具体研究，这使得学习者无法充分理解研究的精髓，尤其是不能充分领会跨文化心理学的指导思想和具体研究范式。因此，笔者尝试从跨文化心理学发展的洪流中选取部分重要研究案例进行较为详细的介绍，一方面希望能重现这些研究的精妙之处和深远意义，另一方面也为满足读者对跨文化心理学具体研究过程的好奇心。

多年从事"跨文化心理学"课程教学的过程中，写作本书一直是笔者的一个心愿，但由于事务繁忙，始终没有时间动笔。2019 年春季，在国家留学基金委的资助下，笔者以青年骨干教师出国研修的名义访问美国宾夕法尼亚大学，这才相对脱离了繁重的行政和教学工作，得以有相对完整的时间来完成本书的写作，也算了了这个心愿。

选择研究的标准

本书所选择的研究案例是经过慎重考虑和精心选择的。然而，由于跨文化心理学的历史较为短暂，跨文化心理学的研究对象、研究范式等还不十分清晰，因此笔者在选择案例时颇费踌躇。

笔者在选择研究案例时主要考虑以下几个方面：①这些研究一般要具有较长期的、广泛的影响，主要表现为引用率较高，尤其是研究已经发表几十年以后仍有研究在引用；②如果某些研究发表的时间不长但已经受到广泛关注，并与一些较新的研究领域联系在一起表明其具有潜在的影响力，也在考虑范围之内；③更加关注有关中国文化的跨文化心理学研究，尤其是由华人学者所完成的研究。

基于以上考虑，笔者在四大研究领域选取了 20 项经典研究进行介绍，这些领域是认知领域，发展领域，情绪、动机与人格领域，社会心理领域。

本书的体例

尽管有相对比较统一的学术论文写作规范，但由于不同研究发表于不同时代和不同期刊，因此这些研究的写作体例不尽相同。为了方便读者更好地理解每一项研究，本书在一定程度上打破了原始文献的结构，采用了相对一致的格式，每项研究都以一份经典的研究文献为基础介绍如下内容：

1）研究背景：介绍该研究所涉及的主要相关知识和研究进展。

2）理论假设：介绍该研究所关注的具体问题以及文中提出的研究假设。

3）研究方法与结果：详细介绍该研究的研究方法，包括研究场所、研究被试、工具和仪器、研究过程等，并用非统计性的语言总结研究结果。

4）讨论：主要根据原文的分析来讨论该研究结果的意义，也可能会涉及该研究的局限性。

5）该研究在跨文化心理学中的重要性及长期影响：分析其在跨文化心理学发

展中的重要性，并分析后期的发展情况，包括部分支持或反对的观点，近期的引用情况，最新研究进展，尤其是与某个学科或研究领域的兴起和发展之间的关联。

对心理学专业以外的读者来说，阅读专业的心理学研究文献是困难的，因此本书尽量用通俗的语言介绍相关研究，以使读者能更好地理解这些研究及其产生的重要影响。

致谢

中央民族大学苏德教授大力支持本书的写作，并联系中央民族大学教育基金会资助出版本书，在此对苏德教授和中央民族大学教育基金会白勇处长表示诚挚的谢意！常永才教授多年来支持笔者从事“跨文化心理学”课程的教学，并鼓励笔者写作本书，在此表示感谢！感谢中央民族大学所有参与“跨文化心理学”课程的同学，是他们让笔者有动力去关注跨文化心理学的研究细节，并产生写作本书的想法。

感谢科学出版社教育与心理分社的付艳分社长为本书选题立项和出版付出的大量心血！感谢孙文影、高丽丽等编辑以专业水准圆满完成了本书的设计、制作和审校工作！

高　兵

目　录

发展

情绪、动机与人格

社会心理

认　知

1 空间知觉与生态文化

本章评述的是约翰·贝里于1966年发表于《国际心理学杂志》（*International Journal of Psychology*）的研究报告《滕内人和爱斯基摩人的知觉技能》（Temne and Eskimo perceptual skills）①。

约翰·贝里（John Berry）

加拿大著名跨文化心理学家，于1963年在乔治·威廉斯爵士大学获得学士学位，1966年在爱丁堡大学获得博士学位，1966—1969年在悉尼大学工作，1966—1999年在女王大学工作。主要从事生态和文化因素对心理与行为的影响以及跨文化接触对移民和土著人适应的影响的研究，是国际跨文化心理学协会（International Association for Cross Cultural Psychology，IACCP）创始人之一，并曾担任该学会主席。本章所介绍的文章于1966年发表时，约翰·贝里在爱丁堡大学攻读博士学位。

① Berry，J. W.（1966）. Temne and Eskimo perceptual skills. *International Journal of Psychology*，*1*（3），207-229.

1.1 背景介绍

很多人认为女性的方向感不如男性，比如，很多女性认为自己是“路痴”，如果男女结伴出门在外，往往是男性指路而不是女性，女性往往在方向感上要依赖于男性，等等。那么，是不是女性的方向感真的比男性差呢？如果真有一些差异的话，这些差异产生的根源又是什么呢？是不是所有地区的人都有这样的性别差异？

主流心理学家相信，人们的心理特征具有广泛的一致性，即使是生活在不同的地理、经济、社会和文化条件下，不同群体的心理特征在相当程度上也是相似的。因此，在西方社会中经常发现的男性的空间能力优于女性的现象，在世界上应该都是一样的。然而，随着人类学的发现对心理学产生了一些启发，以及跨文化心理学的兴起，越来越多的心理学家相信不同文化中人们的心理特征应该有一定的差异，问题仅仅在于这些差异表现在哪些方面，这些差异与生态和文化背景的关系的实质是什么。对于这些问题，心理学家较早感兴趣的是相对比较基础的心理活动，如感觉、知觉等活动的跨文化差异及其与生态文化的关系。一些心理学家认为，特定生态文化下所产生的社会压力以及教育实践和文化活动会影响群体成员的心理特征，其中，空间知觉技能也会受到影响。

约翰·贝里于1963—1966年在爱丁堡大学攻读博士学位期间，对知觉活动和文化关系的实质产生了兴趣。他在非洲西部的塞拉利昂选取了滕内人（Temne）和加拿大巴芬岛的爱斯基摩人（Eskimo）作为研究对象，并以苏格兰的两个样本作为参照群体进行了研究。本章将介绍贝里的这项研究。

贝里认为，生态和文化环境很可能影响了人们的知觉活动，而滕内人和爱斯基摩人截然不同的生态环境和社会实践活动导致二者在知觉活动中表现出明显差别。

两个群体的生态和文化方面的差异主要表现在如下方面。

（1）生态环境

滕内人生活在塞拉利昂的中部和沿海地区，多数生活在农村地区，这里的环境呈多样性，充满了视觉刺激。绝大多数滕内人从事种植水稻、花生或辣椒等农业活动，几乎没有人打猎，也不需要远离居住地，因此很少需要制作和使用地图。总之，环境没有“强迫”他们发展出良好的空间能力。加拿大的爱斯基摩人（现在一般称因纽特人）生活在北冰洋海岸，这里土地荒芜，即使在夏季也仅有苔藓等植物覆盖大地，这样的环境鲜有视觉刺激。大多数爱斯基摩人是猎人，他们需要远离居住地去打猎，所以发展出了制作和使用地图的能力。他们的生活环境和获得生活资料的方式迫使其发展出良好的知觉技能，使他们能从荒芜的环境中觉察到视觉刺激的微小变化，注意到目标的细节，而且能在陌生且缺少标志物的环境中知觉到自己的相对位置。

（2）社会组织

滕内人奉行的是一夫多妻制，妻子承担多数农活，并负责抚养幼子。2 岁或 2.5 岁之前，男孩和女孩得到同样的喜爱和温和对待；但 2 岁或 2.5 岁以后，成人会严格管教甚至打骂孩子。妇女受男性的严格控制，违反婚姻法将会受到严厉惩罚。爱斯基摩人在历史上曾实行一妻多夫制和一夫多妻制，但现在实行的是一夫一妻制，孩子受到喜爱和宽容对待，很少受到惩罚，有很大的自由。爱斯基摩人对女性及其子女的控制很少。威特金等（Witkin et al.，1962）的心理分化理论认为，受到严格控制的群体更容易产生场依存的倾向，而不受严格控制的群体则更容易形成场独立的倾向。因此，可以预测滕内人更容易形成场依存的倾向，而爱斯基摩人更容易形成场独立的倾向，从而使他们在空间知觉能力方面表现出差异。

（3）语言

语言内容是经验的反映。滕内人的语言中表示几何空间的词语远远少于爱斯基摩人语言中表示几何空间的词语，这说明相对于爱斯基摩人而言，滕内人不太需要反映空间关系的词语。反过来，作为一种文化因素，词语较少也可能会影响其空间能力的发展。

（4）艺术

滕内人几乎不制作任何图形、雕塑或装饰品，服装设计简单。爱斯基摩人擅长皂石雕刻、刺绣等，多数女性可以用尺寸最小的皮革剪裁、制作成靴子和皮大衣。这种差异使滕内人和爱斯基摩人在与空间能力相关的训练方面有所不同，在空间能力方面表现出差异。

根据以上对这两个群体所在的生态环境和文化的描述，可以想象这两个群体可能会在空间能力上表现出系统性差异。

另外，关于男性和女性在心理特征方面的性别差异，一直有很多争论。很多研究发现，在空间定向、空间想象及其他包含空间成分的任务中，男性的表现一般好于女性。正如本章开头所提到的，男性在生活中表现出的空间能力似乎也强于女性。但是，这种性别差异是普遍的吗？如果真有差异，这种差异是先天形成的，还是男女的社会分工、社会经历和实践经验的不同导致的？对于空间能力的性别差异，威特金等（Witkin et al.，1962）发现，在西方样本中，场依存性存在一致的性别差异，女性比男性更倾向场依存。他们认为，这些差异可能源于男女在生物学角色和解剖结构上的差异，可能也在于我们的文化鼓励女性扮演更具依赖性的角色。贝里发现，尽管爱斯基摩人中的女性和儿童所扮演的社会和经济角色与成年男性不同，但其并不被视为依赖于成年男性，女性和儿童受到的控制也非常少。滕内人对女性和儿童实行强有力的控制，从而使整个社会中的人产生了场依存的特征，而这种特征则意味着较差的空间能力。因此，贝里预测，也许爱斯基摩人空间能力的性别差异较小，而滕内人空间能力的性别差异较大。

贝里的这项研究就是通过考察生态、文化环境不同的两个群体在空间能力方面是否有系统性差异，从而分析生态环境和文化与知觉技能的关系，并从理论上分析空间能力的群体差异是源于先天的基础还是后天的环境。

1.2 理论假设

贝里认为，在具有不同生态环境和文化特征的社会中，人们的视知觉技能存在差异，并且这些知觉差异并非在程度方面的随机差异，而是可以通过分析生态环境对每个群体的要求以及这些群体的文化实践而进行预测的。

贝里基于对两个群体的生态和文化差异的分析，提出了两组研究假设。

1）辨别技能的差异。在闭合测验中，尽管两个群体具有相同的视敏度，但爱斯基摩人将比滕内人对细节更敏感，更有可能觉察到导致图形未闭合的间隙。

2）空间技能的差异。在空间能力测验中，假设如下：①爱斯基摩人的得分将明显比西化程度相同的滕内人高；②爱斯基摩人的得分将比滕内人的得分更加接近苏格兰样本的得分；③通过与西方社会接触，滕内人和爱斯基摩人过渡样本的得分将高于各自相应的传统样本；④在 6 个样本内部，得分将与受教育水平显著相关；⑤每个样本中那些将自己评定为受到更严格的纪律约束的人的得分，将低于那些把自己评定为未受到严格的纪律约束的人的得分。

另外，贝里对空间能力的性别差异做出了如下假设：爱斯基摩人在空间测试中可能表现出很小的性别差异，而滕内人可能会表现出较大的性别差异。

1.3　研究方法与结果

1.3.1　研究方法

1.3.1.1　被试

为了在同一文化内考察西化对知觉的影响，并避免用“种族”来解释不同社会中人的知觉差异，贝里选取了两个滕内人样本。一个是生活在相对隔离的农村地区的传统样本，另一个是生活在城市西化环境中的过渡样本。同样，其也选取了两个爱斯基摩人样本。另外，为了可以进行性别和年龄差异的分析，对所有样本都保持了男女数量的一致，所有样本可以平均分为五个年龄群体（10～15 岁、16～20 岁、21～30 岁、31～40 岁、40 岁以上）。

贝里最终在马约拉（Mayola）选取 90 人作为滕内人传统样本，在洛科港区（Port Loko district）选取 30 人作为滕内人过渡样本，在庞德因莱特（Pond Inlet）地区选取 90 人作为爱斯基摩人传统样本，在佛洛比西尔湾（Frobisher Bay）地区选取 30 人作为爱斯基摩人过渡样本。马约拉样本和庞德因莱特样本都是未接触过西方社会、未受西化影响的传统样本，他们极少接受教育。洛科样本和佛洛比西尔湾样本是西化程度相当的过渡样本，都平均接受了 3 年的西方教育。

另外，贝里还在苏格兰选取了两个样本作为参照，其中一个包含 62 人的样本来自一个名叫因弗基勒（Inverkeilor）的小村庄，该样本个体平均接受了 10 年的教育；另一个包含 60 人的样本来自爱丁堡市，该样本个体平均接受了 10.4 年的教育。

1.3.1.2　测试工具

辨别技能的测试工具是闭合测验。贝里向被试逐个呈现一系列三角形、正方形或矩形，每次 20 毫秒，在每种图形的左侧或右侧都有大小不等的间隙，使图形不完全闭合，每个形状系列的间隙从 1 毫米增加到 11 毫米，每次增加 1 毫米，记下被试觉察到并画出来的间隙的大小作为被试得分。每次向被试呈现后，要求被试画出他们所看到的图形，对于间隙为 1 毫米的第一个形状，如果被试注意到形状侧面的间隙并能正确再现图形，则得 1 分，间隙越大，得分越高。完全没有注意到间隙也没有画出间隙的被试得 20 分，得分越高，说明其对间隙越不敏感。

空间技能测试工具是 4 个标准空间能力测验，贝里对每个测验的情况做了如下说明：第一，柯斯积木（Kohs Blocks）测验，使用原始测验的 17 个设计，其中前 10 个设计的测验时间分别延长了 30 秒；第二，威特金镶嵌图形（Witkin Embedded

Figures）测验，选取了 24 个最初设计中的 6 个，每个设计的测试时间限制为 3 分钟；第三，莫里斯比形状（Morrisby Shapes）测验，使用了完整的 10 分钟测验；第四，瑞文测验（Raven Matrices），使用彩色系列 A、Ab 和 B，不计时。

1.3.2 研究结果

1.3.2.1 区分技能

贝里通过对区分技能的测试发现，爱斯基摩人对图形的小间隙明显比滕内人敏感。如果不考虑间隙大小，只计算所有看到间隙的被试比例，则爱斯基摩人发现间隙的人数比例明显高于滕内人。有没有可能是因为爱斯基摩人更多地接触印刷材料，所以对图形细节更敏感呢？从闭合测试结果来看，尽管苏格兰样本受教育程度更高，接触的印刷材料更多，但对细节的觉察能力明显低于爱斯基摩人。没有一个样本表现出闭合测验得分与受教育年限的相关，说明空间辨别的技能与受教育水平没有关系，而更可能与生态文化有关。

年龄和闭合测验得分似乎有关系，40 岁以上的滕内人和爱斯基摩人的成绩明显较差，但苏格兰被试没有表现出这样的趋势。这可能是因为 40 岁以上的苏格兰被试多数戴着眼镜，而 40 岁以上的滕内人和爱斯基摩人出现老花眼却没有戴眼镜。

1.3.2.2 空间技能

关于空间技能，贝里曾提出 5 个假设。从 6 个样本在 4 个空间技能测验中的表现来看，5 个假设都得到了验证。

假设一：爱斯基摩人的得分将比同等西化程度的滕内人明显更高。该假设得到了验证，不论是两个族群的传统样本，还是两个族群的过渡样本，都是爱斯基摩人的得分明显高于滕内人。

假设二：爱斯基摩人的得分将比滕内人的得分更加接近苏格兰样本的得分。该假设也得到了验证，表现为爱斯基摩人传统样本与苏格兰农村样本的差异远小于滕内人传统样本与苏格兰农村样本的差异，爱斯基摩人过渡样本与苏格兰城市样本的差异远小于滕内人过渡样本与苏格兰城市样本的差异。对爱斯基摩人传统样本与苏格兰农村样本在 4 个测验上的得分进行比较，以及对爱斯基摩人过渡样本与苏格兰城市样本在 4 个测验上的得分进行比较，汇总 8 次比较的结果，贝里发现爱斯基摩人有 1 次得分超过苏格兰样本，有 4 次二者相当，有 3 次爱斯基摩人的得分低于苏格兰样本，这说明爱斯基摩人的得分跟苏格兰人非常接近。

假设三：通过与西方社会的接触，滕内人和爱斯基摩人过渡样本的得分将高于各自相应的传统样本。对滕内人的传统样本和过渡样本以及爱斯基摩人的传统样本和过渡样本在 4 个测验上的得分进行 8 次比较，并汇总 8 次比较的结果，贝里发现，除了莫里斯比形状测验得分外，其他比较都是过渡样本的得分高于传统样本的得分。

假设四：在 6 个样本内部，其得分与受教育水平显著相关。该假设也基本得到了验证，表现为 6 个样本中有 5 个样本的空间能力得分与受教育水平呈显著正相关，仅庞德因莱特样本的空间能力得分与受教育水平呈负相关。

假设五：每个样本中，那些将自己评定为受到更严格纪律约束的人的得分将低于那些把自己评定为未受到严格纪律约束的人的得分。该假设也大体上得到了验证。对于自己是否受到严格的纪律约束，滕内人和爱斯基摩人以类似“全或无”的方式进行了回答。滕内人样本中只有少数人把自己受到的纪律约束评定为“不严格”，没有“比较严格”的评价，其他人的评价全部为“非常严格”。爱斯基摩人样本中只有一人把自己受到的纪律约束评价为“非常严格”，少数人评价为“比较严格”，绝大多数评价为“不严格”。苏格兰样本中大多数人回答“比较严格”、“不严格”和“非常严格”的评价都很少。对于这 6 个样本，贝里把每个样本的被试都分成两类：一类是认为自己受到较严格纪律的约束，另一类是认为自己未受到严格纪律的约束。对每个样本的两类被试在 4 个空间能力测验上的得分进行 4 次比较，6 个样本共进行 24 次比较。马约拉的被试除了一人回答“不严格”外，其余都回答“非常严格”，因而这个样本的 4 个比较是无效的。在剩下的 20 次比较中，有 13 次比较的结果是无显著性差异（包括 9 次比较的结果是差异跟预测的方向相同，3 次比较的结果是差异跟预测的方向相反），7 次比较的结果是存在显著性差异。大体上可以判断，那些将自己评定为受到更严格纪律约束的人的得分低于那些把自己评定为未受到严格纪律约束的人的得分。

1.3.2.3 性别差异

贝里曾假设爱斯基摩人在空间测试中可能表现出较小的性别差异，而滕内人可能会表现出较大的性别差异。结果发现，滕内人样本的 8 名男性中有 4 名得分明显高于女性，还有两名男性得分也高于女性，只是差异不太大；爱斯基摩人的男性和女性的得分不存在显著性差异；苏格兰样本的 8 名男性中有 4 名得分明显高于女性，而其他男性与女性的差别虽然不大，但得分也比女性高，这一得分的性别差异模式与滕内人的性别差异模式相似。

1.4 讨　论

从 6 个样本在区分技能测验和 4 个空间技能测验上的表现来看，滕内人和爱斯基摩人的空间能力表现出明显的差异。第一，爱斯基摩人对间隙更加敏感，证实了爱斯基摩人的环境对其注意细节能力的要求更高这一假设。第二，虽然爱斯基摩人的受教育机会无法跟苏格兰人相比，但双方的空间能力接近，而滕内人却跟苏格兰人相去甚远。这可能是因为爱斯基摩人的生存环境、语言、艺术和社会实践都有助于他们发展自己的空间能力。但也可以看出，在瑞文测验中较为偏向“知觉”的 A 和 Ab 部分，爱斯基摩人和苏格兰人的表现几乎没有差别，但在更偏向“智力”的部分，爱斯基摩人的表现与苏格兰人差异较大。第三，研究结果证明，通过与西方生活的接触，尤其是通过与学校、电影和杂志的接触，传统的知觉特征会发生改变，接触西方社会较多的滕内人和爱斯基摩人的空间技能都有所提高。第四，受教育年限与空间能力表现出高相关，其中在两个苏格兰样本中以及滕内人传统样本、爱斯基摩人传统样本中的相关最高，在其他群体中也有很高的相关。意外的是，受教育年限与空间能力在庞德因莱特样本中呈负相关，原因可能是被试所在的学校只是在过去几年才进入该地区，因此对被试的影响较小。因此，总体来说，教育与空间能力呈正相关。第五，儿童对于自己是否受到严格纪律约束的报告证实了人类学家所报告的趋势，即滕内人对其后代实行严格约束，而爱斯基摩人则对儿童很宽容。从结果来看，其所受到的纪律约束与空间能力呈正相关大致得到了证实，只是趋势不是很明显。

贝里还发现了一个关于性别差异的有意思的现象，即滕内人和苏格兰人的空间能力存在性别差异，而爱斯基摩人则不存在性别差异，这与威特金关于场依存-场独立与空间能力的关系的观点是一致的。场依存-场独立虽然可能受到了生物学因素的影响，但生态文化和社会环境也是造成场依存的重要因素，从而导致空间能力出现差异。空间能力对爱斯基摩人社会中的男性和女性适应环境至关重要，因此男孩和女孩都有充分的训练和经验，从而使空间能力得到提高。滕内人中的男性和女性的分工不同，男性外出谋生计的机会更多，因而在童年时期得到较多训练，而女性受到的训练则较少，从而导致空间能力出现性别差异。

需要注意的是，贝里在研究中使用了 4 个空间测验来测量被试的空间技能，结果显示，对任一被试群体来说，在 4 个空间测验上的成绩都呈显著正相关。由于这些测试是在英国和美国设计的，所要测量的心理品质是一致的，出现相关不足为奇。但在跨文化使用中，尤其是在滕内人和爱斯基摩人这样如此不同于英国人和美国人的群体中使用时，依然出现了一定的相关，这在一定程度上说明贝里在这项研究中使用的工具是比较可靠的。

回到本章开头提出的问题：男性和女性的方向感产生差异的原因是什么呢？

这种差异是不是普遍存在的呢？贝里的这项研究的重要价值在于，生活在特定生态文化中的群体的空间知觉能力实际上是在生态环境及相应的社会文化的影响下形成的。环境的压力使人的空间能力得到更多训练，并因此得到很大提高。空间能力之所以存在性别差异，也是因为生态环境造成了特定的男女分工，这种分工对空间能力有较高要求，从而通过更多的训练机会才能得到提高。

贝里进行这项研究时还是爱丁堡大学的博士研究生，后来成为享誉国际的跨文化心理学家，并曾担任国际跨文化心理学协会的主席。贝里曾提出了“生态-文化框架”（Berry，1976），用以解释生态环境、文化、行为、心理之间的关系。根据这一框架，生态文化既可能直接影响人的心理与行为，同时也可能会通过人的生物学适应和文化适应影响其社会政治背景。社会政治背景既可能影响人的生物学适应和文化适应，又会通过涵化影响人的心理与行为。贝里的这项研究很好地契合了“生态-文化框架”。滕内人的生态文化并未给他们空间能力的发展施加很大的压力，因而他们不必发展出良好的空间能力，也能很好地适应环境。爱斯基摩人的生态文化则决定了他们必须发展出良好的空间能力，否则就无法在这样的环境中生存。生态背景使男性和女性进行一定的分工，不同生态背景中男女分工的模式不同，导致空间能力发展机会的性别差异在不同生态背景中有大有小。男女分工还导致了男女的社会地位差异的多样性，又间接导致了不同性别的空间能力差异在不同社会中有所不同。

1.5 该研究在跨文化心理学中的重要性及长期影响

贝里这项研究的选题、研究对象和进行的分析都是典范的跨文化心理学研究，对后来的研究富有启发性。也正因为如此，这篇论文发表后受到广泛关注，被很多研究者引用。截至 2019 年 11 月，用谷歌学术搜索可以查到近 800 条引用。在跨文化心理学逐渐开始兴起的 20 世纪 60 年代，贝里的这项研究启发了很多人进行认知过程的跨文化研究。进入 21 世纪后，依然有很多心理学著作把该研究看作知觉领域跨文化研究的重要文献进行介绍，也有不少实证研究把这篇文章作为研究背景，并用这项研究所得出的结论来解释新的研究结果。下面试举两例。

加利福尼亚大学圣巴巴拉分校的本杰明·特朗布尔等（Trumble et al.，2015）在玻利维亚低地的茨曼（Tsimane）研究了觅食园艺家在航位推算这种空间能力上的性别和年龄差异，发现这种能力没有性别差异和年龄差异。尽管茨曼人的男女分工有差异，但由于男性和女性的生存策略和活动有很多重叠，男女生活流动性的模式很相似，从而使得双方在空间能力上表现出一致性。特朗布尔引用了贝里（Berry，1966）的研究进行解释，认为人的某些心理能力是适应于生态环境的，正是特定生态环境使得男性和女性表现出相似的生活习惯，因此男女在空间能力上表现出一致性。

埃塞克斯大学的艾斯·乌斯库等（Uskul et al.，2008）引用了贝里（Berry，1966）的研究，以该研究为基础并进行了改进，考察了黑海东部地区的农业、渔业和畜牧这三类社区的人在注意力、分类和推理这三个方面所表现出的整体认知倾向。其所考察的三类社区属于同一个国家，并在地理、种族、语言等方面一致，但人们在社会相互依存度上有所不同。与假设一致，在认知活动中，强调社会和谐及相互依存的农业和渔业社区的成员比畜牧社区的成员表现出更明显的整体性倾向，而畜牧社区的成员则更强调认知活动中的个人决策及社会独立。乌斯库等的研究显然受到了贝里研究的影响，其结论跟贝里的观点也是一致的，使读者更加深刻地理解了生态文化因素影响认知活动的机制。

参考文献

Berry，J. W.（1966）. Temne and Eskimo perceptual skills. *International Journal of Psychology*，*1*（3），207-229.

Berry，J. W.（1976）. *Human Ecology and Cognitive Style：Comparative Studies in Cultural and Psychological Adaptation*. New York：Sage/Halsted.

Trumble，B. C.，Gaulin，S. J. C.，Dunbar，M. D.，Kaplan，H.，& Gurven，M.（2015）. No sex or age difference in dead-reckoning ability among Tsimane forager-horticulturalists. *Human Nature*，*27*（1），51-67.

Uskul，A. K.，Kitayama，S.，& Nisbett，R. E.（2008）. Ecocultural basis of cognition：Farmers and fishermen are more holistic than herders. *Proceedings of the National Academy of Sciences of the USA*，*105*，8552-8556.

Witkin，H. A.，Dyk，R. B.，Fattuson，H. F.，Goodenough，D. R.，& Karp，S. A.（1962）. *Psychological Differentiation：Studies of Development*. Oxford：Wiley.

2 非洲亚文化群体的图画深度知觉

本章评述的是哈德森于1960年发表于《社会心理学杂志》(*The Journal of Social Psychology*)的研究报告《非洲亚文化群体的图画深度知觉》(Pictorial depth perception in sub-cultural groups in Africa)[①]。

哈德森(Hudson)是一位对知觉现象进行跨文化研究的心理学家。本章所介绍的文章于1960年发表时,哈德森在南非国家人事研究所工作。

① Hudson, W.(1960). Pictorial depth perception in sub-cultural groups in Africa. *The Journal of Social Psychology*, *52*, 183-208.

2.1 背景介绍

当看到下面的图片（图 2-1）时，你觉得图中男人手中的标枪指向大象还是羚羊呢？大多数人可能认为标枪指向的是羚羊。明明标枪和羚羊之间还隔着大象，而且大象还在标枪的正前方，为什么还会有人认为标枪指向的是羚羊呢？如果你认为标枪指向羚羊，说明你认为男人距离羚羊较近，而大象距离男人和羚羊很远。换句话说，你实际上在一幅二维的图画上看到了三维空间，看到了深度和距离。

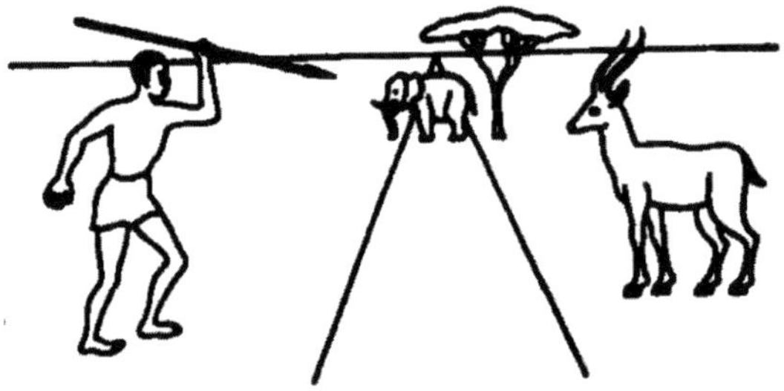

图 2-1　哈德森在研究中用到的图片

资料来源：Hudson，W.（1960）. Pictorial depth perception in sub-cultural groups in Africa. *The Journal of Social Psychology*，*52*，183-208.

现实世界是一个三维立体的世界，我们也把这个世界知觉为三维立体的世界，这似乎没有什么疑问。然而，如果考虑到我们的视觉感受器是眼睛的视网膜，而且视网膜是一个平面的话，那么我们总是能轻松地辨别远近不同的物体或同一物体远近不同的部分，也就是能产生深度知觉和立体视觉，这就不是理所当然的事情了。实际上，眼睛要通过很多线索才能产生深度知觉，这些线索包括双眼线索（双眼视差和辐合）和单眼线索（对象大小、对象重叠、线条透视、空气透视、运动视差、运动透视）。双眼线索在物体距离观察者较近时能提供距离信息，但在物体较远时就无法提供有效的距离线索了，这时我们更多依赖于单眼线索。

在三维视觉世界中，两个大小相等的物体，更靠近观察者的物体在我们视网膜上的成像更大，所以如果我们知道两个物体本来是一样大的，但看上去其中一个较大，那么较大的就被知觉为距离较近，这就是对象大小线索。因此，在用二维图片表示三维场景中两个同等大小的物体时，画得较大的一个就会被知觉为距离较近。在三维视觉世界中，当一个物体与另一个物体互相遮挡时，总是近的一个遮挡远的一个，因此被遮挡的物体就被知觉为距离观察者更远，这就是对象重叠线索。因此，在二维图片中相互遮挡的物体，被遮挡的物体就被知觉为距离较远。在三维视觉世界中，两条向远方伸展的平行线看起来趋于接近，因此如果我们看到两条线平行，就会觉得在视野中趋于接近的一端距离较远，这就是线条透视线索。因此，如果在二维图片中有两条线平行，但看上去一端趋于接近，则趋于接近的一端被知觉为平行线的远端。这三种线索是我们在二维图片中知觉深度和距离的主要线索。在大量使用二维图片表现三维立体世界的西方文化和现代文化中，人们已经习惯于在二维图片中知觉深度和距离。

然而，在二维图片中看到深度和距离，这是不是所有人都理所应当具备的能力呢？如果从未接触过用二维图片表现三维视觉世界的材料，或者接触非常少，是否能够在二维图片中看到深度与距离呢？南非国家人事研究所的哈德森留意到，给班图（Bantu）工厂的工人受测者看图片材料，这些工人看到的内容与西方世界的人看到的内容差别很大。其中一张图片中，前景是一个双手叉腰、穿着工作服的工人，背景是一个茅草屋顶的小屋。前景和背景叠加，茅草就像是从工人的背部长到肩膀上方的羽毛或翅膀。如果我们能够从图片中知觉到深度和距离，则能意识到茅草在工人背后远处的屋顶上，而不会认为茅草在工人的背上。但班图工厂的工人由于没意识到其实工人距离观察者较近，而茅屋实际上是在远处的，因而错误地认为茅草是从工人背上长出来的，从而把这个人看成是长了翅膀的人、魔鬼或者天使。在另一幅图片中，有一个人在煽动一群工人。这个煽动者位于前景，在工人的上方，背景是一栋有三个高烟囱的工厂式建筑，前景和背景重叠，煽动者伸出的双手正好位于两个烟囱顶部的上方。如果能知觉到二维图片中的深度，就能理解煽动者的双手实际上并非在烟囱上方，但有些班图工厂的工人认为这是一个爬到房子顶部，并用烟雾暖手的疯子。可以看出，班图工厂的工人对二维图片的理解跟我们不同，他们不能很好地理解二维图片中的深度和距离，从而给出了不同的解释。

哈德森认为，从上述例子至少可以看出，从二维图片中看出深度和距离，并非所有人都具备的能力。在某些文化中，人们很少接触图片材料，不能理解二维图片表现三维世界的规律，因而无法即刻理解图片中包含的空间信息。对心理学家来说，了解不同文化中人们对图片中的深度和距离线索的理解，具有两个方面的重要意义。

第一，心理测验材料的适用性。心理学家在进行心理测量时，经常会用到图片材料，尤其是有些投射测验需要让受测者观察图片，并解释图片中的信息。然而，不同的受测者对二维图片中所隐藏的深度线索的理解是不同的，受测者与施测者的理解也有差异。在对一种文化进行研究时，可以通过分析所有对测验材料的投射反应去理解这种文化，但在跨文化调查中，图片测验材料的结构需要在不同文化中维持对等，如果不对等，人们对同一深度线索会产生不同反应，从而会使投射技术的适用性降低。

第二，学习材料的通用性。在以欧美社会为代表的现代社会中，文化知识的传播依赖于书本，这些书本中有大量插图和照片，这些插图和照片要表示三维场景，就需要遵守和接受某些艺术或图形惯例。二维图片中经常使用的深度线索主要有对象大小、对象重叠、透视。要想在二维图片中产生深度知觉，需要在图片中感受到表示深度和距离的线索。然而，前述的研究已经证明，图片材料并不能被某些非洲人正确理解，他们很多时候并不能准确知觉到二维图片中所代表的深度和距离。因此，同样的学习材料在不同文化中，尤其是在哈德森所关注的缺乏在二维图片中知觉深度线索的人群中，其意义是有所不同的。

为了更细致地了解非洲南部亚文化群体在理解图片资料时对深度线索的知觉，哈德森设计了包含对象大小、对象重叠、透视三种深度线索的图片，考察了这些群体在理解图片时的表现。

2.2 理论假设

哈德森认为，非洲南部亚文化群体很少用到书本和图片，其在理解图片资料时对深度线索的知觉与西方社会的群体不同，他们无法自动理解现实世界中的深度线索与二维图片中的深度线索之间的关系，在理解二维图片中所隐藏的对象大小、对象重叠、透视等深度线索时，将会遇到困难或出现错误。

2.3 研究方法与结果

2.3.1 研究方法

2.3.1.1 测试材料

反映深度线索的图片材料往往同时包括对象大小、对象重叠和透视三种深度线索，因此哈德森设计的测试材料首先对这三种线索进行了区分。测试材料包括 11 幅轮廓图和 1 幅照片。其中轮廓图分为水平空间和垂直空间两种形式。图 2-2 为水平空间形式的图片，都是“打猎场景”。每一幅图片中都包括男人、大象和羚羊，其中大象较小，在中间位置。图 2-2（a）包含对象大小线索，图 2-2（b）和图 2-2（c）包含对象大小线索和对象重叠线索，图 2-2（d）～图 2-2（f）包含对象大小线索和透视线索。在所有 6 幅图片中，猎人的长矛都与大象和羚羊对齐。

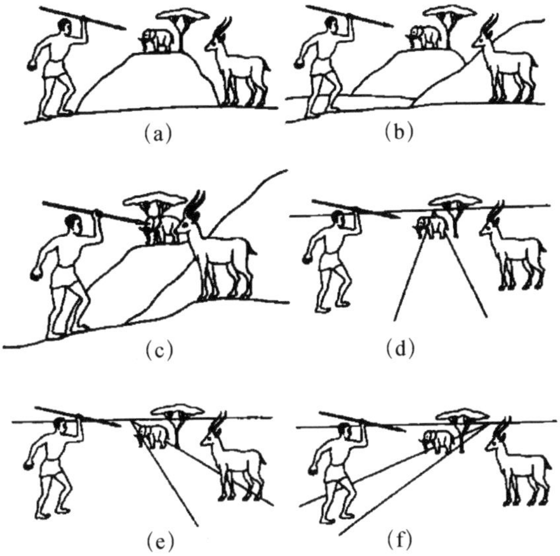

图 2-2　水平图画空间

资料来源：Hudson，W.（1960）. Pictorial depth perception in sub-cultural groups in Africa. *The Journal of Social Psychology*，*52*，183-208.

图 2-3（a）～图 2-3（f）为垂直空间形式的图片，都是“飞鸟场景”，鸟画得很大，大象画得很小。图 2-3（a）中的深度线索是对象大小线索，图 2-3（b）和图 2-3（c）中的深度线索是对象重叠线索，图 2-3（d）和图 2-3（e）中的深度线索是透视线索。

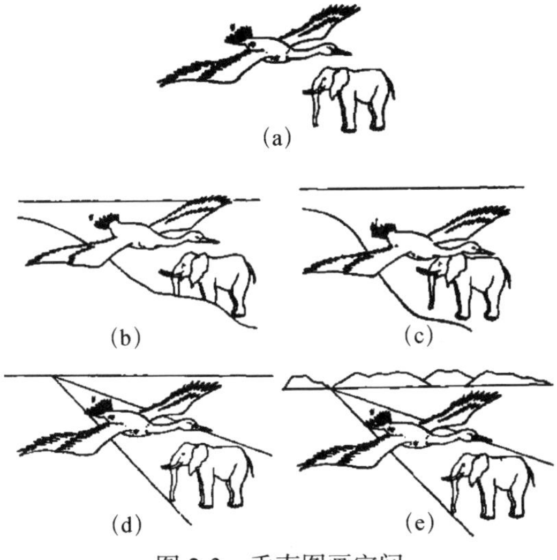

图 2-3　垂直图画空间

资料来源：Hudson，W.（1960）. Pictorial depth perception in sub-cultural groups in Africa. *The Journal of Social Psychology*，*52*，183-208.

图 2-4 是一张照片，表现的是水平空间形式的“打猎场景”的图 2-2（a）。

图 2-4　使用物体模型拍摄的照片

资料来源：Hudson，W.（1960）. Pictorial depth perception in sub-cultural groups in Africa. *The Journal of Social Psychology*，*52*，183-208.

图 2-2～图 2-3 的尺寸为 20 英寸①长、15 英寸宽，图 2-4 的尺寸为 6 英寸长、4 英寸宽。

2.3.1.2　被试样本

哈德森在非洲 11 个亚文化群体中寻找样本进行了测试。样本分为两种类型：一类是不上学组，包括 a、b、c、d、e 共 5 个样本，全部为成人，其中 a、b、c、d 是黑人样本，e 是白人样本。第二类是上学组，包括 6 个样本，分别是 f、g、h、i、j、k，其中只有 i 是成人样本，其余为儿童样本，h、i、j 是黑人样本，f、g、k 是白人样本。样本 a、b、c、d 来自南非、西南非洲（1915—1990 年南非管理下的现代纳米比亚的名称）、英国南部非洲高级专员办公室管理地区、罗得西亚与尼亚萨兰联邦、东非、莫桑比克和安哥拉。

2.3.1.3　测试程序

哈德森对被试进行了个别施测，图片按既定顺序分别呈现给被试。通过翻译，用被试能理解的任何语言向被试交代任务和提问，要求被试回答如下问题。

第一，打猎场景[图 2-2（a）～图 2-2（f），图 2-4]。

1）你看到了什么？

2）这个男人在干什么？

3）男人、大象和羚羊哪一个更近？

第二，飞鸟场景[图 2-3（a）～图 2-3（e）]。

① 1 英寸≈2.54 厘米。

1）你看到了什么？

2）男人、大象和鸟哪一个更近？

对于两个场景的第一个问题，要求被试识别每张图片中的所有对象，例如，图 2-2（a）中的男人、标枪、大象、树、山和羚羊。

对于“狩猎场景”，如果被试报告图中男子在瞄准或投掷标枪而未指明他的捕猎对象，则追问一个问题来澄清被试认为途中男子捕猎的对象是大象还是羚羊。当然，大多数情况下被试都会直接指出捕猎对象，因此不必问这个问题。

2.3.2 研究结果

对数据的分析主要针对两方面：一是不同样本在图像深度知觉中的差异；二是确定影响深度知觉的因素。具体分为三个部分。

2.3.2.1 不同样本对轮廓图的深度知觉差异

在“狩猎场景”中，对于“这个男人在干什么？”这一问题，如果被试认为猎人瞄准的是羚羊，对于“男人、大象和羚羊哪一个更近？”这一问题，如果被试认为羚羊比大象更接近男人，对于“飞鸟场景”中“男人、大象和鸟哪一个更近？”这一问题，如果被试认为大象比鸟更接近男人，说明被试的知觉是三维的，也就是知觉到了深度线索。对于这些问题的所有其他回答则说明被试的知觉是二维的，也就是未知觉到深度线索。

11 个样本对 11 幅图片的三维答案情况如下。

对于具有对象重叠深度线索的图 2-2（c）、图 2-3（b）和图 2-3（c），上学组的白人 f 样本和白人 g 样本知觉到更多三维效果。上学组的黑人高中生 i 样本对图 2-2（c）的反应也是如此。白人小学生样本 g 和 k 对于具有透视线索的图 2-3（d）和图 2-3（e），知觉到的三维效果较少，而对具有物体大小、对象重叠等深度线索的图 2-3（a）～图 2-3（c），则感受到更多三维效果。

对于上学组的样本，相对于黑人样本，白人样本内部对维度的知觉更加不一致，表现为白人对不同类型的深度线索的知觉能力不同，他们很容易对具有对象重叠线索的图片产生三维知觉，但对具有透视线索的图片不容易产生三维知觉。这很可能是受到了艺术作品或图画的表现惯例的影响，因为在艺术作品或图片中，使用对象重叠很直观，而使用透视法表示距离却比较抽象。上学组的黑人样本和不上学组的黑人样本的知觉较为一致，普遍较少知觉到深度线索。

从对所有深度线索的三维知觉的总体表现来看，所有样本大致形成了两个组：第一组由样本 a、b、c、d、e 组成，均属于不上学组的黑人和白人文盲，他们在三维知觉上表现较差。第二组由样本 g、h、i、j、k 组成，包括上学组的黑人和白人，他们在三维知觉上表现较好。另外，样本 f 由刚开始接受小学教育的白人儿童组成，他们的三维知觉在两组之间波动，表现为对物体大小线索和透视线索的三维知觉较差，但对对象重叠线索的三维知觉较好。对所有的深度线索来说，对象重叠线索最容易让被试产生三维知觉。概括来说，根据在深度知觉上的差异对样本进行分组，实际上是分为上学组和不上学组，每一组都是既有白人样本也有黑人样本，也就是说，与样本是黑人还是白人并没有关系，只要接受了学校教育，三维知觉就比较好。上学组的被试虽然能很好地产生三维知觉，但在很大程度上依赖于深度线索的类型，而对不上学组的样本来说，无论是哪种线索，都很难让他们产生三维知觉。

2.3.2.2　不同样本对照片的深度知觉差异

文盲矿工样本知觉不到照片中的深度，而其他样本中能知觉到深度的被试的比例都很高，这些样本无论是黑人还是白人，都是上学组的。上学组内部存在细微差别。白人学校初学者（样本 f）和主要课程结束时的黑人学生（样本 h）比主要课程结束时的白人学生（样本 k）知觉到深度线索的人数更少。总的来说，对照片中深度线索的知觉，最主要的差异在于文盲黑人样本与包括黑人和白人的上学组之间的差异。

2.3.2.3　物体识别对维度知觉的影响

图 2-2（c）之外的图中的男人、动物和鸟都能被正确识别。但图 2-2（c）包含对象重叠的深度线索，大象被遮挡了，这使文盲样本 d 中很大比例的被试无法准确识别大象。如果图中的其他物体代表深度线索，被试就会经常不能识别或错误识别。图 2-2（b）也包含对象重叠线索，但由于主要对象并没有被遮盖，因此未影响识别。如果图中的项目与深度线索相关联或代表深度线索，被试就经常不能识别或进行错误识别。在图 2-2（a）中，大象被画得站在“山丘”上。在图 2-2（b）、图 2-2（c）、图 2-3（b）、图 2-3（c）中，等高线代表了“山”。画在图 2-2（d）、图 2-2（e）、图 2-2（f）、图 2-3（d）、图 2-3（e）的中间并消失在地平线的透视线代表了一条“路”。从图 2-2（a）中的“山”、图 2-2（b）中的“山”和图 2-2（d）中的“路”不能被识别或被错误识别的总体情况来看，还是可以清晰地看出样本之间的差异，所有样本大致可以分为两类，不上学组的样本 a、b、c、d、e 出现不能识别或错误识别的情况明显较多，而上学组的样本 g、h、i、j、k 出现不能识别或错误识别的情况明显较少，而白人初学者样本 f 在两类之间摇摆。这种模式跟深度线索知觉的模式非常相似。

2.4 讨 论

哈德森用包含对象大小、对象重叠和透视这三种深度线索的图片测试了南非亚文化群体对图中深度线索的知觉。研究所使用的材料是包含深度线索的图片，最大限度地排除了无关线索的影响，只研究某些深度线索。从总体表现来看，不上学组样本（样本 a、b、c、d、e）在三维知觉上表现较差，上学组样本（样本 g、h、i、j、k，无论黑人还是白人）在三维知觉上表现出色。上学组的被试虽然能很好地产生三维知觉，但受深度线索类型的影响，他们能对具有对象重叠深度线索的图片产生三维知觉，但较少对具有透视线索的图片产生深度知觉，而对于不上学组的样本来说，无论哪种线索都很难让他们产生三维知觉。这证明在图片中知觉到深度和距离的能力，并非天生如此，而是与社会文化和教育有很大的关系。

社会文化和教育对被试的影响主要有两种形式：一是学校正规教育；二是非正式培训。对于白人小学样本 f、g、k 来说，三维知觉与受教育水平呈正相关。受教育水平越高，出现三维知觉的概率就大。但黑人样本不是这样，未上学组的样本 b 是黑人旷工，他们虽然具有小学程度的受教育水平，但他们的图片知觉完全是二维的，与未上学组的文盲矿工样本 a 完全一致。此外，未上学组的样本 e 是白人工人，虽然大多数接受过小学教育，但他们的三维知觉明显弱于上学组的样本 f 白人初学者。

哈德森认为，这很可能是因为正式的学校课程中并不包括图画知觉方面的培训。对于上学组的样本 f、j、k 的白人儿童，他们在图片中知觉深度线索的能力是在 6～12 岁逐渐获得的。在此期间，这些儿童都以非正式的方式在学校和家庭中几乎不间断地接触图画材料，因此到 12 岁时，大多数白人孩子已经学会了把图片知觉为三维。样本 e 中的白人工人虽然上过小学，但他们并没有学到在图片中知觉到深度线索的能力，这是因为这个样本所代表的群体是孤立的，生活在有庇护的就业和近亲结婚条件下，虽然家庭很大，但没有机会接触大量图片和书籍，因此他们缺少知觉绘画材料所必需的非正式训练。虽然学校教育是外界干预的好机会，但这个群体中的年长者抵制外来的影响，使他们几乎没有机会接触包含深度线索的图片材料。

哈德森发现，黑人样本也接触不到图片材料。样本 a～d 中的黑人是来自农村的迁徙群体，他们几乎没有机会接触可以知觉为三维空间的图片材料。黑人城市样本 h、i、j 虽然已经城市化，但他们在族群上是孤立的，即使他们属于上学组，但家里的图片和阅读材料也很少，他们以后可能会获得深度知觉技能，但是几乎没有机会接触到图片刺激。哈德森认为，黑人与三维图片的隔离可能和非洲艺术的特点有关系。非洲的墙壁装饰、身体上的文身、二维壁画等都具有二维性质，这使黑人儿童很少有机会接触三维图片，特别是正规学校老师也经常以二维方式知觉图片材料，这使上学组的黑人也没有机会学会知觉图片中的深度线索。

哈德森的研究表明，绘画的深度知觉是学会的，但文化环境对这一过程产生了重大影响。

2.5 该研究在跨文化心理学中的重要性及长期影响

图片本身并非三维，但利用一些知觉规律，用二维图片代表三维的世界，已经成为全世界通行的做法。要想融入现代社会，以通用的方式获得信息、掌握知识，就必须拥有利用深度线索在二维图片中知觉到三维空间的能力。然而，对于心理学家来说，在用图片进行某些心理测试时，也必须考虑到被试是否具有这样的能力。实际上，在普遍使用二维图片的西方和现代社会，人们普遍拥有这样的能力。然而，是不是所有文化中的人都能在二维图片中知觉到三维空间呢？哈德森的研究发现，非洲的某些亚文化群体并不具备这种能力，而且这主要是因为他们缺乏接触这类材料的机会。这一发现与贝里提出的生态-文化框架（Berry，1976）一致，即总体水平的生态文化既可能直接影响个体水平的心理与行为，同时也会通过影响社会文化背景和涵化来影响人类的心理与行为。该研究一方面发现了三维知觉能力的文化差异，另一方面发现了差异形成的主要原因是社会文化背景，即在生活中缺乏接触图片材料的机会。这扩展了跨文化心理学的基础知识，对跨文化心理学的发展做出了重要贡献。

哈德森的文章发表于1960年，那时候跨文化心理学还没有成为一种重要的发展潮流，但该文章在跨文化心理学逐渐发展的20世纪60—80年代引起广泛关注，并成为跨文化心理学的重要基础文献被引用。截至2019年11月，用谷歌学术搜索可以查到400多次引用。进入21世纪，引用该文献的主要是认知与文化相关专题的教科书，但有一些新近的研究关注哈德森所发现的知觉能力跨文化差异在实践中的应用，下面试举两例。

美国联邦航空局民用航空医学研究所的凯文·威廉姆斯（Williams，2002）在飞行模拟器中测试了36名飞行员理解空中高速公路（highway-in-the-sky，HITS）

显示屏上描绘的路径的能力。结果发现，显示屏给出飞行指导提示，可以显著提高其对飞行路径的知觉能力，但如果对飞行员进行适当的培训，则可能不需要指导和提示。很有意思的是，有些老飞行员就像哈德森的研究中所出现的情况一样，无法把显示屏上的二维信息理解为三维世界的表征。威廉姆斯引用哈德森的研究进行了分析，认为这是文化影响的结果。在哈德森的研究中，被试无法识别二维图片中的三维线索，是因为其极少接触这种图片材料，而威廉姆斯研究中的老飞行员的问题，可能也是因为其较少接触在二维显示屏上表示三维空间的信息。哈德森的研究对于飞行员的培训而言具有重要的参考价值。

佛罗里达大西洋大学的莫妮卡·罗塞利和佛罗里达国际大学的阿尔弗雷多·阿迪拉（Rosselli & Ardila，2003）认为，临床神经心理学经常认为视觉空间和非语言测试在文化和教育上比言语测试更公平，但他们引用了哈德森的研究，认为不同文化中的人对同一图片的理解具有重大差异，这种差异使心理学家对于临床心理学中假定视觉测试更加公平的说法持怀疑态度。他们比较了文化程度相同但文化背景不同的群体在测试中的表现，发现非语言测试的表现可能会受到个人文化的显著影响。哈德森的研究早于罗塞利和阿迪拉的研究 40 多年，那时他们就已提出了这一问题，表明这项研究具有较好的发展前景。

回到本章开头所提到的哈德森研究中所使用的图片，我们通过分析哈德森的研究可以知道，并非所有人都能把图片知觉为三维世界，某些文化中的人可能无法知觉到深度，因而认为标枪指向的是大象，而缺乏深度知觉的能力，其实这是可以通过训练而改变的。

参考文献

Berry，J. W.（1976）. *Human Ecology and Cognitive Style：Comparative Studies in Cultural and Psychological Adaptation.* New York：Sage/Halsted.

Hudson，W.（1960）. Pictorial depth perception in sub-cultural groups in Africa. *The Journal of Social Psychology*，*52*，183-208.

Rosselli，M.，& Ardila，A.（2003）. The impact of culture and education on non-verbal neuropsychological measurements：A critical review. *Brain and Cognition*，*52*（3），326-333.

Williams，K. W.（2002）. Impact of aviation highway-in-the-sky display on situation awareness. *Human Factors：The Journal of the Human Factors and Ergonomics*，*44*，18-27.

3 文化与辩证思维

本章评述的是彭凯平和理查德·尼斯比特于1999年发表于《美国心理学家》(*American Psychologist*)杂志的研究报告《文化、辩证思维与矛盾推理》(Culture, dialectics, and reasoning about contradiction)①。

彭凯平(Peng Kaiping)

著名华人心理学家,于1983年毕业于北京大学并留校任教,1997年获得美国密歇根大学博士学位,后任教于加利福尼亚大学伯克利分校心理学系。2008年5月起受聘于清华大学,任清华大学心理学系教授和首任系主任,现任清华大学社会科学学院院长。主要从事社会心理学、文化心理学、积极心理学的研究、教学和推广。本章所介绍的文章于1999年发表时,彭凯平在加利福尼亚大学伯克利分校工作。

① Peng, K. P., & Nisbett, R. E. (1999). Culture, dialectics, and reasoning about contradiction. *American Psychologist*, *54* (9), 741-754.

3.1 背景介绍

3.1.1 东西方思维方式有差异吗?

请看下面的两种陈述。

陈述 A：两位数学家发现，中国北京的一只蝴蝶显著影响了美国旧金山海湾地区的气温。

陈述 B：两位气象学家发现，旧金山海湾地区一只蝴蝶的活动跟这一地区的气温没有任何关系。

看到这样的陈述，你的直觉反应是什么？你是否能觉察到两个陈述之间隐含的矛盾？你将采取什么策略来处理这样的矛盾？采用这种策略的基本原理是什么？你的文化背景会影响你对矛盾的推理和判断吗？如果会影响，是如何影响的？

这是著名华人心理学家彭凯平和密歇根大学著名心理学家尼斯比特于1999年在《美国心理学家》杂志上发表的论文《文化、辩证思维与矛盾推理》开头提出的问题。他们关注的理论问题是，面对似乎矛盾的情境，东方文化和西方文化中的人是否会以不同的模式进行思考？

众所周知，人们普遍认为东方人和西方人的思维模式存在巨大差异。东西方人的社会生产、科学技术、历史发展、日常生活等无不带有思维模式差异的印记。然而，要具体指出东方人和西方人的思维方式到底存在什么差异，人们往往要么过于宏观，笼统地指出东方人的思维是整体思维或辩证思维，而西方人的思维是分析思维或逻辑思维；要么过于微观，举一两个具体实例来表明东方人的思维如何注重整体性和充满辩证性，而西方人的思维如何注重分析过程和遵循形式逻辑。一些社会科学家也倾向于从东西方的哲学著作、文学艺术、行为模式等的特征方面寻找证据。如果说能找到很多证明这种差异的正面例证，其实同样也能找到相当数量的反例，因此这种例证肯定不是确凿的证据。然而，首先对该问题进行系统性的实证研究的，首推著名华人心理学家彭凯平教授。

彭凯平在 20 世纪 90 年代初刚到美国学习的时候，就因中美文化差异而感到震撼，而他在密歇根大学的博士生导师、著名认知心理学家和文化心理学家尼斯比特教授致力于研究认知与文化的关系已有多年，并且已经发表了很多研究成果，揭示了东方人和西方人在很多方面的认知差异。双方的合作能否揭示东西方思维差异的本质呢？彭凯平在攻读博士期间，以辩证思维为题，试图进一步考察东方人和西方人思维的差异。双方初步合作研究的部分成果就是《文化、辩证思维与矛盾推理》这篇论文。本章将介绍彭凯平和尼斯比特在这篇文章中对辩证思维的研究。

彭凯平和尼斯比特要研究的具体问题是：以中国人为代表的东方人和以美国人为代表的西方人在面对矛盾情境的时候，是否会以辩证思维的方式解决问题？其通过这一问题来考察文化与辩证思维的关系。他们在论文一开始就抛出了前面所述的两种似乎矛盾的陈述，并引出研究的问题。

当笔者本人第一次看到这两个陈述的时候，理所当然地认为所有人大概都会跟我一样，认为两种陈述并不矛盾且都有一定的道理。笔者在中央民族大学教育学专业本科生的选修课“跨文化心理学”的课堂上也问过学生很多次，大家的反应也跟我差不多。然而，从下面将要介绍的彭凯平和尼斯比特的研究来看，实际上我们的看法只是特定文化的产物，根本没有摆脱千百年来所形成的文化的影响。在其他文化中，完全可能会有不同的看法。

彭凯平和尼斯比特认为，从理论上说，处理两个陈述之间矛盾关系的方式可能有四种：第一，不处理矛盾，或假装没有矛盾，也就是“否认”；第二，不全信任何一种陈述，也就是“打折扣”；第三，比较、鉴别两种陈述，确定谁对谁错，也就是“区分”；第四，尽管两种观点之间可能存在矛盾，但在一定程度上认为两种观点都是正确的，可以宽泛地界定为“辩证思维”。然而，两种似乎矛盾的陈述所包含的信息也许的确是重要的，“否认”和“打折扣”都不能有效地利用两种陈述的信息，所以前两种方式并不是解决矛盾的规范方法，而真正解决矛盾的方式就只剩下了“区分”和“辩证思维”。

彭凯平和尼斯比特在文章中考虑了如下四个问题：对矛盾的容忍是不是辩证思维的一种形式？辩证思维的基本原理是什么？对矛盾进行推理的方式是否有文化差异？各种对矛盾进行推理的方式有什么心理和社会影响？

3.1.2 东西方文化中的辩证思维

彭凯平和尼斯比特指出，东西方文化中的辩证思维是不一样的，并对西方哲学和心理学传统中的辩证思维进行了分析。

长期以来，西方哲学中都有关注辩证思维的传统，在新近的心理学文献中，辩证思维也得到了重视。西方哲学中的辩证思维是通过复杂的方法来解决表面上的矛盾，其关键特征是整合，从承认矛盾开始，然后使对立观点的基本要素相互协调。其理性基础仍然是非矛盾的定律，因此对矛盾的满意解决方案是最终的非矛盾性。例如，中国人所熟知的马克思主义的辩证思维，强调真实物质世界中矛盾的永恒性，以及以现实为基础的思维过程中矛盾的永恒性。当矛盾被解决后，就会产生一个新的矛盾，现实以及思想均通过否定、否定之否定而不断发展变化。巴塞克斯（Basseches，1980）对辩证思维进行了实验研究，抽象出24种“辩证图式”，如识别部分-整体关系、识别对等关系、论点-反论点-综合的发展。一些其他研究也发现，随着年龄的增长，辩证思维变得越来越重要，也越来越常见。中老年人比年轻人更容易接受现实中的矛盾并在思想中对其进行综合。

彭凯平和尼斯比特认为，哲学传统和心理学传统具有相似的基本假设，都将矛盾视为一种暂时状态，这种状态将被整合思想所取代，也就是从矛盾到综合，这一过程是通过使用线性的、逻辑的且朝一个方向推进的推理实现的。这些传统还假设整合和综合是更高层次的认知功能，例如，长者、智者和认知精英所使用的精致、高级的哲学思维方式。当然，这些思维模式仍然受到形式逻辑定律的约束，这些定律不能容忍表面的矛盾。

中国人具有悠久的辩证思维传统，但与西方所推崇的形式逻辑及辩证思维有所不同。彭凯平和尼斯比特使用了他们自称“不那么辩证”的方法，分解出中国人思维模式中的几种比较易于进行实证研究的辩证思维基本原理。第一，变异率，即现实不是静止不动的，而是处于不断变化的过程中。第二，矛盾律，即现实是不精确的，充满了矛盾，由于变化是永恒的，矛盾也是永恒的。第三，整合率，即没有什么是孤立和独立的，一切都是相互联系的。彭凯平和尼斯比特认为，整合率是变异率和矛盾律的结果，构成了其他辩证思维的本质。中国辩证思维的三个原理是相互关联的。由于变化，矛盾变得不可避免。因为变化和矛盾是不可避免的，所以讨论单个部分而不考虑其与其他部分的关系是没有意义的。

在许多西方人看来，这种描述听起来可能很有趣、合理甚至有些熟悉，尤其是整体观念。但是，当将中国的辩证思维原理与形式逻辑定律进行对比时，文化差异的意义就变得显而易见了。中国辩证思想的理性基础与包括西方辩证思想在内的西方思想的理性基础有很大不同。西方人的思维以亚里士多德的形式逻辑为基础，重视三个基本原理：第一，同一律（law of identity），即任何事物与其本身都是同一的；第二，非矛盾律（law of noncontradiction），即任何陈述不可能既是真的又是假的；第三，排中律（law of the excluded middle），即任何陈述或者是真的，或者是假的。

很明显，形式逻辑的这些定律与东方朴素辩证法的原理是不一致的。首先，根据中国辩证法的变异率，生命是从一个存在阶段到另一个存在阶段的持续变化过程，但根据西方形式逻辑的同一律，A 就是 A，不管环境如何变化。其次，根据中国人的观点，形式逻辑的非矛盾律仅适用于概念和抽象领域。即使这样，基于形式逻辑的概念本身也是存在矛盾的，因为概念是对事物的反映，一定会包含矛盾。彭凯平和尼斯比特举了一个有趣的例子，许多研究生导师发现，从很多方面来说，学生不仅仅是学生。最后，如果变化和矛盾是永恒的，那么对真理和现实的真实理解就必须是相互联系的。因此，在一个运用辩证思维的人看来，互相矛盾的 A 和 B 似乎都可能是正确的，或者 A 和 B 都可以等于第三元素 C，而第三元素 C 可能不是最初的矛盾的一部分。

为了用实证方法系统阐述东方人的辩证思维和西方人的逻辑思维的具体表现，彭凯平和尼斯比特设计了五个研究，以此来考察东西方人思维模式的差异。

3.2 理论假设

彭凯平和尼斯比特认为，东方文化和西方文化在本体论和认识论方面的根本性差异，会导致实质性的认知差异。因此，可以期望这种差异会导致东方人和西方人在面对矛盾情境时，以不同的方式处理，西方人将以非矛盾律的直觉理解为基础来解决矛盾，而中国人将以朴素的辩证法为基础来解决矛盾。

3.3 研究一

3.3.1 研究假设

研究一通过研究隐藏在谚语中的民间智慧，来考察具有文化特殊性的思维习惯。彭凯平和尼斯比特假设，反映辩证思维的谚语在中国人的日常语言中比在美国人的日常语言中更常见，中国人也比美国人更偏爱反映辩证思维的谚语。

3.3.2 研究方法

彭凯平和尼斯比特在密歇根大学招募了 70 名美国白人大学生和 41 名来自中国的大学生参加了研究。同时，其对两组大学生在年龄、性别和学习成绩方面进行了匹配。

研究使用的材料是反映辩证思维的中国和美国的谚语各 8 句，以及作为控制条件的反映非辩证思维的中国和美国的谚语各 5 句。所有的谚语都有英语和中文两个匹配的版本。向被试呈现这 26 句谚语，并要求他们在七点量表上打分，作为对如下问题的回答：①你对这句谚语有多熟悉？②你认为自己对这句谚语有多了解？③你有多喜欢这句谚语？④你经常使用这句谚语吗？

3.3.3　研究结果

取对四个问题的回答得分的平均数作为总体偏好，彭凯平和尼斯比特发现，美国人更喜欢美国谚语，中国人更喜欢中国谚语，不管这些谚语是辩证思维的还是非辩证思维的。更重要的发现是，对于美国的两类谚语，美国人更喜欢非辩证思维的谚语，而不是辩证思维的谚语；对于中国的两类谚语，中国人更喜欢辩证思维的谚语，而不是非辩证思维的谚语。

3.4　研　究　二

研究一发现中国人更偏好辩证思维谚语，这可能是因为中国人更经常见到辩证思维的谚语，可能是因为更熟悉才更喜欢。考虑到这一点，彭凯平和尼斯比特设计了研究二，用中国人和美国人都不熟悉的意第绪语中的谚语进行研究。

彭凯平和尼斯比特招募了密歇根大学的 32 名中国研究生和 34 名非犹太裔美国研究生参加了研究，两组被试在年龄、性别和受教育程度方面相当。他们把来自意第绪语的 8 句辩证思维谚语和 8 句非辩证思维谚语都翻译成英文并呈现给所有被试，被试的任务跟研究一完全相同。结果发现，对于意第绪语中的非辩证思维谚语，中国被试和美国被试喜欢的程度相当，但对于意第绪语中的辩证思维谚语，中国被试明显比美国被试更加喜欢。

从研究一和研究二的结果可以看出，中国人更加喜欢反映了辩证思维的谚语，这表明中国人更喜欢辩证思维的认知模式。

3.5　研　究　三

3.5.1　研究假设

彭凯平和尼斯比特设计了研究三，目的是考察中国人和美国人解决日常生活中的人际冲突的方式是否有差异。研究假设是，中国被试在解决社会矛盾时较多使用辩证方法，而美国被试较少使用辩证方法。

3.5.2 研究方法

32 名中国被试和 34 名美国被试参加了实验。在实验中，他们向被试呈现两个冲突的场景，其中第一个场景涉及已经长大的女儿和母亲的价值观之间的冲突，第二个场景涉及大学生感受到的学习活动与学习乐趣之间的冲突，并要求被试解释冲突为何会发生以及如何解决。

3.5.3 研究结果

彭凯平和尼斯比特发现，对第一个场景，美国人给出的非辩证的回答（74%）远多于辩证的回答（26%），而中国被试给出的非辩证的回答（28%）远少于辩证的回答（72%）；对第二个场景的回答也表现出类似的模式。这说明中国人面对冲突时，更倾向使用辩证思维的方式来解决冲突。

3.6 研究四

3.6.1 研究假设

研究四考察的是中国人对辩证思维的偏爱是否会影响他们对待形式逻辑论证的方式。彭凯平和尼斯比特假设，美国被试更偏爱符合非矛盾率的论据，而中国被试则偏爱辩证的论据。

3.6.2 研究方法

32 名中国被试和 34 名美国被试参加了实验。实验中使用了关于两个主题的论证材料。第一个主题是关于亚里士多德认为重的物体比轻的物体更早落到地面的观点。针对这一主题，彭凯平和尼斯比特编制了两种证明其错误的论证，一种是符合形式逻辑的伽利略式的思想实验，另一种是辩证思维的论证。第二个主题是关于上帝是否存在的问题，同样编制了两种证明上帝存在的论证，一个是休谟曾引用过的符合形式逻辑的论证，另一个是辩证思维的论证。他们向被试呈现关于这两个主题的论证，要求被试阅读并回答：对于每一个主题，哪一个论证更具说服力，更喜欢哪一个论证。

3.6.3 研究结果

彭凯平和尼斯比特发现，虽然这些中国被试是在美国研究自然科学的研究生，但他们依然比美国被试更倾向于认为辩证思维的论证更有说服力，也更喜欢辩证思维的论证。

3.7 研 究 五

3.7.1 研究假设

研究五考察的是中国被试和美国被试是否会使用不同的策略来解决针对科学问题的两种看似矛盾的陈述。彭凯平和尼斯比特假设，当美国被试面对看似相互矛盾的信息时，他们将使用差异化策略，认为其中一种陈述是正确的，而另一种陈述则是不正确的；中国被试将使用妥协策略，认为两种陈述都有其合理性。

3.7.2 研究方法与程序

102 名密歇根大学的美国大学生和 136 名北京大学的中国大学生参与了研究。同时，研究者对两组被试在年龄、性别方面进行了匹配。

实验材料为五组对科学发现的简要描述，每一组有 A 和 B 两种对立的陈述，从表面来看，两种陈述是不相容的，但实际上并不是真的相互矛盾，这就给辩证思维留下了空间，使倾向于辩证思维的人有可能发现两种陈述都有一定的合理性。

实验条件分为三种，美国被试和中国被试分别随机被分为三组，每种条件下都有一组中国被试和一组美国被试。第一种条件下，第一组中国被试和第一组美国被试阅读每个问题的 A 陈述；第二种条件下，第二组中国被试和第二组美国被试阅读每个问题的 B 陈述；第三种条件下，第三组中国被试和第三组美国被试阅读每个问题的 A 和 B 两种陈述。这样第三种条件下的被试就面临着似乎矛盾的情境。实验要求所有被试用点量表指出他们在多大程度上相信其所看到的陈述。

3.7.3 研究结果

彭凯平和尼斯比特发现，从中国被试中只阅读 A 陈述和 B 陈述的两组被试的评价来看，被试对 A 陈述的相信程度总是高于对 B 陈述的相信程度，美国被试也是如此。这说明中国被试和美国被试都倾向于更加相信五组陈述中每一组的第一个陈述，也就是 A 陈述。

分别计算中国被试和美国被试对五个更可信的 A 陈述的评分的平均值，作为两种文化对更可信陈述的综合评分；分别计算中国被试和美国被试对五个较不可信的 B 陈述的评分的平均值，作为两种文化对较不可信陈述的综合评分。对文化、实验条件和可信度这三个因素进行方差分析，结果发现，对美国被试来说，当面对 A 陈述或 B 陈述时，就认为其中 A 陈述更可信，B 陈述较不可信；当他们同时面对 A 和 B 两种似乎矛盾的陈述时，认为 A 陈述的可信程度更高，而认为 B 陈述的可信程度没有变化。这说明美国被试面对矛盾情境，倾向于使用区分策略处理矛盾信息，认为其中一种陈述是正确的，而另一种陈述则是错误的，其观点更加“极化”，反映了形式逻辑中的“非矛盾律”和“排中律”。

但对中国被试来说，当面对 A 陈述或 B 陈述时，跟美国被试一样认为其中 A 陈述更可信，B 陈述较不可信；当他们同时面对 A 陈述和 B 陈述两种似乎矛盾的陈述的时候，被试对单独呈现时被认为较可信的 A 陈述的信任程度降低了，而对单独呈现时被认为较不可信的 B 陈述的信任程度提高了，这样一升一降，A、B 两种陈述的可信程度接近了。这说明中国人面对矛盾情境时更倾向于使用辩证思维，认为似乎矛盾的两种陈述都有一定的道理，对矛盾情境更加容忍。

3.8 讨　论

彭凯平和尼斯比特通过一系列实验发现了中国人和美国人在思维方式上的一系列差异，中国被试偏爱辩证谚语，倾向以折中的方案来解决冲突，更喜欢用辩证性论证来证明科学命题，更喜欢对相反的主张进行折中。

但这个研究结论并没有完全被接受。陈瑞芬（Chan，2000）认为，从关于形式逻辑的文献来看，这种思维形式的差异不尽合理。她说：“我坚决反对由彭凯平和尼斯比特提出的两种主要主张：第一个主张是，中国人的辩证思维与形式逻辑的规律是不一致的；第二个主张是，有两种不同的思维方式（‘逻辑’与‘辩证’）。”当然，也许还有一个问题，美国学生和中国学生的反应分布有相当大的重合，许多中国学生按照美国人的方式回答，而许多美国人按照中国人的方式回答。后来，洛伦萨杨和史密斯等（Norenzayan et al.，2002）以欧裔美国人、亚裔美国人和东亚人（中国人和韩国人）为被试，进一步研究了东亚人和美国人在范畴学习、分类和相似性判断、推理方面的跨文化差异，发现在这些任务中，欧裔美国被试更多使用形式推理，而中国被试和韩国被试更多使用直觉策略。因此，即使西方人和东方人的思维方式有很大的重合，但至少有很大的分布差异，即东方人（尽管也有逻辑思维）有很强的辩证思维倾向性，而西方人（尽管也有辩证思维）有很强的逻辑思维倾向性。

彭凯平和尼斯比特认为，辩证推理与非辩证推理仅仅是亚洲人与西方人之间一系列相互关联的认知差异中的一个，而他们最终要发现的是东方人和西方人之间系统的认知差异。尼斯比特和彭凯平等（Nisbett et al.，2001）在2001年发表在《心理学评论》（*Psychological Review*）上的文章对东方人和西方人之间系统的认知差异进行了分析，认为受中国文化传统影响的东亚人的认知是整体性的，西方人的认知是分析性的。受此影响，东方人和西方人在知觉、分类、推理、归因等各个方面表现出差异。在东方人整体性的思想体系中，注意力指向环境，因此复杂性、变化和矛盾凸显出来，从而表现为辩证思维倾向；在西方人分析性的思想体系中，注意力指向被认为具有固定属性的对象，而有关对象的规则和类别则是必不可少的，因而表现为逻辑思维倾向。

彭凯平和尼斯比特认为，东方人的辩证思维在一定程度上可以解释著名的“李约瑟悖论”（Needham's paradox），即由英国学者李约瑟（Joseph Needham）所提出的问题，“尽管中国古代对人类科技发展做出了很多重要贡献，但为什么科学和工业革命没有在近代中国发生？”（Needham，1962）彭凯平和尼斯比特认为，导致李约瑟悖论的因素之一可能是中国朴素的辩证法。中国人的辩证思维强调变化、矛盾和共变。

彭凯平和尼斯比特还认为，使用逻辑思维，采取对抗性和辩论方法，在法律和公共政策分析中也是有利的。但这样的非辩证方法很容易使许多西方人产生反对意见，也不能容忍矛盾现象，这导致他们过多地关注论点的某一方面，而使他们不能通过折中寻求解决方案。另外，由于生活中充满矛盾，即使在科学中也无法避免矛盾现象，因此，辩证思维可以使人们容忍甚至欣赏矛盾，从而保持全局观，这对于在复杂的社会互动中解决矛盾是有利的。因此，理想的思维倾向可能是东西方思维方式的结合。

3.9 该研究在跨文化心理学中的重要性及长期影响

彭凯平和尼斯比特的这项研究是尼斯比特教授在“文化与认知”这一大型跨文化主题下系列研究的一部分。尼斯比特和彭凯平等（Nisbett et al.，2001）发现，受18—19世纪英国经验主义哲学家约翰·洛克（John Locke）、大卫·休谟（David

Hume)、约翰·穆勒（John Mill）等的影响，20 世纪的主流心理学家认为所有人类群体的基本的认知过程如分类、学习、归纳和演绎推理、因果推理等都是一样的。然而，尼斯比特和彭凯平等认为，古希腊的狩猎、畜牧、捕鱼以及贸易使得人们不需要生活在同一稳定的社区环境中，从而发展出一种对个人自由的重视及辩论的传统，这种传统使人们假定，通过发现规则可以理解世界。这使古希腊人关注对象，并通过分类而生成关于这些事物的规则，以便进行系统的描述、预测和解释，建立起因果模型，进而发展出形式逻辑、几何学、物理学、天文学等。然而，在中国古代，从事农业劳动，需要集体合作，这使中国人建立起了集体社会责任感，认为个人属于紧密组织的家庭或村落的一部分，个人的行为要符合集体的期望。对集体的重视，使中国人更关注场域和关系，重视群体内部的和谐和观点之间的相似性，而反对对抗和辩论，解决冲突的方法是同意或折中，因而形成了辩证思维的认知模式。尼斯比特和彭凯平等的分析框架与贝里的生态-文化框架（Berry，1976）的观点是一致的，即都强调人类心理与行为是适应生态和文化环境的产物。

彭凯平和尼斯比特的这项对辩证思维的研究，通过提供大量证据证明了东方人和西方人的思维差异，迅速产生了广泛的影响。截至 2019 年 11 月，用谷歌学术搜索可以查到 1800 多条对该研究的引用。最近几年，这篇文章依然受到很多关注，对后来的理论研究和应用研究产生了很大启发，下面试举两例。

斯德哥尔摩大学的房晓辉（Tony Fang）在 2012 年的一篇文章（Fang，2012）中提出，可以用中国哲学中的“阴阳”概念作为理解文化的工具。他认为文化具有内在的、矛盾的价值取向，这样文化就能涵盖任何文化维度的对立特征。在阐述这一理论的过程中，房晓辉认为彭凯平和尼斯比特的研究中所提出的中国人的辩证思维与用“阴阳”概念理解文化的观点是一致的，两种思想都把矛盾看作相互依存的对立，世界上所有文化中的矛盾都可以用“阴阳”来理解。

滨村武等（Hamamura et al.，2008）发现，前人的研究证明，与欧裔被试相比，东亚被试对问卷的回答往往比较模糊和温和，在此基础上，他们探讨了造成这种差异的原因。考虑到彭凯平和尼斯比特的研究发现东亚人的思维方式为辩证思维，滨村武等尝试用辩证思维来解释这些差异。结果发现，辩证思维在被试给出温和或矛盾回答的文化差异中起到了中介作用。这说明辩证思维在广泛的认知过程中都会发挥作用，再次证明了彭凯平和尼斯比特证明东方人辩证思维的研究的重要价值。

辩证思维是东方人区别于西方人的重要方面。我们相信，未来将会有更多研究证明辩证思维在东方人的生活中所扮演的角色。

参 考 文 献

Basseches，M.（1980）. Dialectical schemata：A framework for the empirical study of the development of dialectical thinking. *Human Development*，*23*，400-421.

Berry，J. W.（1976）. *Human Ecology and Cognitive Style：Comparative Studies in Cultural and Psychological Adaptation.* New York：Sage/Halsted.

Chan，S. F.（2000）. Formal logic and dialectical thinking are not incongruent. *American Psychologist*，*55*（9），1063-1064.

Fang，T.（2012）. Yin yang：A new perspective on culture. *Management and Organization Review*，*8*（1），25-50.

Hamamura，T.，Heine，S. J.，& Paulhus，D. L.（2008）. Cultural differences in response styles：The role of dialectical thinking. *Personality and Individual Differences*，*44*（4），932-942.

Needham，J.（1962）. *Science and Civilisation in China.* Vol.IV. Physics and physical technology. Cambridge：Cambridge University Press.

Nisbett，R.E.，Peng，K. P.，Choi，I.，& Norenzayan，A.（2001）. Culture and systems of thought：Holistic versus analytic cognition. *Psychological Review*，*108*（2），291-310.

Norenzayan，A.，Smith，E. E.，Kim，B. J.，& Nisbett，R. E.（2002）. Cultural preferences for formal versus intuitive reasoning. *Cognitive Science*，*26*，653-684.

Peng，K. P.，& Nisbett，R. E.（1999）. Culture，dialectics，and reasoning about contradiction. *American Psychologist*，*54*（9），741-754.

4 颜色认知与语言相对论

本章评述的是埃莉诺·罗施·海德于1972年发表于《实验心理学杂志》（*Journal of Experimental Psychology*）的研究报告《颜色命名与记忆的普遍性》（Universals in color naming and memory）①。

埃莉诺·罗施·海德
（Eleanor Rosch Heider）

美国著名认知心理学家，生于1938年，从里德学院本科毕业后，于1969年在哈佛大学取得博士学位，曾在布朗大学和康涅狄格学院短暂工作，于1971年到加利福尼亚大学伯克利分校心理学系工作。埃莉诺·罗施·海德教授最出色、最著名的贡献是用现代信息加工认知心理学的观点进行的有关概念和分类的研究。本章所介绍的文章于1972年发表时，埃莉诺·罗施·海德在布朗大学工作。

① Heider，E. R.（1972）. Universals in color naming and memory. *Journal of Experimental Psychology*，*93*（1），10-20.

4.1 背景介绍

太平洋上最大的岛屿新几内亚岛的西部（今属于印度尼西亚）生活着著名的达尼人（Dani）族群。这是一个原始部落，与世隔绝，直到 1938 年才被外界知晓。达尼人有着与外部世界截然不同的文化，其中在他们的语言中有一个非常有趣的现象，即只有两个代表颜色的词，一个是“mili”，代表冷色/暗色，例如，蓝色、绿色和黑色；另一个是“mola”，代表暖色/浅色，例如，红色、黄色和白色。这种特点曾引起语言心理学家的兴趣，其中埃莉诺·罗施·海德研究了达尼人语言中的颜色词，并于 1972 年发表了《颜色命名与记忆的普遍性》一文，考察了思维和语言之间的联系。

思维和语言之间的联系曾在语言学、人类学和心理学领域得到广泛重视。我们似乎能感受到，思维过程是通过语言进行的，思维和语言似乎具有无可置疑的密切关系。有什么样的思维，就会表现为什么样的语言，语言受思维影响并表现思维活动的过程。然而，二者的关系能否反过来呢？也就是说，语言会影响我们的思维活动吗？具体来说，讲不同语言的人的思维方式也不同吗？他们的其他认知活动，如记忆、想象等是不是也受语言的影响呢？对于这一问题，一个非常有名的理论是语言相对论，现在一般称为“萨丕尔-沃尔夫假说”（Sapir-Whorf hypothesis），这一名称是根据语言学家沃尔夫和人类学家萨丕尔的名字命名的。沃尔夫较早地提出，每种语言的背景语言学系统（也就是语法）不仅仅是表达观念的工具，更是塑造观念的工具，是个体心理活动，是个体对印象的分析、对心理内容进行合成的计划和指南。萨丕尔-沃尔夫假说认为，在不同文化中，不同语言所具有的结构、意义和使用等方面的差异，在很大程度上影响了使用者的思维方式。

萨丕尔-沃尔夫假说的早期证据主要来自语言学家和人类学家的轶事性质的描述。沃尔夫发现，英语、法语、意大利语等欧洲语言有很多共性，因此提出了均质欧洲语（standard average European，SAE）这一概念，他发现欧洲语言和其他语族的语言有很大的差别。例如，沃尔夫认为，欧洲通用语言中的“时间”就是“宇宙中所有事物以相等的速度，从未来经过现在直到过去这样进行在其中的一个平滑流动的连续体”，而霍皮印第安人（Hopi Indians）的语言中就没有任何表示时间的词语或语法结构，这似乎表明霍皮印第安人不能像欧洲人一样区分过去、现在和未来。然而，沃尔夫所提供的证据具有很强的轶事特征，他的研究方法具有重大的缺陷，因此其说服力是值得怀疑的。

正是因为考虑到早期证据所使用的研究方法的缺陷，后来的研究者使用更加严格的方法，并缩小研究问题的范围，进行了大量关于语言与认知活动关系的跨文化研究。本章所介绍的研究，就是女性心理学家埃莉诺·罗施·海德于 1972 年发表的《颜色命名与记忆的普遍性》一文。这项研究是刚过 30 岁的海德从哈佛大学获得博士学位后，在美国布朗大学工作的短暂时间内完成的，文章发表时，她已经到加利福尼亚大学伯克利分校工作了。海德后来以研究类别理论、原型理论而成名。由于后来不再随丈夫姓海德，所以更多时候她自称为埃莉诺·罗施，本章沿用 1972 年文章发表时用的姓氏“海德”指代埃莉诺·罗施·海德。

颜色被认为是一个连续、统一的物理变化领域，语言可以任意把不同波长的连续体切割成不同的部分，并赋予颜色词，因此颜色空间经常被认为是语言-认知关系研究的理想领域。海德正是利用颜色命名和记忆作为研究语言与思维关系的重要工具。这一类相关研究希望把语言学差异与作为认知测量的非语言学行为差异联系起来，其中有些研究把颜色作为非语言学领域，把颜色命名作为语言学变量，把再认回忆作为认知变量。其中，布朗和伦内伯格（Brown & Lenneberg, 1954）发现，颜色的可编码性（综合颜色名长度）与回忆的准确率有关。这说明一种颜色越容易进行语言学编码并存储在记忆中，这种颜色就越容易被记住，似乎证明语言能够影响认知，支持了萨丕尔-沃尔夫假说。

然而，海德发现，一些研究证明可编码性和记忆之间的相关性并不适用于所有颜色。布朗和伦内伯格在实验中所使用的刺激色都是高饱和度的颜色，当使用低饱和度的颜色进行同样的研究时，却没有发现编码能力和记忆之间的相关关系。因此，萨丕尔-沃尔夫假说在这里遇到了挑战。对萨丕尔-沃尔夫假说最著名的挑战是两位人类学家柏林和凯的研究（Berlin & Kay, 1969）。他们要求被试用母语产生基本颜色词。在得到基本颜色词清单后，给每个被试一个面板，上面有来自蒙赛尔颜色系统的 329 张不同的色卡，要求被试根据每个已经产生的基本颜色词，指出所有可以叫作某种基本色的色卡，并在蒙赛尔颜色系统中指出某种基本色的最好的、最典型的样例。他们把来自 20 种语言的被试的反应结果概括地呈现在图上，结果发现，基本色的最典型或最集中的色卡集中在一起，在所有 20 种语言中，除了都有黑色和白色名称的集群外，还有一个在英语中叫作“red”（红色）的集群。在 20 种语言中，绿色有 19 个名词，黄色有 18 个名词，蓝色有 16 个名词，褐色和紫色各有 15 个名词，灰色有 14 个名词，粉红和橙色各有 11 个名词，每一个集群都代表一种基本色。他们认为，所有语言中的基本色都是相似且非常有限的，其中最多有 3 种非彩色和 8 种彩色。柏林和凯的研究（Berlin & Kay，1969）还有第二个重要发现：一种语言中基本颜色词的数量与一个基本颜色词所对应的焦点色的亚集合的数量之间相关。他们认为，焦点色在语言的历史上进行编码的顺序大体上是固定的。在语言发展历史的最初阶段，只有两个颜色词，一个对应于白色，同时还编码了亮色和暖色（例如，黄色），另一个对应于黑色，包括暗色和冷色（例如，蓝色）。在第二个阶段，出现了一个专门对应于红色和暖色的颜色词。从第三个阶段以后，顺序就不太严格了，绿色、蓝色或蓝绿色接着出现，在有的语言中会出现一个对应于黄色的词，而没有对应于蓝绿色的词。在语言发展更晚的阶段才会出现粉红、橙色、灰色和紫色等颜色词。

海德认为，柏林和凯的研究（Berlin & Kay，1969）结果似乎表明，颜色词的产生受人类普遍认知规律的影响，并非语言影响了人们的认知活动，从而否定了萨丕尔-沃尔夫假说。该研究的发现本质上还是一种相关关系，很容易被看作语言影响认知的证据，因此要对语言和认知的关系做出更清晰的说明，还需要进一步的证据。海德认为，如果颜色认知在不同语言中有巨大的差异，则说明语言对认知有较大的影响，而如果颜色认知在不同语言中都是不变的，则无法证明语言能够影响认知。基于这样的考虑，海德设计了严格的实验，在不同文化和语言中考察了语言与认知之间的关系。

4.2 理论假设

海德假设，颜色的色调、明度和饱和度这三个维度交叉形成了若干颜色空间，其中有一些颜色空间通常最容易编码和准确记忆，也正是这些颜色空间形成了不同语言中基本颜色词的焦点。也就是说，实际上是认知决定了与颜色有关的语言。基于这样的假设，该研究准备完成以下几项具体任务。

第一，找到颜色空间的假设区域。估计这些区域是作为基本颜色词的最佳颜色样例的颜色簇的中心区域。

第二，考察焦点色在各种不同的语言中是否比非焦点色更容易编码，例如，表现为更短的名称以及更快的命名速度。

第三，考察焦点色的记忆是否比非焦点色的记忆更准确，特别是即使在焦点色并不是基本颜色词的最佳样例的语言中是否也是如此。一方面，考察以英语为母语的人和新几内亚的达尼人对焦点色和非焦点色的短时记忆差异；另一方面，考察两个群体对焦点色及非焦点色的长时记忆差异。

该研究关注的另一个问题是，不同的焦点色在可编码性和可记忆性方面是否有区别。柏林和凯发现，在所有语言中，颜色名词的演化顺序是固定的，依次是黑色、白色、红色、绿色、黄色、蓝色、棕色、粉色、橙色、紫色、灰色。因此，海德提出另一个重要假设，即语言学测量和认知测量将符合该顺序。

另外，其通过生理上原色的有关发现，还提出了一个假设：四个原色焦点区域（分别代表红色、黄色、绿色和蓝色）将会比其他彩色焦点区域更容易编码和记忆。

为了验证假设并完成具体任务，海德进行了四个实验。

4.3 实 验 一

4.3.1 研究方法

实验一的目的是确定饱和度维度上基本颜色词在颜色空间中的位置，也就是同一色调、不同饱和度的颜色中哪些是焦点色的最佳样例。

20名说英语的美国被试和10名母语非英语但在一定程度上掌握英语的外国大学生参加了实验，这10名外国大学生的母语分别是匈牙利语、豪萨语、意大利语、韩语、日语、爪哇语、纳瓦霍语、葡萄牙语、西班牙语和他加禄语。

海德在这一实验以及后续实验中使用的刺激是蒙赛尔光泽饰面颜色。选择刺激色的第一步是在柏林和凯（Berlin & Kay，1969）所使用的序列中，为8种基本颜色词焦点区域确定“焦点”色卡的位置。最后选取的色卡是红色5R 4/14、黄色2.5Y 8/16、绿色7.SG 5/10、蓝色2.5PB 5/12、粉红色5R 8/6、橙色2.SYR 6/16、棕色SYR 3/6、紫色SP 3/10。这些色卡对蒙赛尔色卡所提供的色调来说是最饱和的。然后，加上相同色调和相同明度的所有较低饱和度的所有色卡。每种不同的色调加入的色卡的数量因原始色卡的饱和度的不同而不同，最少的是粉红色和棕色，分别有3个，最多的是黄色和橙色，分别有8个。最后的色卡系列共有53个。

海德将所有色卡混合，要求被试在所有这些色卡中找出其认为在自己的语言中每种基本颜色词的最佳样例。

4.3.2 研究结果

海德发现，20 名美国被试对 8 种色调的基本颜色词做出的 160 次选择中，95%的次数选择了 8 种色调中每种色调的两个最饱和色卡之一作为样例，总共只有 8 次没有选择最饱和的色卡。然而，在 10 名外国被试对 8 种色调的基本颜色词所做的 80 次选择中，92.5%的次数选择了两个最饱和色卡之一作为样例，总共只有 6 次没有选择最饱和的色卡。因此，可以说不管是在英语中还是在其他 10 种语言中，基本颜色词的最佳样例都是最饱和的颜色。

4.4 实验二

4.4.1 研究方法

实验二的目的是验证在各种不同的语言中，柏林和凯（Berlin & Kay，1969）所确定的焦点色和实验一所发现的各种基本颜色词的最佳样例，以及非焦点色在可编码性方面的差异，并验证各种色调焦点色的可编码性的差异是否遵循柏林和凯（Berlin & Kay，1969）所提出的颜色词的演化顺序，该演化顺序的表现之一是 4 种原色比其他 4 种焦点色更容易编码。研究使用两个指标代表可编码性：一是颜色词的长度；二是命名的反应时。

被试是母语非英语的 23 名成年人，每个人都讲不同的语言。23 种不同的语言分为几个语系，分别是印欧语系，包括德语、意大利语、波兰语、瑞典语、印地语、乌尔都语；南岛语系，包括他加禄语、马来语、印尼语、爪哇语、巴塔克语、巽他语；汉藏语系，包括泰语、缅甸语、粤语、普通话；亚非语系，包括约鲁巴语、豪萨语、阿拉伯语、现代希伯来语；其他语系，包括匈牙利语、韩语和日语。

作为刺激材料的颜色分为三类：第一，焦点色，即代表每个最佳样例簇中心位置的 8 个色卡，以及黑色（N1/）和白色（N9/）。第二，内部颜色，是从所有色卡都没有被指定为任何语言的基本颜色词最佳样例的区域的中心选择的色卡。柏林和凯（Berlin & Kay，1969）的颜色系列中有 8 个内部区域，从这些区域中选择的颜色分别是 2.5YR 8/6、10Y 6/10、10Y4/ 6、10GY 8/10、10BG 7/6、10BG4/ 6、5P 7/6、5RP 3/10。第三，边界颜色，是在一侧与焦点簇相邻，在另一侧有一个内部区域的颜色。边界颜色有十三个色卡，包括 2.5R 9/2、5R 2/8、2.5YR 7/10、7.5YR 8/8、2.5Y 3/4、7.5Y 9/2、10GY 7/8、10G 3/4、7.5B 6/8、10B 3/6、7.5PB 2/10、5P 6/8、10P 7/6。

海德要求被试在看到色卡时，用自己的语言写出该颜色的名称。因变量有三个，分别是颜色词的单词数量、颜色词的字母数量、从向被试呈现刺激到被试开始写颜色词之间的时间间隔（即潜伏期）。

4.4.2 研究结果

海德发现，三类颜色词的词长有显著差异，焦点色的词长显著短于内部颜色词的词长，也显著短于边界颜色词的词长，而内部颜色词和边界颜色词的词长没有差别。在23名被试中，19名被试对焦点色给出的单词数量少于内部颜色的单词数量，21名被试对焦点色给出的单词数量少于边界颜色的单词数量。命名潜伏期的结果也是类似的，三种类型颜色词的命名潜伏期差异显著，焦点色的命名潜伏期显著短于内部颜色的命名潜伏期，也显著短于边界颜色的命名潜伏期，而内部颜色和边界颜色的命名潜伏期没有差别。

海德在该实验中还考察了各种颜色可编码性的排序，有两个发现：第一，除了黑色和白色总是排在前面以外，按照颜色词的单词数量的排序和按照反应潜伏期的排序，都跟柏林和凯（Berlin & Kay，1969）所提出的颜色名词演化顺序没有关系；第二，从命名的潜伏期来看，4种原色（红色、黄色、绿色、蓝色）比其他4种焦点色更容易编码。

4.5 实 验 三

4.5.1 研究方法

实验三的一个目的：以英语被试和新几内亚的达尼人为被试，用短时再认任务考察焦点色和非焦点色的记忆差异。根据假设，焦点色的记忆比非焦点色的记忆更准确，即使被试的语言中缺少基本颜色词因而焦点色并不代表基本颜色词的最佳样例的情况下也是如此。另一个目的是验证各种色调的焦点色的可编码性差异是否遵循柏林和凯（Berlin & Kay，1969）所提出的颜色词的演化顺序，具体表现为4种原色比其他4种焦点色更容易编码。

色卡的颜色分为三类，分别是焦点色、内部颜色和边界颜色，每类颜色有8种。20名英语被试和21名印度尼西亚新几内亚的达尼人被试参加了实验。在达尼人的语言中，除了表示黑色和白色的词以外，没有其他颜色名词。每次向被试呈现单个测试色卡5秒，等待30秒，然后显示全部的160种色卡，要求被试从中选择其看到的测试色卡。因变量为识别的准确率。

4.5.2 研究结果

海德发现，美国被试和达尼人被试对颜色词的记忆准确率出现了显著差异，美国被试的记忆更准确。两组被试对不同类型颜色的记忆也分别出现了显著差异。对美国被试来说，对焦点色的记忆准确率高于对内部颜色和边界颜色的记忆准确率，但对内部颜色和边界颜色的记忆准确率没有差别。更重要的发现是，虽然达尼人被试的语言中除了黑色、白色外没有别的颜色词，但其记忆准确率也表现出跟美国被试完全相同的模式。

两组被试对焦点色内部不同颜色的记忆准确率也分别出现了差异。对美国被试来说，记忆准确率从高到低依次是橙色、黄色、红色、蓝色-棕色、绿色、粉红-紫色；对达尼人被试来说，记忆准确率从高到低依次是橙色、黄色、红色、紫色、绿色-粉色、棕色、蓝色。两组的记忆准确率顺序都与柏林和凯所提出的演化顺序不相关。

4.6 实 验 四

4.6.1 研究方法

实验四的目的是：考察对于语言中一开始就缺少颜色词的被试来说，焦点色及焦点颜色词是否更容易保持在长时记忆中，因此更容易与颜色词关联。

海德招募了 19 名达尼人被试参加了实验。在实验中，要求被试学习 16 组刺激—反应配对，其中 8 组为焦点色与独立的反应词配对，另外 8 组为内部颜色与独立的反应词配对。所有的反应词都是达尼人非常熟悉的一些类似于“氏族”的名称。在学习阶段，以随机顺序向被试依次呈现 16 张色卡，呈现色卡时告诉被试该色卡的颜色的名称（这些颜色名称其实是氏族名称），以建立测试颜色与颜色名称的联系。在测试阶段，打乱色卡的顺序并依次向被试呈现，要求被试看到色卡后说出颜色的名称。

4.6.2 研究结果

海德发现，焦点色的平均错误数量低于中间色的平均错误数量，表明焦点色确实能比非焦点色更快地与颜色词关联。另外，焦点色学习中的错误数量从低到高依次是红色、粉色、绿色、橙色、紫色、蓝色、黄色、棕色。该顺序与柏林和凯提出的演化顺序没有显著相关。原色和非原色焦点色的错误率之间出现了显著差异。

4.7 讨　论

根据萨丕尔-沃尔夫假说，语言的结构、意义和使用等在很大程度上会影响使用者的思维方式。海德认为，要证明某个领域的语言能决定该领域非语言刺激的记忆，应具备两个条件：①刺激的代码在不同语言之间应该有差异，具体到颜色领域，最容易编码的具体颜色在不同的语言中应该有所不同；②随着颜色代码在不同语言之间的变化，记忆效果应该随之共变。但海德的这项研究发现，这两个条件在颜色领域都未得到满足。根据研究结果，最容易编码的颜色在不同语言中都是一样的，这违反了第一个条件；在没有颜色名词的语言和有颜色名词的语言中，记忆效果最好的颜色是一致的，这违反了第二个条件。

如果认为焦点色是普遍“凸显”的，那么这种凸显性是如何与颜色命名中的普遍性联系起来的？实验四中焦点色在长期记忆中的保持更好，这表明通过某种机制，焦点色的显著性使这些焦点色演变为各种语言中基本颜色词的核心含义。

海德还有另外两项研究（Heider，1971a，1971b）：一是关于焦点色区域在美国儿童颜色词发展中的作用；二是关于焦点色区域在达尼人颜色概念学习中的作用，这两项研究提供了进一步的证据，证明了焦点色在学习颜色词的含义时所发挥的作用。

如果焦点色的显著性在基本颜色词的学习中起作用，那么就可以合理假设：焦点色的显著性与颜色词的演化顺序是一致的。尽管海德的研究结果并不支持柏林和凯（Berlin & Kay，1969）提出的特定演化顺序，但实验二和实验三的反应时数据和实验四的错误率数据表明，柏林和凯所提出的四种原色比另外四种焦点色更容易编码和记忆，在一定程度上与柏林和凯的观点是相似的。另外，德瓦卢瓦和雅各布斯（De Valois & Jacobs，1968）的研究发现，红、黄、绿、蓝这四种颜色可能是生理上的原色。这与本部分所评述的研究的结果也是一致的。

考虑到这些焦点色的若干属性，也就是它们作为基本颜色词的样例出现，它们在各种语言中的语言可编码性，以及它们能更好地在短时记忆和长时记忆中保持，那么假设这些属性源自相同的潜在因素似乎是最经济的，这个潜在因素最有可能与灵长类动物的色觉生理有关。因此，海德认为，颜色空间不是一个适合研究语言影响思维的领域，相反，它似乎更适合研究知觉-认知因素是如何影响语言学范畴的形成和引用的。因此，海德的研究与萨丕尔-沃尔夫假说是相反的。

4.8 该研究在跨文化心理学中的重要性及长期影响

全世界有 5000 多种不同的语言，在不同语言中往往用不同的词汇和词组来表达同样的语义，其中语言学家和心理学家对不同语言中表述颜色分类、空间定向、运动事件等的方式很感兴趣。萨丕尔-沃尔夫假说认为，这些不同的表达方式会影响人类的认知活动。这一假说受到多个学科的关注，其中心理学家试图用心理学实验验证该假设的真伪。颜色空间和颜色词曾被认为是语言-认知关系研究的理想领域，但海德的研究发现，焦点色在不同语言中都更容易编码和记忆，这说明焦点色的凸显性是跨越语言并具有普遍性的，语言并没有对这些焦点色的认知产生什么影响，从而在颜色认知这一领域否定了萨丕尔-沃尔夫假说。当然，对于萨丕尔-沃尔夫假说的验证有很多，有的证据支持该假说，有的证据反对该假说。海德的研究发表后，引起了广泛重视，用颜色空间和颜色词作为研究工具被很多研究者模仿和改进，其观点也得到了很多支持。截至 2019 年 11 月，用谷歌学术搜索可以查到 1000 次以上引用。进入 21 世纪，依然有很多研究以海德的研究作为基础，有的研究对海德的观点提出了反对意见，有的则提供了支持证据。无论如何，海德的研究都促进了人们对萨丕尔-沃尔夫假说的理解。

埃塞克斯大学的德比・罗伯森等（Roberson et al.，2000）引用了海德的研究，并在海德观点的基础上进行了进一步研究。他们让非洲南部半游牧部落的成年人进行相似性判断、短时记忆和长时学习任务，结果发现，尽管辛巴语（Himba）的基本语言色彩类别与贝林莫（Berinmo）的语言色彩类别明显相似，但仍然出现了特定于语言的类别效果。另外，辛巴族被试仅对自己的语言类别表现出类别知觉，而对假定的英语通用类别或贝林莫语言的普遍类别则没有表现出类别知觉。这说明语言对认知有一定的影响，这一结果与海德的研究结果是不一致的。

芝加哥大学的特里・雷吉尔、加利福尼亚大学伯克利分校的保罗・凯和理查德・库克（Regier et al.，2005）研究了来自 110 个非工业化社会的语言的颜色命名数据，发现这些语言中颜色词的最佳样例选择都聚集在白色、黑色、红色、绿色、黄色和蓝色的原型附近，这表明通用最佳样例，也就是焦点色可能是颜色命名普遍趋势的来源，表明语言并不会影响认知。这一研究结果与海德的研究是一致的。雷吉尔和凯（Regier & Kay，2009）还发表了一篇综述，把海德的研究作为反对萨丕尔-沃尔夫假说的代表性观点。他们综合了很多研究后提出，萨丕尔-沃尔夫假说对了一半，一方面，语言的确会影响颜色知觉，但主要在视野的一半有影响；另一方面，跨语言的颜色命名受语言普遍性的影响，同时也受到特定于某些语言的因素的影响。

虽然对萨丕尔-沃尔夫假说的验证还在继续，但支持的证据越来越少了，而海德最早开始的用颜色认知作为工具进行的严格的实验验证一直是反对该假说的有力证据。

参考文献

Berlin，B.，& Kay，P.（1969）. *Basic Color Terms：Their Universality and Evolution.* Berkeley：University of California Press.

Brown，R. W.，& Lenneberg，E. H.（1954）. A study in language and cognition. *Journal of Abnormal and Social Psychology，49*，454-462.

De Valois，R. L.，& Jacobs，G. H.（1968）. Primate color vision. *Science，162*，533-540.

Heider，E. R.（1971a）. "Focal" color areas and the development of color names. *Developmental Psychology，4*，447-455.

Heider，E. R.（1971b）. Natural categories. *Proceedings of the 79th Annual Convention of the American Psychological Association，6*，43-44.

Heider，E. R.（1972）. Universals in color naming and memory. *Journal of Experimental Psychology，93*（1），10-20.

Regier，T.，& Kay，P.（2009）. Language，thought，and color：Whorf was half right. *Trends in Cognitive Sciences，13*，439-446.

Regier，T.，Kay，P.，& Cook，R. S.（2005）. Focal colors are universal after all. *Proceedings of the National Academy of Sciences of the United States of America，102*（23），8386-8391.

Roberson，D.，Davies，I.，& Davidoff，J.（2000）. Color categories are not universal：Replications and new evidence from a stone-age culture. *Journal of Experimental Psychology：General，129*，369-398.

5 智力的主位定义

本章评述的是皮埃尔·达森于 1984 年发表于《国际心理学杂志》（*International Journal of Psychology*）的研究报告《智力的跨文化研究：皮亚杰与鲍尔人》（The cross-cultural study of intelligence：Piaget and the Baoulé）[①]。

皮埃尔·达森（Pierre Dasen）

瑞士著名的教育人类学家和跨文化心理学家，于1942 年生于日内瓦，1962 年在日内瓦学院取得学士学位，曾于 1965—1967 年在日内瓦大学担任让·皮亚杰的研究助手，1971 年在澳大利亚国立大学获得博士学位，后来在日内瓦大学工作，于 2007 年退休。皮埃尔·达森主要从事文化与认知关系的研究，曾在北美洲、非洲、大洋洲的很多地方从事少数族裔的认知研究。本章所介绍的文章于 1984 年发表时，达森在瑞士的日内瓦大学工作。

① Dasen，P. R.（1984）. The cross-cultural study of intelligence：Piaget and the Baoulé. *International Journal of Psychology*，*19*，407-434.

5.1 背景介绍

5.1.1 智力与文化

下面是一套智力测验题，答对1题得1分，如果得14分，相当于智商大约是100，属于正常智力，如果得10分或更低，则属于智力落后。请在5分钟内完成测验。你有信心得多少分呢？

1. 邦·沃克（T-Bone Walker）因表演什么出名？

A. 长号　　B. 钢琴　　C. “T”形长笛　　D. 吉他

E. 模仿黑人口音

2. “Gas head”指一个什么样的人？

A. 有一辆快车　　B. 被判处绞刑者

C. 收到法院传票者　　D. 偷车成瘾者

E. 被长期监禁的纵火犯

3. 你掷出一个骰子，如果朝上的一面是7点，那么朝下的一面是几点？

A. 7点　　B. 2点　　C. 12点　　D. 4点

E. 11点

4. 穷人去的商店里有一种需要煮很长时间才能咬得动的便宜肉肠，这种肠需要煮多长时间才能在吃的时候嚼得动？

A. 45分钟　　B. 2小时　　C. 24小时

D. 小火煮1星期　　E. 1小时

5. 被人称为Bird或Yardbird的追星族所崇拜的现代爵士乐演奏家是谁？

A. 莱斯特·杨（Lester Young）

B. 佩吉·李（Peggy Lee）

C. 本尼·古德曼（Benny Goodman）

D. 查理·帕克（Charlie Parker）

E. 恶魔岛的伯德曼（Birdman of Alcatraz）

6. “头上包着围巾的人”指什么人？

A. 头脑冷静的人

B. 搬运工

C.“汤姆叔叔”式的逆来顺受的黑人

D. 泥瓦匠

E. 传教者

7. Jet 是什么的名字?

A. 东奥克兰的一个摩托车俱乐部

B. 电影《西区故事》中的一个帮派

C. 一本专登时讯和花边新闻的杂志

D. 一种富人的生活方式

8.“Bo Diddly”是什么?

A. 一个儿童游戏　　B. 美国南部的一种便宜的葡萄酒

C. 美国南部的一位歌手　　D. 一种新式舞

9. 如果将下面的英文词归为两类，其中4个可为一类，剩下的是哪一个?

A. splib　　B. blood　　C. gray　　D. spook

E. black

10. 有些皮条客与领取政府救济金的妇女关系紧张，他们所说的“母亲日”指什么?

A. 5月的第二个星期日　　B. 6月的第三个星期日

C. 每月的第一天　　D. 以上都不是

E. 每月的1日和15日

11. 许多人认为6月10日应成为美国的法定节日，因为在这一天:

A. 全美国的黑人奴隶获得自由

B. 得克萨斯州的黑人奴隶获得自由

C. 牙加买的黑人奴隶获得自由

D. 加利福尼亚州的黑人奴隶获得自由

E. 马丁·路德·金诞生

F. 黑人教育家 B. T. 华盛顿逝世

12. 哪种人被称为“blood”?

A. 拳击手　　B. 墨西哥裔美国人　　C. 黑人

D. 性欲强烈的同性恋者　　E. 红种人或印第安人

13. 迪克西蜂鸟是指什么?

A. 三K党的一个分支　　B. 一种沼地疾病

C. 一个现代黑人福音集团　　D. 密西西比黑人秘密突击队

E. 小牛皮制品的一种商标

14. “square”的反面是什么？

A. 聪明　　B. 有钱　　C. 穷　　D. 时髦

E. 差劲

正确答案是：1. D，2. C，3. A，4. C，5. D，6. C，7. C，8. C，9. C，10. C，11. B，12. C，13. C，14. D。

资料来源：Coon，D.，& Mitterer，J. O.（2012）. *Introduction to Psychology: Gateways to Mind and Behavior（13th ed）*. Belmont：Wadsworth Cengage Learning.

对照答案，你能答对几道题呢？如果你没有获得满意的分数，请别难过，因为这是黑人社会学家阿德里安·达夫（Adrian Dove）于 1971 年半开玩笑似地编制的一套智力测验，使其尽可能地有利于非裔美国人，想说明智力测验是可以故意偏向某些群体的。他认为，经典智力测验的内容偏向出身中产阶级家庭的白人，而非裔美国人成绩不佳的主要原因是这些测验不利于黑人群体。其实，由于时代的发展，目前恐怕连普通的年轻非裔美国人都不能回答这项测验中的问题了。可见，文化倾向对智力测量结果有严重影响。那么，智力概念、智力测验、智力理论与文化有什么关系呢？本章将介绍一项由日内瓦大学的著名跨文化心理学家皮埃尔·达森进行的关于智力的主位定义的经典研究。

“智力”（intelligence）是引起最多关注甚至争议的心理学概念之一。这主要是因为在心理学专业领域、工作场所、教育场所和日常生活中经常进行智力测验，智力测验结果的差异被认为代表了人的天赋的差异，而且这些差异往往被赋予一种价值判断：智力测验得分高就是好，得分低就是不好。尤其是当智力测验被用作选拔的工具，且某些文化群体在智力测验上的整体表现较差时，其就变成了一个重要的社会问题。然而，智力是一种极其复杂的心理现象，心理学家对智力的了解尚十分有限，对智力概念本身的界定也不清晰，文化在智力差异方面扮演的角色也未可知，因此，普遍根据智力测验的结果判断人的天赋的做法并不合理。本章介绍的皮埃尔·达森关于智力内涵与文化关系的研究，对智力测量和测量结果的使用具有重要的启示。

5.1.2　智力的心理测量学取向

传统上，心理学家对人类心理功能的外部表现进行研究，对智力的内涵进行理论阐述，从而形成智力理论。一般来说，智力理论有两种取向：一种取向是心理测量和因素模型；另一种是皮亚杰取向。

现在流行的多数智力理论属于心理测量和因素分析取向，心理学界长期以来关于智力的看法以及智力测验都基于这一类理论。这类智力理论认为智力包括若干一般心理能力，如记忆、观察、想象、推理、计划、问题解决、抽象思维、理解复杂思想、快速学习和从经验中学习的能力等。心理学家在这类理论的基础上编制智力测验来测量人的智力。曾经有些智力测验的结果是一个商数，尽管后来多数时候智力测验的得分已经不是一个商数了，但现在通常把代表智力测验结果的得分叫作智商（intelligence quotient，IQ）。后来美国著名心理学家罗伯特·斯滕伯格（Robert Sternberg）把这类智力理论叫作外显理论（explicit theory）。

世界上第一个实用的智力测验发表于1905年，是法国教育部为了鉴别儿童学习能力而聘请心理学家比纳·阿尔弗雷德（Binet Alfred）和西奥多·西蒙（Theodore Simon）编制的工具，称为比纳-西蒙智力量表（Binet-Simon Intelligence Scale）。该量表有30个题目，按照难度由小到大排列，以通过题数的多少作为鉴别智力高低的标准。比纳·阿尔弗雷德非常担心人们会误用这一智力量表，因为比纳·阿尔弗雷德本人非常清楚，这套测试只是一种实用性的测试，其初衷是发现学习能力有问题而需要帮助的儿童，并不是真正在测量智力，也不以测量结果为依据划分正常儿童的智力等级。那些被发现学习能力有问题的儿童，也不一定天生如此、不可改变，实际上，通过特殊的训练，是有可能提高其能力的。然而，比纳·阿尔弗雷德所担心的事情恰恰发生了。为了迎合美国20世纪初期社会对智力测验的需求，美国的心理学家受比纳-西蒙智力测验的启发，开发了各种形式的智力测验，并频繁用于智力诊断。以斯坦福-比纳智力测验和韦克斯勒智力测验为代表的智力测验至今还在被广泛应用。尽管智力测验广泛应用且被解释为对人的天赋的测量，从而严重违背了比纳·阿尔弗雷德的初衷，但智力测验在全世界得到了普遍应用，智力测验测量的是人的天赋这一观念深入人心，在世界范围内被广泛接受。然而，学术界对这类智力测验的质疑从未停止。

智力概念的广泛传播，催生了许多研究，其中非常重要的一部分内容是智力的群体差异。其中，备受关注的是，美国心理学家发现，白人的智力比黑人高大约15分。尽管黑人和白人的智力差距随着时间的推移越来越小，但依然存在，而且经常会引起社会各界的争论（Neisser et al.，1996）。心理学家从社会经济条件、教育、遗传等方面解释这种差距，但始终未能令人信服。

智力理论和智力测量之所以广受质疑，其中重要的原因之一是学术界对智力概念的内涵并未达成共识。

5.1.3 智力的皮亚杰取向

让·皮亚杰（Jean Piaget）声称其所研究的也是“智力”，但与其他心理学家所研究的“智商”差别很大，他发展出“发生认识论”原理，以解释人的认识的起源和智慧的发展。根据皮亚杰的解释，婴儿出生后就开始运用其与生俱来的基本行为模式来适应环境、获取知识，个体就在适应环境的过程中交替出现平衡、失衡，从而使认知结构不断发生变化，人的认知水平就会逐渐发展。皮亚杰认为，人的认知发展分为四个连续的阶段，分别是感觉运动阶段、前运算阶段、具体运算阶段和形式运算阶段，每个阶段都有该阶段特有的认知特点。在感觉运动阶段（0～2 岁），婴儿通过感觉和运动来应对外在环境，最初只是简单的反射活动，后来逐渐包含认知活动。在前运算阶段（2～7 岁），儿童开始运用思维活动，但这些思维活动常常是不合逻辑的，表现为知觉集中（其表现之一就是不能理解守恒）、自我中心和思维的不可逆性。在具体运算阶段（7～11 岁），儿童能够遵循逻辑法则进行推理，但推理思维能力仅限于具体情境或熟悉的经验。在形式运算阶段（11 岁以后），儿童就开始能够进行假设演绎推理和科学的思维活动。

5.1.4 智力的跨文化研究

智力的任何定义以及对智力的测量都需要测试一系列认知技能，这些技能样本不可避免地会受到文化价值观的影响。皮亚杰的理论虽然在许多方面反对心理测量模型和因素模型，但两类理论实际上同为西方历史、哲学和科学知识的产物。因此，其实皮亚杰的理论与心理测量学取向的智力理论对智力的基本看法是相似的。

心理测量学取向的智力心理学家大卫·韦克斯勒（David Wechsler）将智力定义为个人有目的地采取行动、理性思考和有效应对环境的总体能力（Wechsler，1939）。皮亚杰认为，智力构成了一种平衡状态，感觉运动和认知的所有连续适应，以及有机体与环境之间的同化和顺应性的相互作用，都倾向于形成这样的平衡（Piaget，1947）。两种定义都强调智力对环境的适应功能。同时，这两种定义带有文化相对论的意味。也就是说，如果环境不同，对环境的适应也会有差别，从而可能会表现出不同的智力。只有有助于适应特定生态文化环境的技能，才能获得良好的发展。

回想一下本章开头的智力测验，显然由于这一测验是故意偏向非裔群体的，因而将其作为通用的智力测验并不合适。普遍应用的传统智力测验主要是西方白人心理学家编制的，测量的是那些适应西方现代社会的心理品质，而这些心理品质在某些非西方文化中并不受重视，因而非西方人在这些智力测验上的表现与西方白人相比差距明显。皮亚杰取向的心理学家使用多种皮亚杰任务对儿童进行测试，而非西方社会中的人适应于当地的生态文化所发展出的认知技能可能不同于西方社会所重视的认知技能，因而在皮亚杰任务中的表现应该有所不同。

日内瓦大学的皮埃尔·达森曾经担任皮亚杰的研究助手，在 1984 年发表了研究报告《智力的跨文化研究：皮亚杰与鲍尔人》。在这份报告中，皮埃尔·达森分析了其他心理学家用皮亚杰的水平面任务和液体守恒任务这两项具体运算阶段的任务进行的研究，发现鲍尔人（Baoulé）和因纽特人（Inuit）在同一项任务中的发展模式是非常相似的，但因纽特人在水平面任务中的表现明显好于鲍尔人，而鲍尔人在液体守恒任务中的表现明显好于因纽特人。皮埃尔·达森用贝里的生态-文化框架（Berry，1976）解释了这一现象，即特定生态文化环境所要求的、在日常生活中有用的技能和概念会得到更好的发展。鲍尔人在日常生活中生产和储存蔬菜，在市场上进行蔬菜交换，更倾向于重视量化概念，从而在液体守恒任务中表现良好；因纽特人主要从事打猎、采集，不需要精确的量化概念，却需要良好的空间能力，因此在水平面任务中表现更好。根据这一解释，具体运算推理不仅是西方人思维的特征，同时也是因纽特人和鲍尔人儿童的推理特征。但由于两种文化所重视的能力不同，导致具体运算推理的不同方面在两种文化中分别获得了很好的发展。因此，使用单项任务甚至多项任务的组合来确定特定儿童的智慧发展水平和整个群体的智慧发展是不适当的。

皮埃尔·达森还发现，很多用皮亚杰任务在不同文化中进行的研究表明，皮亚杰的发展阶段理论及其衍生的测试任务在不同文化中有不同的适用性。守恒、逻辑推理、空间能力等不仅存在于欧美文化中，而且存在于迄今为止研究的所有其他文化中。尽管关于达到特定概念的年龄尚有争论，例如，对于某些个人来说，具体运算推理可能仅仅是潜力而不是适用于所有情况的表现，但具体运算推理的确可以在全球范围内找到，尽管在很多文化中并不一定意味着具体运算推理是最受重视的认知能力。

5.1.5 皮亚杰理论的主位研究

皮埃尔·达森认为，皮亚杰的理论及方法依然有其独特的价值，尤其是皮亚杰的适应理论。皮埃尔·达森还认为，要对皮亚杰理论进行跨文化研究，应该研究每种文化中的皮亚杰理论，也就是基于“主位”（emic）而非“客位”（etic）的研究（Dasen，1977）。皮埃尔·达森认为皮亚杰的适应理论使用的概念过于笼统，几乎适合于描述任何事件，其解释力很弱。因此，在主位研究中，不能再使用像同化、顺应、适应、平衡这样的笼统描述，而应该描述那些更为具体的心理与行为。基于这样的考虑，皮埃尔·达森选择了一个非常具体的问题，即考察西非的鲍尔人心目中的智力概念。这种研究参考了克莱茵等（Klein et al.，1973）在危地马拉的研究。这些研究考察的都是人的心目中的智力概念，这种概念后来被斯滕伯格等（Sternberg et al.，1981）称为智力内隐理论（implicit theory）。

斯滕伯格认为，心理学家通过对心理功能的外部表现进行操作并收集数据，从而建构智力理论，这是智力的外显理论。尽管外显理论有许多优势，但是这种理论忽略了智力行为发生的具体情境，因此根据外显理论而编制的测验并不能真正、全面地测量智力的真实水平。他认为，智力的内隐理论是对智力外显理论的有益补充。内隐理论强调内隐智力，它是指在人们的日常生活中形成的，并以某种形式存在于人们头脑中的关于智力的概念。

皮埃尔·达森用主位的方法来考察西非鲍尔人的智力概念，希望找到一个大致可以翻译为“智力”，但其内涵与西方文化中的智力概念有所不同，能体现更多社会取向的术语。

5.2 理论假设

皮埃尔·达森认为，无论是传统的心理测量取向的智力理论还是皮亚杰的智力理论，强调的都是对环境的适应。如果能在一种特定的非西方文化中发现一个对应于英语中的“智力”的概念，考察这个概念的内涵，就能发现该文化对智力的独特看法，并能探讨在这种文化中人们关注的是哪种智力成分以及这种成分与环境适应的关系。要进行这种研究，须进行主位研究。

5.3 研究方法与结果

5.3.1 研究一：整合了认知和社会技能的“n’glouèlê”

皮埃尔·达森请鲍尔人中的文盲成年人列出他们所重视的儿童所具有的技能，结果发现，鲍尔人的确有一个可以翻译为“智力”的术语——“n’glouèlê”，鲍尔人在用这个术语描述儿童的时候，总是使用将来时态“ô yo n’glouèlê fouè ”，即“谁将拥有智力”。他们不愿意评估儿童现在的状态，因为他们认为儿童总是可以自发地或通过教育干预来改变的。另外，他们愿意将儿童行为的某些方面作为其未来智力水平的预测指标。

皮埃尔·达森发现，鲍尔人所使用的术语“n’glouèlê”是一个通用词汇，包含8个特征成分，具体如下。

1）O ti kpa：可用性、责任感、主动性；知道如何做、服从、诚实。

2）Agnyhiè：礼貌、顺从、尊敬。

3）O si hidjo：精确地讲述故事或事件；词汇记忆；用适合社交的方式说话。成年人：在公共场合说得好话；知道如何使用谚语。

4）Angundan：像成年人一样表现；反思、责任感、记忆。成年人：智慧。

5）I gni ti klè klè：观察、注意、快速学习、记忆。

6）O si floua：识字、学校智力。

7）I ti ti kpa：记忆（特别是在学校的记忆）；幸运、要带来好运。

8）I sa si n’glouèlê：手工灵巧。在学校：写作和绘画。

在这些成分中，第一个也是被提及最多的、最重要的特征是“O ti kpa”，意思是“愿意为家庭和社区服务”，表明鲍尔人最重视的品质是未经要求就主动完成需要完成的任务。第二个最重要的属性是“Agnyhiè”，意思是尊敬长辈、礼貌、顺从。第三个成分是“O si hidjo”，意思是能在公共场合说得好话和知道如何使用谚语。第四个成分是“Angundan”，意思是“智慧”。第三个和第四个成分也属于智力成分，但鲍尔人并不期望儿童能做到，其对儿童的要求是“需要精确地讲述故事或事件”以及“像成年人一样表现”。

在这 8 个成分中，可以很明显地区分出两类特征：一类是社会性特征；另一类是技术性特征，包括观察、注意、快速学习、记忆、手工灵巧等。鲍尔人认为这两类特征缺一不可，必须要结合起来。对于儿童来说，仅仅有能力是没用的，除非这些能力被用于谋求社会群体的福祉。

5.3.2 研究二：对“n’glouèlê”的评价与具体运算推理

在第二项研究中，皮埃尔·达森首先让父母或其他照看者对儿童“n’glouèlê”的各个方面进行评价。这些父母不喜欢评价自己的孩子，而且认为夸奖一个孩子会带来厄运，所以皮埃尔·达森让这些父母描述与“n’glouèlê”各个成分相关的行为，然后再把这些行为评定为积极、中性或消极。其次，要求熟悉这些儿童的研究助手评价这些儿童的行为。再次，用皮亚杰任务对这些儿童进行三种具体运算推理测试，分别测试儿童的空间、守恒和基本逻辑方面的能力。最后，分别计算父母对儿童的评价以及研究助手对儿童的评价与三种具体运算推理任务得分的相关。

皮埃尔·达森发现，父母对儿童“n’glouèlê”的总体评价以及对儿童“n’glouèlê”中的社会性特征的评价与皮亚杰任务的三种具体运算推理任务表现之间没有相关，据此谨慎地得出结论：鲍尔人的智力概念不同于具体运算推理。然而，父母对儿童“n’glouèlê”中涉及智力方面的评价与三项皮亚杰任务中的空间任务表现之间呈负相关，说明鲍尔人尤其不重视具体运算推理中的空间技能。

研究助手的评价略有不同。研究助手对儿童“n’glouèlê”的总体评价与具体运算推理任务成绩之间没有相关，但对“n’glouèlê”的 8 个属性的评价中有 5 个属性与皮亚杰任务之一的基本逻辑任务成绩呈正相关，并且“I ti ti kpa”（记忆）和“O si floua”（学校智力）与守恒任务成绩呈正相关。这说明这些研究助手可能是因为比不识字的被试父母接受了更多的教育和涵化，因而更容易发现“n’glouèlê”的各个成分与具体运算推理的一致性。

5.4 讨　　论

在心理学发展历史的大部分时间，心理学界对于不同族群智力差异的研究都基于两个假设：其一，人类不同的文化群体都以相同的方式定义或理解智力；其二，可以在不同的文化群体中进行智力测量并进行比较。然而，这两个假设是否成立受到了质疑。皮埃尔·达森对鲍尔人进行的这项主位研究，证明了鲍尔人对智力的定义中同时包含社会因素和认知因素，他们对智力的理解与西方社会对智力的理解有差异，与斯滕伯格所发现的心理学家心目中的智力概念以及普通人心目中的智力概念也是不同的。根据贝里的生态-文化框架（Berry，1976），不同社会群体所生存的生态文化环境不同，因而所需要的技能有所不同，人们会重视和发展那些在适应环境中更有用的技能，因而对智力或能力有不同的看法。皮埃尔·达森的这一研究与之前一些心理学家在其他文化中所发现的智力概念是类似的，如拉亚（Laya）等在 20 世纪 70 年代初就考察了非洲尼日尔的逊哈（Sunhai）人对智力概念的理解，发现逊哈语中“拉卡”（Lakkal）这一概念相当于英语中的“智力”，但这一概念有两个方面的含义，一方面与能力和技能有关，另一方面与社会能力和个人的德行有关。另外，沃贝尔（Wober，1974）研究了乌干达的巴干达（Baganda）人与智力相似的概念，发现他们的智力概念中除了表示个体的聪明程度外，还包括冷静、坚定、谨慎和友好等特征，这一概念与后来皮埃尔・达森的研究是相似的。这说明智力概念的内涵在相当程度上是文化的产物，与群体所处的生态文化有密切的联系，也只有在特定的生态文化背景中才能更好地理解智力，并开发出适应于当地文化的智力测验。

5.5　该研究在跨文化心理学中的重要性及长期影响

跨文化心理学的长远目标是建立更具普适性的心理学，这就需要在心理现象和生态环境、文化之间建立系统的联系，发现不同文化中特有的心理现象是其中的重要一步。皮埃尔・达森的这项研究关注的问题是不同文化中是否有不同的本土智力概念，并发现非洲鲍尔人对智力的定义中同时包含社会因素和认知因素，这与西方的经典智力概念是有差异的，这种差异可以用贝里的生态-文化框架（Berry，1976）来解释，即人们会重视和发展那些特定生态文化环境所要求的、在日常生活中有用的技能和概念。皮埃尔・达森的发现对正确理解智力的文化差异和改进智力测验，具有长远的积极意义和重要的启示。

自皮埃尔・达森在 1984 年发表这一研究以来，许多心理学家在对智力问题的跨文化研究中倡导文化相对主义的观点，强调研究智力的本土概念及具有文化特性的本土智力理论，并发现不同生态文化情境中的人有着与经典心理学智力观不同的本土智力概念。西方社会以外的智力概念与西方社会的智力概念有较大差异，这种差异源于特定的生态和文化背景，表现为更加重视社会关系、道德品质等方面。由于各种文化中人们对智力的界定不同，如果用西方社会所使用的心理测验在其他文化中测量智力，所测得的结果未必能反映智力的本质，将其作为评价智力的标准并用于选拔人才则是不公平的。

皮埃尔・达森的研究发表以后，在跨文化心理学领域受到较大重视，成为跨文化心理学、跨文化认知发展、认知与文化等领域一些心理学著作和教科书的必引文献。但遗憾的是，后续针对这一研究进行的深度研究并不太多，主要是期刊文章对这一论文的引用较少。尽管如此，对于智力内涵的文化差异问题一直在被讨论，并与认知发展、智力评价、心理健康等问题联系在一起。

利物浦大学的格拉德斯通等在 2009 年发表的一项研究（Gladstone et al.，2009）中，把智力概念的文化差异纳入发展评价的总体考虑中。他们认为，对于发展中国家的儿童发育，通常使用为“西方”环境创建的工具进行评估，但对于某些发展里程碑，西方工具可能不准确，因为不同文化背景中的儿童不熟悉这些工具中的部分项目。格拉德斯通等对非洲东南部的马拉维南部地区的母亲、祖母和成年男子进行了研究，发现他们最关注的是社会技能和大肌肉运动技能。文章引用了皮埃尔·达森的研究并作为支持证据进行分析，认为不同文化中对智力的确有不同看法，因此，要测量不同文化中的儿童发展，在开发测量工具时，就要重点考虑社会因素在发展中的重要性。

然而，在恩斯梅南格等（Nsamenang et al.，2012）的研究中，则把智力概念与非洲青少年的认同发展联系起来。恩斯梅南格等认为，以往对非洲儿童的研究有三个重要缺陷，即儿童发展科学中的种族主义，缺乏计划性的儿童发展研究（尤其是非洲裔学者），以及对非洲儿童主体性的忽视。恩斯梅南格等把皮埃尔·达森的理论研究作为三种重要证据来源之一，构建了一个理论框架，强调父母价值观对儿童在当地文化中进行自我学习和认同发展过程的影响。

我们认为，皮埃尔·达森的研究非常重要，但引起的重视尚且不够。至少在如下几个问题上，该研究还将持续产生影响：第一，智力理论的发展和智力测验工具的改善；第二，认知发展的文化因素；第三，智力内隐理论对不同群体的影响。

参考文献

Berry, J. W.（1976）. *Human Ecology and Cognitive Style.* New York：Halsted Press（Wiley）.

Dasen, P. R.,（1977）. Cross-cultural cognitive development：The cultural aspects of Piaget's theory. *Annals of the New York Academy of Sciences，285*，332-337.

Dasen，P. R.（1984）. The cross-cultural study of intelligence：Piaget and the Baoulé. *International Journal of Psychology，19*，407-434.

Gladstone，M.，Lancaster，G.，Umar，E.，Nyirenda，M.，Kayira，E.，Van den Broek，N.，& Smyth，R. L.（2009）. Perspectives of normal child development in rural Malawi—A qualitative analysis to create a more culturally appropriate developmental assessment tool. *Child：Care，Health and Development，36*（3），346-353.

Klein，R. E.，Freeman，H. E.，& Millett，R.（1973）. Psychological test performance and indigenous conceptions of intelligence. *Journal of Psychology，84*，219-222.

Neisser，U.，Boodoo，G.，Bouchard，T. J. J.，Boykin，A. W.，Brody，N.，& Ceci，

S. J., et al. (1996). Intelligence: Knowns and unknowns. *American Psychologist, 51*, 77-101.

Nsamenang, A. B. (2012). On researching the agency of Africa's young citizens: Issues, challenges and prospects for development. In D. T. Slaughter-Defoe & L. Nucci(Eds.), *Race and Child Development, Contributions to Human Development* (Vol. 25, pp. 90-104). Karger: AG Switzerland.

Piaget, J. (1947). *La psychologic de I'intelligence*. Paris: Colin. [English translation: The Psychology of Intelligence. London: Routledge and Kegan Paul, 1950; Totowa: Littlefield, Adams, 1972.]

Sternberg, R. J., Conway, B. E., Ketron, J. L., & Bernstein, M.(1981). People's conceptions of intelligence. *Journal of Personality and Social Psychology, 41* (1), 37-55.

Wechsler, D. (1939). *The Measurement of Adult Intelligence*. Baltimore: Williams and Wilkens.

Wober, M. (1974). Towards an understanding of the Kiganda concept of intelligence. In J. W. Berry & P. R. Dasen(Eds.), *Culture and Cognition: Readings in Cross-cultural Psychology* (pp. 261-280). London: Methuen.

发　展

6 非洲婴儿早熟现象

本章评述的是马塞尔·盖伯和迪恩于 1957 年发表于《柳叶刀》(*Lancet*)杂志的研究报告《非洲新生儿的发展状况》(The state of development of newborn African children)[①]。

马塞尔·盖伯(Marcell Geber)

法国儿童精神病学家，生于 1919 年，1951 年在巴黎医学院攻读博士。她曾经与法国精神病学家、精神分析师珍妮·奥布里(Jenny Aubry)和英国心理学家、儿童精神病学家约翰·鲍尔比(John Bowlby)一起研究了早期产妇护理及其对婴儿的影响，曾在 1950 年被世界卫生组织指派研究夸希奥科病(蛋白质营养不良)期间母婴关系的特殊性。本章所介绍的文章于 1957 年发表时，盖伯在乌干达坎帕拉的穆拉戈医院工作。

① Geber，M.，& Dean，R. F.（1957）. The state of development of newborn African children. *Lancet*，*272*，1216-1219.

6.1 背景介绍

发展心理学家的任务之一，是精确地描述儿童生理、心理发展的状况，尤其是年龄与各项生理、心理发展指标之间的关系，以及影响儿童生理和心理发展的各种因素。心理学家一般认为，影响各项生理和心理发展水平的主要因素包括遗传、营养、家庭经济状况和教育、社会文化、学校教育等。

文化以什么样的方式影响婴幼儿的发展？不同文化中的婴儿发展水平有差异吗？文化会对婴儿的早期发展产生影响吗？这些取决于婴儿的脑是否容易受到文化因素的影响。

与其他动物相比，人类的祖先在各方面都不具备特别的生存优势，但在进化过程中，要生存下去就需要跟别人进行沟通、合作，逐渐演变成一种社会性动物。在相对复杂的社会中，人类的祖先在进化过程中被迫变得越来越聪明，脑容量也越来越大。250 万年前，人类的平均脑容量是 200 厘米^3，而现在人类大脑的容量已经演变成 1200～1400 厘米^3，平均重量为 1300 克左右，约相当于体重的 2%，而黑猩猩的脑重量不到 0.5 千克，约是体重的 0.7%。对于 60 千克的哺乳动物来说，平均脑容量是 200 厘米^3，人脑是哺乳动物平均脑容量的 6～7 倍。人脑变大，头骨也随之变大了。另外，几百万年以来，人类的祖先从树上转移到地面的草原生活，逐渐进化成直立行走的动物。直立行走给人类祖先带来的结果之一是女性的产道变窄。头骨变大和产道变窄这两个重要变化使女性的分娩变得非常困难，因此，那些发育得不那么成熟，头骨尚小容易分娩的胎儿，倾向于活下来，并在自然选择中获得优势。于是，人类变成了早产儿的后代。早产带来的一个结果是，与其他哺乳动物相比，人类刚出生的时候大脑还远未发展成熟，从而使大脑在出生后的发育过程中更容易受到周围环境的影响。当然，婴儿并非只在出生以后才会受到环境的影响，实际上婴儿尚未出生时，在子宫内就已经受到环境的影响了。文化作为一种重要的环境因素，有可能会对大脑产生较大影响。如果这种假设成立，那么在与欧美社会有较大差异的文化中，婴儿的发育将表现出不同的模式。

对欧美的心理学家来说，要更好地揭示环境对儿童发展的影响，不但要了解西方社会中儿童的发展情况，还要了解非西方社会中儿童的发展情况。一些在西方社会接受了医学和心理学训练的心理学家希望通过对西方和非西方社会的婴幼儿生理和心理发展水平的比较，更好地揭示影响儿童发展的具体因素。其中一个较早受到关注的领域是婴儿最早的动作技能的发展有什么规律。

如果我们假定不同文化中婴儿的生理和心理发展有差别，让我们猜测哪个洲的婴儿动作发育较早的话，大部分人会猜测，一定是欧美社会的婴儿动作发育较早。这种观念其实很容易理解，因为欧洲和北美社会中人们的饮食更好，受教育水平更高，这都是影响婴儿发展的重要因素。然而，有意思的是，在较长一段时间内，欧美的研究者发现非洲的婴儿比欧美的婴儿发育更早，这被称为“非洲婴儿早熟”（African infant precocity）现象。

根据可以查到的文献，非洲婴儿早熟这一概念是尼尔·沃伦（Neil Warren）在1972 年的一篇文章中提出来的，但最早的研究主要是由法国儿童精神病学家马塞尔·盖伯完成的。盖伯（Geber，1956）在确定蛋白质缺乏症所引起的心理变化的工作过程中，为了与正常儿童进行对比，使用格赛尔发展量表对健康和营养良好的非洲儿童进行了评估，获得了这些儿童的精神运动发育信息。结果发现，在大约 3 岁的时候，非洲健康儿童的发展通常领先于欧洲标准，并且最年幼的孩子的领先程度最高。2 周龄或 3 周龄的婴儿的发展水平是同龄欧洲婴儿发展水平的 2～3 倍。在这项研究的基础上，盖伯和迪恩合作进行了扩展研究，对乌干达刚出生的婴儿发展情况进行了调查，以与欧洲的婴儿比较，并发表了《非洲新生儿的发展状况》一文。本章就介绍盖伯和迪恩的这项研究。

20 世纪 50 年代，对刚出生的婴儿进行详细的测查在非洲的乌干达还不普遍，因此盖伯和迪恩首先解释了欧洲婴儿刚出生时的情况，以便进行对比。根据库珀尼克（Koupernik，1954）和托马斯等（Thomas et al.，1955）的研究，欧洲的婴儿在出生时保持了子宫内的姿势，保持了屈曲和不对称这一最早的年龄特征：手臂和腿紧紧弯曲，其他手指紧握拇指；躺着的时候，头朝一侧，胳膊和腿的位置不对称。让婴儿把手臂伸展开，将手拉过胸腔和对侧肩膀，位置类似于将围巾绕在肩膀上时达到的位置，这时婴儿的手臂会表现出对抗，这样可以判断手臂肌肉的张力。腿不仅弯曲，还可以向外旋转。膝盖可弯曲的角度上限为 90°，而外展时两腿之间的角度仅为 60°。如果让婴儿趴着，其会把头转向侧面，脸颊会平放，这种姿势无法转动头部。如果将下巴支在桌子上，也不能抬起头部。身体的其余部分聚拢成束，胳膊弯曲，肘部向两侧弯曲，大腿弯曲以抬高臀部。通过这个姿势，孩子有时会进行爬行运动。如果将孩子置于坐姿，则其躯干往往会塌陷，驼背从颈部延伸到骶骨，头部向前倾斜，如果使躯干向后倾斜，则头部向后倾斜。如果用手将婴儿提起到坐姿，其头部会后仰。

库珀尼克（Koupernik，1954）和托马斯等（Thomas et al.，1955）还发现，欧洲儿童表现出若干典型的原始反射。所谓原始反射，就是婴儿针对特定刺激所能表现出来的、由中枢神经系统产生的正常生理反射活动。其中，最明显和最稳定的原始反射之一是莫罗反射（Moro reflex）。当婴儿躺着的时候，如果用力敲打婴儿躺着的桌子，或者让婴儿的四肢或躯干突然移动，例如，抬高婴儿的脚，拉他的胳膊直到头部刚离开桌子后再放开他，这时婴儿会表现出手臂完全伸展开，背部伸展或拱起，头向后拉，手指展开呈扇形，腿部伸展。另外一种众所周知且表现稳定的反射是抓握反射（grasping reflex），这种反射在左右手上的表现是一样的，包括两个部分：一是在按压手掌时手掌闭合；二是屈肌保持紧张，手掌紧握，如果婴儿双手握住一根棍子，其抓握力量甚至大到可以用棍子把婴儿提起来。当抱着婴儿并把他的脚放在桌子上站立时，可以表现出另外两种重要的反射：一种是矫直反射（straightening reflex），即整个身体从通常的屈曲中挺直的倾向；另一种是自动行进反射（automatic march reflex），这是一个膝盖弯曲、脚趾上抬、脚后跟部位首先接触地面的迈步动作。另外，还有腱反射（tendon-reflexe）、跖反射（plantar reflex）、睫毛和光运动反射（ciliary and the photomotor reflex）、"娃娃眼"反射（"doll's eye" reflex）、耳郭反射（auricular reflex）、咬肌反射（masseteric reflex）等。刚出生时的身体姿势和原始反射是高度紧张的表现，但都会随着时间的推移而发生变化。正常欧洲儿童的高紧张性会在6～8周龄后消失，屈曲的姿势也逐渐消失。8～12周龄，其才能控制头部以使其不再向前或向后翻转，并能在坐姿中伸直背部。另外，莫罗反射、自动行进反射和矫直反射在6～8周龄后也会消失。婴儿大约2周龄后能用眼睛靠近移动的物体，并在3周龄或4周龄后开始移动头部以便于追踪移动的物体。

这些出生时的屈曲姿势和先天原始反射在不同文化中的表现会有差异吗？它们将在什么时候消失呢？盖伯和迪恩在乌干达首都坎帕拉对刚出生的婴儿进行了研究。

6.2 理论假设

盖伯和迪恩的假设是，以欧洲的婴儿作为参照，如果非洲婴儿刚出生时的屈曲姿势消失较早，能够较早支撑头部和坐直身体，先天反射能较早消失，并能较早移动头部以追逐移动物体，则说明非洲婴儿的发育早于欧洲婴儿。

6.3 研究方法与结果

6.3.1 研究方法

盖伯和迪恩测查了乌干达首都坎帕拉妇产医院的足月新生儿。接受测查的婴儿共有 107 名，包括 52 名男孩和 55 名女孩。所有婴儿的体重都大于 2.5 千克，只有 1 名婴儿的体重超过 4.1 千克。测试时的年龄如下：出生不到 24 小时的婴儿 37 名；出生 25～48 小时的婴儿 45 名；出生 49～72 小时的婴儿 14 名；出生 73～96 小时的婴儿 6 名；出生 6 天的婴儿 1 名；出生 7 天和 8 天的婴儿各有 2 名。接受测查的婴儿中有 60 名来自甘达（Ganda）部落，他们是坎帕拉周边地区的土著，属于班图语族。其余的婴儿来自其他部落，其中一些是班图人，其他则是来自尼罗提克（Nilotic）部落或含米特（Hamitic）部落。这些来自不同部落的婴儿之间没有区别。盖伯和迪恩在选择测查对象时，并没有对个案进行特别的选择，只是要求护士把在产科病房的所有婴儿带来接受测查。所有婴儿及他们的母亲都没有疾病，在分娩过程中都没有用仪器协助，也不是通过手术分娩。双胞胎、剖腹产婴儿以及利用产钳助产分娩的婴儿与其他婴儿一起被带走接受测查，但其数据未参与分析。研究者对这些婴儿的身体姿势、支撑头部情况、坐姿时背部的情况以及各种原始反射的表现进行了详细检查。

6.3.2 研究结果

盖伯和迪恩发现，非洲新生儿各方面的发展情况与欧洲婴儿有明显不同，表现为与欧洲婴儿相比，非洲婴儿的发展明显早熟，具体表现在很多方面。

首先，当这些非洲婴儿安静地躺着时，他们的身体屈曲不明显，膝盖常常仅略微弯曲，只有一只手臂弯曲，手半张着，而另一只手臂则完全伸出，手完全张开。头部通常在一侧，但可以从一侧转到另一侧并保持在中间位置。婴儿的眼睛睁得很大，表现出活泼的样子。即使在刚出生的头几天，许多婴儿的眼睛就可以追随移动物体，头部也可以旋转。婴儿有很多自发活动，半侧转身也不罕见。手臂和腿部的活动是双向且对称的，但腿部的活动多于手臂活动。腿主要是弯曲的，有时也伸展开，有时交叉，有时不交叉。通常脚会旋转至两只脚底彼此面对。手臂动作不如腿部动作快。打开的手通常能向各个方向移动，还经常伸到脸部，特别是嘴部。

其次，当婴儿腹部着地并处于俯卧位时，会立即将头转向一侧甚或抬起头，用前臂支撑着自己。有时头部仅在中间位置暂时抬起，然后降低，下巴着地，但是大多数婴儿只能抬高头部几秒钟，腰椎前凸，腿部屈曲增加，并且手臂受压将肘部牢牢地固定在桌子上，使前臂笔直向前。手张开，有时手指会抓挠。膝盖经常弯曲而部分伸展，但大腿几乎总是在腹部弯曲，因此大腿前部很少与桌子接触。腿部活动不及仰卧时的活动多，但他们经常做出爬行动作。综上来看，婴儿处于俯卧位时，其最显著的特征表现为对头部和颈部的控制。

再次，当婴儿坐着时，头部保持在中间位置，有时会从一侧转向另一侧，直到最终跌倒。当头部跌落时，许多婴儿可以立即再次抬高它。背部向上挺直，或向前倾斜。膝盖适度弯曲，脚向内旋转。一些婴儿在被拉到坐姿的过程中被抬起时，会挤压脚后跟，直到几乎站起来。脚直立在桌子上时，大多数婴儿会产生矫直反射，有些婴儿用双脚用力按压，有些婴儿只用一只脚按压。有几个婴儿只是弯曲腿。在出生 1～3 天的婴儿中，只有几名婴儿出现了自动行进反射。

最后，莫罗反射并不总是出现。该研究的受测者均为体重超过 2.5 千克的婴儿，而低于 2.5 千克的早产儿表现出完全的反射。有一部分受测婴儿是出生 1 天或 2 天的，手臂伸展和外展的反射敏捷而充分，但通常只能缓慢地回到以前的姿势；但对于另一些婴儿，使用任何手段都无法引起其莫罗反射。在出生超过 4 天的婴儿中，未发现反射现象。其抓握反射也很不稳定，如果用物体压入孩子的手掌，孩子会闭合手掌，但几乎不会继续稳固地握住它，并且很快就会松开手指，让手恢复以前的姿势。

进一步测查发现，非洲婴儿手臂和腿部曲肌的可伸展性比欧洲婴儿高得多。屈曲较少，过度紧张，前臂易于伸展，其不会立即恢复屈曲，而是通常保持伸展状态。相反，腕部的弯曲角度大于 90°。用于测试手臂内收的围巾运动可以轻松进行。前臂在肩膀后的外展阻力也很小。同样，腿的膝后夹角大于 90°，两条挺直外展的腿的夹角大于 60°。从以上观察可以看出，总体而言，非洲婴儿的屈曲程度较低。

另外，其他反射活动也是存在的，例如，睫毛反射、光运动反射、咬肌反射、吮吸反射，在刺激婴儿嘴角时，婴儿的头部会转动，而“娃娃眼”反射、耳郭反射、鹰嘴反射无法引发。腱反射中的髌骨和桡腕骨的运动都很容易引发。跖反射几乎都是伸肌反射，脚趾的抓握反射比手指更稳定。当检查者用手水平地朝下抱住婴儿时，其背部挺直，头部不向前倾，双腿伸展的方向通常与躯干在一条线上。还是这样抱着婴儿但脸朝上，其会让头向后倾，背部呈弧形。

总体看来，与欧美婴儿相比，非洲婴儿的发展是超前的，因而后来被称为“非洲婴儿早熟”现象。

6.4 讨 论

从盖伯和迪恩对婴儿的测查结果来看，与正常发展的欧洲婴儿相比，这些非洲婴儿毫无疑问处在更高水平的发展阶段。检查的结果非常一致，领先的程度也很高，因此这一结果非常可信。非洲初生婴儿大多数的活动对应于欧洲正常婴儿4～6周的年龄，有些活动甚至更早熟。

非洲婴儿出生时的状态与一些临床观察结果一致：非洲婴儿几乎从第一个小时就开始剧烈地吮吸母亲的乳房，并在很小的时候就通过了发展的里程碑，这也与盖伯（Geber，1956）已经提到的最早的精神运动性早熟的发现相一致。在研究非洲婴儿的同时，盖伯和迪恩使用相同的方法研究了在坎帕拉的欧洲医院的15名欧洲婴儿以及另外在亚洲医院的60名印度婴儿。这些欧洲婴儿的表现与以往研究所发现的欧洲婴儿的情况完全相同，印度婴儿的表现基本上也跟以往研究所发现的印度婴儿的情况类似，两组婴儿都与非洲婴儿有较大差别。这些结果也证实了他们对非洲婴儿的观察是有效的。

后来，有心理学家对盖伯和迪恩的研究提出了质疑，其中很重要的一项质疑是，盖伯和迪恩没有用统计学方法确定非洲婴儿与欧美常模之间的差异。他们只是逐个对被试进行观察，并测试这些婴儿的各种原始反射，并没有使用标准的发展量表，而后来的很多类似研究所使用的工具都是贝利婴幼儿发展量表（Bayley Scales of Infant Development）。这个量表是心理学家南希·贝利（Nancy Bayley）于1969年开发的标准测量工具，主要用于评估1～42个月婴幼儿的发育情况，是评估婴幼儿发展情况的常用工具。盖伯和迪恩进行研究时还没有出现这样的标准发展量表，因此只是凭经验判断非洲婴儿比欧美的婴儿发展早。也有批评者认为非洲以及非裔美国新生儿出生时的平均体重比欧美新生儿的体重要低，因此以2.5千克作为评价足月新生儿的标准会导致1/3的潜在被试被排除在外。也就是说，他们测量的对象只是那些不但足月而且体重偏重的婴儿，而另一些足月但体重偏轻的婴儿却被排除在外了。这些批评是有道理的。要想确认是否真的存在“非洲婴儿早熟”现象，还需要其他研究的重复验证。

6.5 该研究在跨文化心理学中的重要性及长期影响

在整个西方社会对非洲人和非裔人口有着非常负面刻板印象的20世纪50年

代，竟然有研究发现非洲婴儿比欧美婴儿早熟，这是一个非常轰动的事件，直到现在还被媒体和一些社会活动家提及。该研究虽然受到了一些质疑，但后来的专家大体上认为，尽管不像较早的研究所声称的那样普遍，但非洲婴儿的确存在一定程度的早熟。有些专家认可了盖伯和迪恩的研究，进而对造成非洲婴儿早熟的原因进行了研究。直到21世纪初，依然有很多研究在探讨非洲不同文化中的婴儿发育早晚差异产生的原因。例如，奥斯纳布吕克大学的海蒂·凯勒等（Keller et al.，2004）发表了一项研究，试图解释盖伯和迪恩的研究所发现的“非洲婴儿早熟”现象以及不同文化中婴儿发展差异产生的原因。他们发现，婴儿从出生开始就参与社会文化活动，这些活动致力于实现育儿行为的文化目标和价值观。在此过程中，独立和相互依赖这两种社会文化取向与父母的两种育儿方式（远端和近端）有明显关系，从而影响了婴儿的发展。

凯勒等（Keller et al.，2005）在另一项研究中引用了盖伯和迪恩所发现的“非洲婴儿早熟”现象，分析了其他研究所发现的运动刺激与儿童肌肉力量的发展及运动里程碑的实现之间的关系，试图考察不同养育理念与儿童发展之间的关系。他们观察了德国北部和西非 Nso 这两个文化社区中母亲和婴儿互动过程中的养育行为，比较了两种文化观念下父母的养育理念。其发现 Nso 的受访者比德国的受访者更注重基础护理、身体接触和身体刺激，而德国的受访者则比 Nso 的受访者更注重面对面的交流和排他性关注。凯勒等认为，养育理念与儿童的发展之间有密切的关系，儿童的发展在一定程度上受父母养育理念的影响。

需要注意的是，“非洲婴儿早熟”这种说法颇有深意。如果非洲婴儿的发育早于欧美婴儿是一个事实，那么从欧美的角度来看这一事实，是欧美婴儿发育“正常”，而非洲婴儿“早熟”；如果从非洲的角度来看，则是非洲婴儿发育“正常”，而欧美婴儿“晚熟”。但由于欧美的研究者习惯于以欧美为中心来考虑问题，就认为欧美婴儿发育正常，“非洲婴儿早熟”也就被视为一种不正常的现象了。事实上，盖伯是乌干达坎帕拉穆拉戈医院的白人医生，而最早提出“非洲婴儿早熟”这一概念的专家也不是非洲人而是英国人。

参 考 文 献

Geber，M.（1956）.Courrier. Paris：International Children’s Centre，6，17.

Geber，M.，& Dean，R. F. A.（1957）. The state of development of newborn African children.

Lancet, *272*, 1216-1219.

Keller, H., Lohaus, A., Kuensemueller, P., Abels, M., Yovsi, R. D., Voelker, S., et al. (2004). The bio-culture of parenting: Evidence from five cultural communities. *Parenting: Science and Practice*, *4* (1), 25-50.

Keller, H., Voelker, S., & Yovsi, R. (2005). Conceptions of parenting in different cultural communities: The case of West African Nso and Northern German women. *Social Development*, *14*, 158-180.

Koupernik, C. (1954). *Développement psycho-moteur du premier âge*. Paris: Presses Univ. France.

Thomas, A., Chesni, Y., Saint-Anne Dargassies, A. (1955). *Examen neurologique du nourrisson*. Paris: Éditions La vie médicale.

Warren. N. (1972). African infant precocity. *Psychological Bulletin*, *78*, 353-367.

7　儿童训练与生存经济

本章评述的是赫伯特·巴里三世等于 1959 年发表于《美国人类学家》(*American Anthropologist*) 杂志的研究报告《儿童训练与生存经济的关系》(Relation of child training to subsistence economy)[①]。

赫伯特·巴里三世
(Herbert Barry Ⅲ)

美国著名心理学家、教育家，生于 1930 年，1952 年在哈佛大学获得学士学位，1953 年在耶鲁大学获得硕士学位，1957 年在耶鲁大学获得博士学位。其曾在耶鲁大学、康涅狄格大学、匹兹堡大学等从事心理学和教育学研究。本章所介绍的文章于 1959 年发表时，巴里在耶鲁大学工作。

① Barry, H., Child, I., & Bacon, M. (1959). Relation of child training to subsistence economy. *American Anthropologist*, *61*, 51-63.

7.1 背景介绍

20 世纪 40—50 年代，人类学家已经发现不同社会中人们的人格是有差异的，甚至出现系统性差异。那么，特定社会的典型人格是如何形成的？或者说不同文化中的人格差异是如何形成的？

那时候，一些人类学家已经利用人类关系区域档案（human relations area files，HRAF）的人种志报告考察了很多文化中的儿童训练模式。例如，怀廷和蔡尔德（Whiting & Child，1953）从人类关系区域档案中提取了 75 个社会的人种志数据，发现全世界的儿童训练都与某些普遍的行为问题有关，特别是口唇、肛门、性、依赖和攻击等，而且发现儿童训练在不同社会有所不同，一些社会的儿童训练模式具有典型的地方特点。这给心理学家提出了一系列问题：群体的儿童训练实践与不同地区的典型人格之间是什么关系？是儿童训练导致了典型人格的形成，还是典型的人格使这个社会倾向于进行某种形式的儿童训练？假如儿童训练是典型人格的成因，那么一个特定的社会为何会选择某种儿童训练习惯，从而导致特定类型的典型人格呢？是因为这种典型人格在成年人的社会生活中具有某种功能，所以才在儿童期就开始训练这种人格吗？

后来，成为美国著名心理学家、教育学家的赫伯特·巴里三世在 20 世纪 50 年代对这一问题产生了兴趣，他攻读博士及获得博士学位后在耶鲁大学从事研究工作的两年期间，与两位同事进行了相关研究，并于 1959 年发表了《儿童训练与生存经济的关系》一文。本章介绍了巴里等于 1959 年发表的这项研究。他们认为，要考察儿童训练与成年人的社会生活之间的关系，需要先分析儿童训练与社会生活的基本模式之间的关系。在文化的各个方面的特征中，决定社会生活的基本模式是生存经济，也就是说要考察儿童训练与生存经济之间的关系。

人类学家福德（Forde，1934）把人类发展过程中出现的生存经济模式分为采集（collecting）、狩猎（hunting）、捕鱼（fishing）、农耕（cultivation）和畜牧（stock-raising）五种模式，这种分类模式后来得到其他人类学家的支持。后来人类学家又把成人行为简化为与一个变量相关，即社会复杂性，其中农耕和畜牧社会的社会复杂性程度高，表现为人口密度大且稳定、冶炼金属、智力成就、社会异质性和内部专业化。奥伯格（Oberg，1955）认为，发展这种社会复杂性的前提条件是食物过剩。

巴里等认为，在考虑经济活动与成年人角色以及儿童训练的关系时，有一个变量可能非常重要，即食物在多大程度上需要积累起来并进行管理。该变量的一极是畜牧社会。在这样的社会中，食物积累就是现在的畜牧工作，实际上是在为未来的生活积累食物。这是因为这些工作能决定未来几个月甚至几年是否有足够的肉吃，以及能决定未来的生活中是否有足够的动物提供奶。在这样的社会中，要遵循固定的时间安排，才能保证未来有足够的食物。农业社会跟这一极类似，只是遵循这种行为模式的压力稍小一些。社会规则要求用确定的方法确保种植的庄稼成功收获，并确保慢慢消费储存的农产品直至下一次收获。如果在履行日常职责时疏忽大意，可能会导致将来出现挨饿的风险，这种风险并不会威胁当前的生活，而是会威胁未来几个月的生活。无法判断改进生产技术会导致更大的收获还是灾难性的失败，因此不鼓励个别人尝试改进生产技术。在这种条件下，顺从老一辈和更聪明的人，忠诚地履行社会传统为个人的经济角色所规定的任务才是最有利的。

该变量的另外一极是狩猎或捕鱼社会，也就是无法对猎物进行额外储存的社会。在这样的社会中，个人的创造性和技能发展非常重要。每天的食物都来自当天的收获，能力和技能的变化会立即带来奖励或惩罚。此外，不必担心创新会失败，因为如果一个有能力的猎人试图改进技术但失败了，他依然可以使用已有的技能来取得收获。如果技术改进有效，则会立即奏效，从而取得更多收获。

当然，巴里等认为，占主导地位的食物获取类型并不必然带来鼓励或不鼓励创新的倾向，总有一些例外情况。对农业和畜牧社会来说，也可能会剩余足够多的粮食，这样就允许某些人去尝试新技术。然而，对一些狩猎和捕鱼社会来说，他们也有保存其收获物的手段，从而产生一些社会规则，就像农业和畜牧社会一样，社会给个人施加遵守规则的压力；狩猎和捕鱼并不总是由个人单独进行，有时需要团队合作来完成，因此成功与否部分取决于每个成员是否能负责任地履行团队所分配的具体职责；还有一些社会将其狩猎场视为一种资源，必须严格遵守养护规则来加以保护。因此，狩猎和捕鱼社会也有阻止尝试新技术的力量。巴里等假定，尽管两类社会都有一些例外情况，但平均来说，占主导的食物获取方式将会对成年人的经济规则产生上述影响。

根据以上分析，巴里等认为，食物资源的积累程度可能是理解生存经济和儿童训练之间的关系的重要潜在变量。也就是说，生存经济与儿童训练之间关系的实质，其实是食物资源积累程度与儿童训练之间的关系。因此，巴里等使用占主导地位的食物获取一般类型所决定的食物资源积累程度代表生存经济，考察了生存经济与儿童训练之间的关系。这里的“积累”程度与食物过剩或短缺无关，主要指食物在获得以后和使用前可以储存的程度，而不是在获得以后立即消耗。

7.2 理论假设

巴里等认为，在食物资源积累水平较低的社会中，成年人倾向于更加个人主义、自信和冒险；而在食物资源积累水平较高的社会中，成年人倾向于更加尽职尽责、顺从和保守。如果经济角色和一般人格倾向于适应生存经济的类型，对儿童的训练也应该表现出这种适应。因此，巴里等预测，把能在成人社会中发挥功能的行为教给孩子，可能是儿童训练过程中的重点，这样就可以确保儿童在需要时表现出这种行为。

要检验该假设，可以对不同经济类型的社会中的成人经济角色、一般成人人格和儿童训练进行比较。巴里等在研究中主要比较了不同社会的儿童训练，而没有比较成人经济角色和一般成人人格。实际上，在比较具有不同经济类型的社会时，要找到儿童训练方面的差异比找到成人经济角色和成人人格方面的差异更困难，因为儿童训练与社会经济活动的联系不那么直接。因此，如果在儿童训练方面找到了差异，就可以推断，对生存经济的适应包括广泛的社会行为领域。

7.3 研究方法与结果

7.3.1 研究程序与方法

该研究采用了默多克（Murdock，1957）的社会分类方法，根据不同的生存经济，把社会类型分为农耕（agricultural，A）、捕鱼（fishing，F）、畜牧（pastoral，P）、狩猎（hunting，H）、谷物（grain，G）、块根农作物（root，R）。其中，畜牧和农耕为极高食物积累社会，狩猎和捕鱼社会为极低食物积累社会，这两类社会共同组成了极端食物积累社会。

巴里把默多克的分类中以谷物或块根农作物为主、畜牧业为辅的社会看作中度食物积累社会，把谷物和块根农作物这两种以农业为主的所有社会放在一起，然后根据这些社会中狩猎和捕鱼的重要程度进行细分。对狩猎和捕鱼在这些社会中的重要性等级进行平均，然后以中位数为界分开，把狩猎和捕鱼的重要性高于中位数的社会归类为中低食物积累社会（intermediately low in accumulation），把狩猎和捕鱼的重要性低于中位数的社会归类为中高食物积累社会（intermediately high in accumulation）。这样，巴里就以食物积累水平变量代表生存经济。

巴里等根据其在 1957 年发表的一项研究（Barry et al.，1957），把儿童训练的内容分为以下六个维度：①依从训练（obedience training），即儿童通过接受训练在多大程度上能够服从成人；②责任训练（responsibility training），即儿童通过接受训练在多大程度上能够为生存和家务劳动承担责任；③养育训练（nurturance training），即儿童通过接受训练在多大程度上能够照看和帮助兄弟姐妹及其他需要帮助的人；④成就训练（achievement training），即儿童通过接受训练在多大程度上能够向优秀的标准努力；⑤自立（self-reliance），即儿童通过接受训练在多大程度上能够照顾他们自己，并在满足自身需要和欲望方面不依赖他人的帮助；⑥一般独立训练（general independence training），即儿童通过接受训练在多大程度上能够向往自由，从而摆脱控制、统治和管理。

研究对象为分布在世界各地的 104 个社会样本，这些社会大多数是非文化社会（nonliterate society）。根据上述六个维度的训练，巴里等让评分者对这 104 个社会样本的社会化强度进行评定。所谓社会化强度，就是正向压力（行为的奖励）加上负向压力（对缺乏该行为的惩罚）之和。评定是针对童年阶段进行的，从 4 岁或 5 岁到青春期前不久。每项评定由两名独立评分者独立完成，并计算两位评分者的评分之和。对男孩和女孩分别进行评定。每一次评分后都要进一步标明评价者对该评分是“确定”还是“不确定”。评分者并不清楚研究假设，也不知道社会分类。

7.3.2 研究结果

7.3.2.1 生存经济与社会化具体变量的关系

巴里等发现，相对于极低食物积累社会，极高食物积累社会对责任和依从施加了更大压力，对成就、自立和独立性施加的压力较小。对男孩和女孩来说，每个变量与食物积累的关系方向是一致的。两组社会对养育的压力没有差别。中高食物积累社会和中低食物积累社会的情况也是类似的，这说明儿童训练与食物积累程度的确有关系。在食物积累程度较高的社会中，儿童往往更频繁地承受着强大的责任压力。

对食物积累水平和 104 个社会样本在 6 个方面的社会化强度进行相关分析，

发现责任感和服从水平与食物的积累水平呈正相关，成就、自立和独立与食物积累水平呈负相关。养育训练压力则与食物积累水平没有显著相关。极端食物积累水平和社会化强度之间的相关与中等食物积累水平和社会化强度之间的相关方向相同，只是前者的相关度更高。

生存经济与儿童训练之外的第三个方面是养育训练，生存经济与儿童训练其他 5 个方面的相关方向没有性别差异。有一个男女差异需要特别注意，在食物积累程度不同的社会中，社会对儿童训练中的变量的重视程度不同，在最受重视的变量的训练方面，不同社会所关注的性别也是不同的，表现为：在食物积累程度较高的社会中，服从和责任这两个变量评分较高，这两个变量在女孩的训练中很受重视，而在男孩的训练中则不受重视；在食物积累程度较低的社会中，成就、自力和独立这三个变量评分较高，这三个变量在男孩的训练中很受重视，而在女孩的训练中则不受重视。

7.3.2.2 生存经济与社会化一般变量的关系

根据 6 个社会化变量与生存经济之间的相关情况，如果不考虑养育训练变量，可以根据其余 5 个变量把所有社会分为两组，这说明可以提取出一个更加一般化的变量来呈现所有单个社会的数据，并进行进一步的探索。巴里等把这个变量称作对顺从和坚持的压力(pressure toward compliance vs. assertion)。其计算方法如下。

男孩和女孩都一样，对成就和自立的得分求和，然后减去责任训练和依从训练的得分之和。分数为正数，意味着责任和依从得分较低，表示责任和依从所受重视程度高于成就和自立；分数为负数，意味着成就和自立得分较低，表示成就和自立所受重视程度高于责任和依从。正分数都被看作对顺从的压力，零分或负分数被看作对坚持的压力，然后计算食物资源积累程度与对顺从和坚持的压力之间的相关系数。结果发现，高食物积累社会几乎总是表现出对顺从的压力，而低食物积累社会几乎总是表现出对坚持的压力。对于极高和极低食物积累的社会，39 个社会与这一结果一致，只有 7 个社会与这一结果相反，其相关系数为 0.94。对于中高程度和中低程度食物积累的社会，26 个社会符合这一结果，只有 7 个社会是例外，其相关系数为 0.93。

生存经济与社会化压力的综合测量之间的相关超过了生存经济与任何一个单独的社会化压力测量之间的相关。因此，巴里认为，生存经济这一个变量就能准确预测一个社会的社会化压力是指向顺从还是指向坚持。

7.3.2.3 生存经济与其他文化变量的关系

从以上分析来看，似乎生存经济与儿童训练之间有明确的因果关系，即儿童训练模式是由与生存经济联系在一起的成人经济角色的行为要求所决定的。然而，二者之间的因果关系可能并不那么直接，还可能存在另外一种情况，即生存经济可能会对文化的许多其他方面产生普遍影响，这些文化变量可能会更直接地影响儿童训练。为了考察这种可能性，巴里等探讨了除了生存经济之外的另外 9 个重要文化变量与对顺从和坚持的压力之间的关系，以及这 9 个文化变量与生存经济之间的关系。

结果发现，9 个文化变量中的 8 个变量与生存经济之间的关系和这 8 个变量与对顺从和坚持的压力之间的相关是比较一致的。根据数据分析结果还可以得出两个重要结论：第一，对顺从和坚持的压力这一变量与食物积累水平这一文化变量之间的相关高于与任何其他文化变量之间的相关；第二，极端食物积累社会中的食物积累水平与这些文化变量的关系跟中度食物积累社会中的食物积累水平与这些文化变量之间的相关明显不同。对于极端食物积累社会，食物积累水平与 9 个文化变量显示出一致的且往往是很高的正相关，对顺从和坚持的压力只与这些文化变量中的一个呈现负相关。对于中度食物积累社会，在食物积累水平与 9 个文化变量的相关中，除了其中的 1 个相关以外，其他相关都小于极端食物积累社会中的食物积累水平与这些文化变量之间的相关，并且在对顺从和坚持的压力与这 9 个文化变量之间的相关中，有一半是正相关，另一半是负相关。

从这些结果来看，食物积累程度与对顺从和坚持的压力的关系非常密切，而其他文化变量与对顺从和坚持的压力的关系相对不密切。因此，很可能是生存经济影响了食物积累水平，进而影响了儿童训练，而不是生存经济影响了其他文化变量，进而这些文化变量影响了儿童训练。当然，从以上的相关分析结果也可以看出，其他文化变量对儿童训练也可能会有影响，但巴里并未在该文章中进一步考察这种可能性。

7.4 讨　　论

不同文化和社会都要进行系统的儿童训练，以使儿童逐渐成为适应社会的成年人。什么样的成年人能适应社会，就要对儿童进行什么样的训练。不同社会所需要的成年人具备的品质是不同的，因此需要对儿童进行不同的训练。前人的研究已经发现，在畜牧和农业社会中，倾向对儿童进行顺从和责任心的训练，而在狩猎和捕鱼社会中，则倾向对儿童进行坚持和成就的训练。

为什么是这样的呢？巴里等认为，有一个变量可能能够成功地解释生存经济形式与儿童训练之间的关系，这就是食物积累程度。巴里发现，食物积累程度与儿童训练的模式有明显相关，而且食物积累程度与社会化压力的综合测量之间的相关超过了生存经济与任何一个单独的社会化压力测量之间的相关。因此，巴里得出结论：食物积累程度这一个变量就能让我们准确预测一个社会的社会化压力是指向顺从还是指向坚持。

巴里等认为这一结果非常重要，有力地验证了食物积累在生存经济与儿童训练之间的关系中的作用。巴里的发现可以证明，儿童训练倾向于适应生存经济类型。其中，顺从和承担责任的压力倾向于使儿童成为保守和负责任的成年人，他们可以最大限度地确保一个食物资源高度积累的社会中的食物得到保护，并在全年中逐步积累起来，这样就确保了整个社会的福利得以持续。然而，追求自力更生和成就的压力倾向于使儿童变成富有冒险精神的独立成年人，他们可以每天主动从自然界获取食物，从而确保在食物资源积累程度低的社会中生存。

巴里所发现的现象可以用跨文化心理学家贝里后来提出的生态-文化框架（Berry，1976）来解释。根据这一框架，生态因素既可能直接影响人的心理与行为，同时它也会通过影响社会政治背景从而影响人的心理与行为。在巴里的研究中，作为生态因素核心特征的生存经济可以直接影响人的行为，也可能通过适应于这种生存经济的社会规则来影响人的行为。这项研究为贝里后来提出生态-文化框架理论提供了证据。

7.5 该研究在跨文化心理学中的重要性及长期影响

长期以来，生存经济和儿童训练作为两个独立的问题，一直是人类学家关注的重要领域，这些人类学家也试图了解两者之间的关系。巴里的研究在二者之间建立了一种关系，从而对理解不同社会中儿童社会化过程的差异提供了解释。巴里的这项研究发表于 1959 年，后来引起了广泛关注。截至 2019 年 11 月，用谷歌学术搜索可以查到 700 多条引用。近年来，依然有较多研究者以巴里的研究为基础开展研究。下面试举两例。

华盛顿州立大学的巴里·休利特等（Hewlett et al.，2011）使用行为观察，不限名额进行了半结构化访谈以及非正式和轶事性的观察，探讨了非洲中部猎人-采集者的童年社会学习，结果发现，狩猎-采集社会中儿童的社会学习发生得较早，相对较快，5 岁以下的儿童主要社会学习形式是垂直方向的，6～12 岁儿童的社会学习形式是斜向和水平的。观察和模仿是主要的学习方式，教育学和其他形式的教学早在儿童 12 个月时就已存在，但相对较少。在这项研究中，休利特等引用了巴里的研究，应用了巴里“农业社区中的儿童更有可能承担育儿和其他责任”的观点，并对二者的研究结果进行了比较，二者得出的一致结论是：生态文化对儿童教育的方式有重要影响。

马里兰大学的迈克尔·盖尔芬德（Gelfand，2012）在综述以往研究时发现，紧的社会（即规范性强且对偏差行为容忍度低的社会）与松的社会（即规范性较弱且对偏差行为容忍度高的社会）之间存在关键差异。盖尔芬德综述了紧的文化和松的文化之间的差异，从生态和历史条件的差异到日常社会状况的强弱以及心理过程的个体差异，讨论了这种文化差异对心理学研究和实践的意义。在文章中，盖尔芬德列举了巴里的研究，指出巴里等所发现的食物资源积累程度与训练儿童对规则的遵守程度有密切关系。不同食物资源积累程度所决定的遵守规则的程度代表了传统社会中松的文化和紧的文化的一个重要特征。

巴里的研究所关注的问题、其分析问题的方式等都是典型的跨文化心理学研究，为后来跨文化心理学的建立提供了基础文献。

参考文献

Barry，H.，Bacon，M. K.，& Child，I. L.（1957）. A cross-cultural survey of some sex differences in socialization. *The Journal of Abnormal and Social Psychology*，*55*（3），327-332.

Barry，H.，Child，I. L.，& Bacon，M. K.（1959）. Relation of child training to subsistence economy. *American Anthropologist*，*61*，51-63.

Berry，J. W.（1976）. *Human Ecology and Cognitive Style：Comparative Studies in Cultural and Psychological Adaptation*. New York：Sage/Halsted.

Forde，C. D.（1934）. *Habitat，Economy and Society*. London：Methuen.

Gelfand，M. J.（2012）. Culture's constraints：International differences in the strength of social norms. *Current Directions in Psychological Science*，*21*，420-424.

Hewlett，B. S.，Fouts，H. N.，Boyette，A. H.，& Hewlett，B. L.（2011）. Social learning among Congo Basin hunter-gatherers. *Philosophical Transactions of the Royal Society B*，*366*，1168-1178.

Murdock，G. P.（1957）. World ethnographic sample. *American Anthropologist*，59，664-687.

Oberg，K.（1955）. Types of social structure among the lowland tribes of South and Central America. *American Anthropologist*，*57*，472-487.

Whiting，J.，& Child，I.（1953）. *Child Training and Personality*. New Haven：Yale University Press.

8 中国儿童心理理论的发展

本章评述的是亨利·威尔曼等于 2006 年发表于《心理科学》（*Psychological Science*）杂志的研究报告《测量中国儿童的心理理论》（Scaling of theory-of-mind understandings in Chinese children）[①]。

亨利·威尔曼（Henry Wellman）

美国密歇根大学的著名发展心理学家，主要研究认知发展，其研究集中于儿童“心理理论”的发展。威尔曼曾因在儿童心理理论方面做出的贡献而于2012年获得美国心理学会的斯坦利·霍尔奖。本章所介绍的文章于2006年发表时，威尔曼在密歇根大学工作。

① Wellman，H. M.，Fang，F. X.，Liu，D.，Zhu，L. Q.，& Liu，G. X.（2006）. Scaling of theory-of-mind understandings in Chinese children. *Psychological Science*，*17*（12），1075-1081.

8.1 背景介绍

8.1.1 儿童心理理论及其测量

假如在你面前的桌子上摆着三座高低、大小和颜色不同的假山模型，要求你从模型的A、B、C、D四个角度观察这三座山，然后要求你坐在模型的A侧，并且放一个玩具娃娃在模型的C侧。这时给你呈现从A、B、C、D四个侧面拍摄的照片，要求你从中指出哪一张是玩具娃娃看到的“山”（图8-1）。你能挑出正确的图片吗？

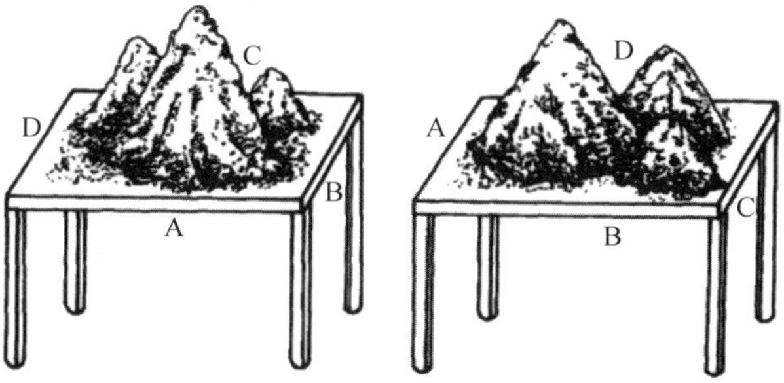

图8-1　皮亚杰的三山任务

资料来源：张春兴.（1998）. *教育心理学：三化取向的理论与实践*. 杭州：浙江教育出版社

著名心理学家皮亚杰设计了“三山实验”，来考察儿童多大才能摆脱只从自己的角度来描述“三山”的相对位置，结果发现幼童还无法摆脱所谓“自我中心”的认知倾向，无法从玩具娃娃的角度思考问题，无法准确地理解玩具娃娃看到的山跟自己看到的是不一样的。

儿童到底从什么时候开始能够了解别人的思想呢？他们能在多大程度上了解别人的思想？他们能了解别人思想的哪些方面？自皮亚杰以来，很多心理学家都对这一系列问题很感兴趣。

在1978年的《行为与脑科学》（*Behavioral and Brain Sciences*）杂志中，普雷马克和伍德拉夫（Premack & Woodruff，1978）报告了一些研究，测试了黑猩猩是否具有所谓的“心理理论”。他们认为，如果一个个体能推测其他个体的心理状态，则说明他具有心理理论。个体的这种推理系统可以被视为一种理论，因为其他个体的心理状态是不能直接观察的，而该系统则可以通过推测心理状态来预测他人的行为。在对这篇文章的评论中，三位哲学家分别提出，通过类似以下的方式，也许能发现一种动物是否具有“信念”：假如动物看到一个人将一个物体放在容器A中后离开，然后动物看到另一个人在第一个人不在场的情况下将物体从容器A转移到容器B中，这时如果该动物似乎期望第一个人返回后将在容器A而不是容器B中寻找该物体，则说明动物对信念有所理解。1983年，两位奥地利心理学家维默尔和佩纳（Wimmer & Perner，1983）发表了一项具有开创性并产生了巨大影响的研究，他们使用了上述哲学家所提出的“意外转移”方法，让儿童被试观看一个场景故事。在故事中，儿童观察故事主人公将一个物体放置到位置x，然后目睹主人公不在场的情况下，物体从位置x转移到位置y，要求儿童指出主人公返回时将在哪里寻找物体。结果发现，尽管大多数儿童能记得物体最初是位于x位置的，但3～4岁的儿童中没有人能指出正确的位置x，4～6岁的儿童中仅有57%以及6～9岁的儿童中仅有86%能指出正确位置。另外，还有研究者开发了其他虚假任务：儿童发现一个饼干盒装的实际上不是饼干而是铅笔后，问他们另一个没有看到饼干盒里面的孩子会认为饼干盒里装的是什么。较小的学龄前儿童说是铅笔，年龄较大并对信念有更好理解的儿童则说是饼干。大约在同一时期，威尔曼（Wellman，1985）开始将儿童正在发展的元认知知识和对心理术语的理解概念化，称为心理理论的发展。同时期及稍后一个时期，研究者考察了被认为是心理理论表现的对意图、情绪、愿望、知识等多个方面的理解，以及儿童关于知觉的知识、关于表面与现实区分的知识等，这些研究工作成为心理理论运动的重要部分。

然而，儿童理解他人心理状态的不同方面遵循什么顺序呢？对他人哪些心理状态的理解发生较早，对哪些心理状态的理解发生较晚呢？

为了研究这一问题，密歇根大学的发展心理学家、著名儿童心理理论研究专家威尔曼教授和合作者（Wellman & Liu，2004）设计了一个发展量表，用多种任务来评估儿童对以下几个方面的理解：①多样化愿望（diverse-desire），人们对同一事物可能有不同的愿望；②多样化信念（diverse-belief），人们对同一情境可以有不同的信念；③知识无知（knowledge-ignorance），某事可能是真的，但有人可能不知道；④错误信念（false-belief），某事可能是真的，但有人可能不相信这件事却相信其他事情；⑤隐藏情绪（hidden-emotion），某人虽然可能感受到某种情绪，但表现出其他不同的情绪。这些任务在程序、语言和形式上都是相似的，但美国学龄前儿童对这些任务理解的困难程度表现出明显的顺序性：理解多样化的愿望最容易，理解隐藏的情绪最困难。这项重要研究提供了一种考察心理理论发展的方法，并揭示了对他人心理状态不同方面理解发生的先后顺序，而且已有多项研究证实了儿童心理理论发展的这种顺序。

然而，这种一致的发展顺序背后的原因是什么呢？威尔曼等认为，存在多种理论可能性：第一，一致的发展顺序是先天程序化的模块成熟的结果；第二，类似于执行功能这种适用于多领域的认知发展导致的结果；第三，概念学习过程带来的结果，也就是儿童生活其中的特定文化中的相关信息和经验塑造了概念。要在这些理论解释中进行选择，除了寻找不同的研究方法进行重复验证外，还要考察在不同文化、不同社会语言环境中成长的儿童在理解他人心理状态方面的发展情况。如果这种顺序是普遍的，就与基于先天模块成熟的理论一致，即所有文化中的儿童都以类似的方式成熟；也与基于适用于多领域的认知发展的解释一致，即发展顺序反映的是任务的一般认知需求，而不是特定领域的概念内容。相反，如果文化输入差异足够大的儿童的发展顺序也有所不同，则支持基于文化输入进行概念学习的理论解释。

8.1.2 儿童心理理论的跨文化差异

在完全不同的社会文化环境中成长的儿童心理理论会不会表现出不同的发展顺序呢？威尔曼教授与我国学者方富熹、朱莉琪、刘国雄，以及华盛顿大学的博士后大卫·刘等研究人员合作，使用自己开发的量表对中国儿童进行了测试（Wellman et al.，2006），发表了《测量中国儿童的心理理论》一文，通过比较中国和美国儿童心理理论多方面知识的发展顺序，对儿童心理理论的发展进行了进一步的理论解释。本章主要介绍该项研究。

威尔曼等认为，中国的孩子在非西方的文化中长大，其语言不属于印欧语系，而是属于汉藏语系，具有与西方讲英语的同龄人不同的童年经历。例如，中文和英文在影响早期成人和儿童对话的方式上有所不同，而已有研究发现成人与儿童的对话会影响说英语的儿童对他人心理状态的理解。具体而言，中文使用的心理动词集合与英语使用的动词集合不同。而且，英语中的“think”和“believe”这两个词同义且含糊地指可能正确也可能错误的信念。但是，广东话和普通话中都有特定的动词表示“错误地思考”，而且学龄前儿童也会使用。因此，语言或文化经验的差异可能会导致幼儿在发展心理理论方面出现重要差异。

威尔曼等认为，儿童对他人心理状态的理解反映的是认知发展的普遍性和文化特定性的结合。对于普遍性，来自中国的儿童、讲英语的儿童以及听力障碍儿童的证据都表明，理解知识、信念这样的认知心理状态要比理解愿望这样的非认知心理状态要困难。根据普遍性的理论，中国儿童将会先理解多样化愿望，然后再理解多样化信念和错误信念。

假设心理理论的理解是社交和对话经验的产物，由于不同的社会总是有差异，因此有理由预测各种文化之间会出现心理理论理解的差异。特别是跨文化心理学家尼斯比特发现，西方成年人和中国成年人似乎在日常认识论上表现出很大的差异，西方认识论更侧重于真理和信仰，而中国认识论则更侧重于实用知识（Nisbett，2003）。塔迪夫和威尔曼（Tardif & Wellman，2000）发现，说英语和汉语的学龄前儿童都是先学会使用“知道”（know）作为他们最早表示心理状态的词，然后是“想”（think），但是也许是因为成年人在日常认识论上的差异，中国孩子对“知道”的重视超过对“想”的重视。这也是成年人对表示心理状态的词的重视在日常生活中的体现，例如，说英语的学龄前儿童也必须掌握新知识，但他们的父母更希望幼儿多“想”；中国的父母更希望让幼儿“知道”很多事情，掌握实用知识，例如，如何叠毯子、系鞋带、写汉字、背诵诗歌等。尼斯比特对于中国人和西方人的差异有很多论述（Nisbett，2003），认为以中国人为代表的亚洲人非常重视群体共性和相互依存，而西方人则更加重视个人和独立，这很可能会导致中国社会更加重视共同的信念和观点，而西方社会更加重视不同的信念和观点。

这种差异可能会带来一个结果，即如果使用量表测量儿童心理理论的话，中国儿童和西方儿童习得理解信念和理解知识的能力的顺序可能会有所不同。通过量表测量，可以对两国的儿童进行比较，常用的比较方法是检查两个相同年龄组儿童在任务中的表现。

8.2 理论假设

威尔曼等假设，对于说英语的西方儿童来说，其对多样化信念的理解先于对知识无知的理解，而对知识无知的理解又先于对错误信念的理解；对于中国儿童来说，对知识无知的理解先于任何对信念的理解。

如果发现两个群体在某些任务或成就上有差异，这也可能是由无法控制的因素而不是由研究者所关心的文化因素造成的。但是，威尔曼等的研究比较的是心理理论中对他人心理状态不同方面的理解的发展顺序，而不是获得某种心理理论的年龄或某个绝对平均得分，因此，相对来说，被试的年龄、社会经济地位等这些不可能实现的确切匹配就不那么重要了。

8.3 研究方法与结果

8.3.1 研究方法

威尔曼等从中国北京的两所幼儿园招募了 92 名中国学龄前儿童进行调查，其中 5 岁儿童 30 名，4 岁儿童 29 名，3 岁儿童 33 名，男女数量相当。使用威尔曼等（Wellman & Liu，2004）的量表，其中的 6 种任务如下所示。

1）多样化愿望。儿童判断自己和另一个人对同一目标有不同的愿望：给出两种零食，例如，冰淇淋和鸡蛋，被试要说出自己偏好哪一个，并预测具有相反偏好的另一个人的选择。

2）知识无知。当被试知道容器中装了什么东西的时候，判断另一个人不知道容器中盛的东西：被试在一个普通的抽屉里看到一只玩具狗，抽屉是关闭的，要求被试判断实际上从未看见抽屉里的东西的另一个人是否看到过里面，以及是否知道抽屉里有什么。

3）多样化信念。当被试不知道自己和另一个人的想法哪一个正确的时候，被试判断两个人对同一目标有不同的想法：被试说明自己相信一个物品在床底下，听到另一个人说他相信物品在橱柜里，而被试也未看到物品到底在哪里，要求被试判断另一个人将在床底下还是在橱柜里寻找物品。

4）内容错误信念（contents false-belief）。被试知道容器里面装的是什么，并判断另一个人对于容器里面装的是什么有错误的想法：被试看到一个熟悉的薯片桶，发现里面是铅笔，然后判断实际上从未见过盒子里面的人是否见过盒子里面，以及判断这个人会认为盒子里装的是什么。

5）外显错误信念（explicit false-belief）。被试知道另一个人有错误的信念，被试判断这个人会如何寻找：被试看到背包中的一本书，然后听到故事人物认为这本书在抽屉里，让被试判断这个人会在背包还是抽屉里寻找书，并判断书的真正位置。

6）隐藏情绪。被试判断一个人感受到一种情绪，但表现出的是另一种情绪：故事人物想要他的叔叔给自己带一把玩具枪，但叔叔带来的是一本书，要求被试判断这个人物真实的情绪（悲伤），以及他将表现出什么情绪（快乐）。

在该研究中，描述任务所用语言的格式和基本用语与威尔曼等（Wellman & Liu，2004）最初使用时没有变化，但针对儿童的文化背景对任务材料进行了部分修改。六个任务全部使用玩具人偶、图片和道具表示物体和情境，大致有两种格式，并提出了两个平行的问题。

多样化愿望、多样化信念和外显错误信念任务构成一个任务子集，在这些任务中，被试看到一个玩具人偶和一张有两个选项的图片（例如，鸡蛋和冰淇淋或床和橱柜）。被试针对任务问题，在两个图片选项中口头选择其一作答。隐藏情绪、知识无知和内容错误信念构成另一个任务子集，其中隐藏情绪任务的格式与第一个子集的任务类似，区别是被试需要在三个图片选项中选择其一作答。对于知识无知任务和内容错误信念任务，被试看到一个装有隐藏物品的容器（例如，里面装有铅笔的薯片桶），被试需要口头给出答案。两个任务子集各自包含一个错误信念任务，第一个子集中的错误信念任务是外显错误信念任务，第二个子集中的错误信念任务是内容错误信念任务。每个被试都依次接受了所有的六项任务，因此，所有被试都接受了两种不同的错误信念任务。

8.3.2 研究结果

从正确完成每项任务的儿童所占比例来看，内容错误信念和外显错误信念任务的正确率相似。因此，威尔曼等在随后的分析中排除了外显错误信念任务，只分析了被试在另外五种任务中的表现。初步分析发现，被试正确完成任务的比例没有性别差异，但不同年龄之间有差异，正确率随年龄的增长而稳步上升。

该研究的一个重要目的是考察儿童心理理论对他人心理状态多个方面理解的发展顺序。威尔曼等使用戈特曼量表（Guttman Scale）对五种任务的完成情况进行了分析，发现从易到难的顺序是多样化愿望任务、知识无知任务、多样化信念任务、内容错误信念任务、隐藏情绪任务，符合这一发展模式的儿童占68%。威尔曼等还使用WINSTEPS / BIGSTEPS计算机程序，被试在这五种任务中的得分进行了拉什分析（Rasch analysis），发现任务从易到难的顺序与使用格特曼量表测量的顺序完全一样。按照被试完成任务的情况，他们对五种任务的难度进行了分数转换，并把威尔曼等（Wellman & Liu，2004）以美国儿童为被试得到的数据进行同样的转换，然后对两组数据进行比较，发现在两组数据中从内容错误信念任务到多样化信念任务的得分之间的距离非常接近，并且多样化信念任务的得分和知识无知任务的得分都位于内容错误信念任务的得分和多样化愿望任务的得分之间。可以看出，两种文化中的任务的难度顺序接近，但有一点重要的差别是，对美国儿童来说，多样化信念任务比知识无知任务要容易，而对中国儿童来说，知识无知任务比多样化信念任务要容易，二者的顺序在两种文化中恰好相反。

总体来看，美国儿童和中国儿童表现出的总体发展顺序是一致的，具体表现为如果不考虑多样化信念任务，两国儿童的发展顺序都是从易到难依次是多样化信念任务、知识无知任务、内容错误信念任务、隐藏情绪任务。为了确认这一发现，威尔曼等删除了多样化信念任务的数据，对其余四项任务的数据进行了分析，用戈特曼量表对剩余的四项任务进行了分析，发现这一发展顺序得到证实，符合这一发展模式的中国儿童和美国儿童分别为86%和88%。

为了进一步确认中国儿童和讲英语的儿童之间的关键差异，威尔曼等还引用了彼得森等（Peterson et al.，2005）所收集的中国儿童和讲英语的澳大利亚儿童的测试数据，发现对于多样化信念和知识无知这两项任务来说，在只通过了其中一项的28名中国儿童中，有89%的儿童通过的是知识无知任务而未通过多样化信念任务；而在只通过了其中一项的16名澳大利亚儿童中，有56%的儿童通过的是多样化信念任务而未通过知识无知任务，表现出与中国儿童相反的模式，这与威尔曼等的研究也是一致的。

8.4 讨　论

儿童心理理论指的是儿童对他人心理状态的认知，涉及对他人心理状态多个方面的了解。已有研究发现，儿童对他人心理状态不同方面的理解所发生的顺序是固定的，这似乎表明心理理论是先天程序化的模块成熟的结果，且在发展过程中适用于多领域的认知增进带来了儿童心理理论的固有发展顺序。然而，如果不同文化中的儿童心理理论发展遵循的顺序并不相同，则说明以上理论至少是不完整或需要修正的，而更有可能是儿童所生活于其中的特定文化塑造了儿童对他人心理状态的理解。为了更好地理解儿童心理理论的实质，尤其是发展背后的基本规律，威尔曼和方富熹等在中国进行了该项研究。

该研究的第一个主要发现是，中国的学前儿童和说英语的儿童（美国和澳大利亚说英语的儿童）心理理论多个方面发生的先后顺序大概是一致的，都是先理解多样化愿望，然后理解认知心理状态，最后理解隐藏情绪。第二个主要发现是，中国儿童对认知心理状态的最早理解表现在知识无知任务方面，而说英语的儿童对认知心理状态的最早理解却表现在多样化信念任务上。从以上结果来看，心理理论的发展不太可能完全是先天程序化的模块成熟的结果，也不太可能完全是因为执行功能或认知复杂性的增进所导致的结果。威尔曼等认为，文化上的差异应该发挥了作用。儿童心理理论将会表现出若干对他人心理状态的普遍、共同的理解，但是不同文化群体中的儿童接受了不同的信息和经验，从而导致心理理论不同方面发展的先后顺序在发展的早期表现出差异。

威尔曼等的发现与中国文化对儿童掌握知识和获得实践知识的重视一致，与西方社会更加重视信念、事实、虚假和信念的差异等也是一致的。由于两个社会的侧重点不同，知识在中国幼儿的概念生活中可能更加凸显，而思考和信念对于西方儿童可能更加凸显。因此，对于美国和澳大利亚的儿童而言，建立在更早的理解愿望的基础上，他们对认知心理状态的最早理解可能是感觉到两个人对同一情况有不同的想法。对于中国的儿童而言，建立在更早的理解愿望的基础上，他们对认知心理状态的最早理解是人们知道或不知道某事。

8.5　该研究在跨文化心理学中的重要性及长期影响

回到本章开头的三山实验，皮亚杰发现，幼童还无法摆脱自我中心的人之倾向，后来威尔曼等的研究以及其他关于儿童心理理论的研究都反复证明了这一点。然而，儿童心理理论的发展是否遵循普遍的规律？对于儿童对他人心理状态各个方面理解的发展顺序，尽管以往的研究表明在各文化中是一致的，但威尔曼等的研究发现并不完全如此。一方面，两种文化中的发展顺序大体上是一致的；另一方面，两种文化中文化价值观在某些层面产生了影响，从而使中国和英语国家的儿童在多样化信念和知识无知两项任务中的发展顺序出现了颠倒。这说明，儿童心理理论的发展可能同时受到一些普遍因素（先天程序化的模块成熟或执行功能的增进）和特殊因素（文化上的差异）的影响。

威尔曼等的这项研究发表于 2006 年，虽然比较晚，但已经引起了很多研究者的关注，并在学术界产生了很大影响。截至 2019 年 11 月，用谷歌学术搜索可以查到近 300 条引用，最近几年依然有若干研究以威尔曼等的研究为基础。下面列举两例。

昆士兰大学的阿门·沙哈伊安等（Shahaeian et al., 2011）与威尔曼等一样，使用考察儿童心理理论的任务对伊朗和澳大利亚的儿童进行比较，发现总体上心理理论的发展速度相似，但不同任务的顺序出现了跨文化差异。他们发现，伊朗儿童的发展顺序与威尔曼等（Wellman et al., 2006）在中国儿童中观察到的独特顺序是一致的，但与澳大利亚（和美国）的儿童的情况相反，进一步验证了威尔曼等关于文化能影响儿童心理理论某些方面发展的观点。

北京大学的伍珍和苏彦捷（Wu & Su，2014）研究了学龄前儿童资源共享的发展及其与儿童心理理论理解的关系。该研究反复引用威尔曼等的研究作为理论基础，尤其是在调查儿童心理理论时，完全模仿了威尔曼等的研究中的五项任务。她们的研究发现，学龄前儿童的分享行为可以通过他们对儿童心理理论的理解和玩伴提供的明确的交流线索得到增强。

威尔曼等的研究已经产生了很大影响，在中国儿童中发现的现象也在其他文化中得到了重复。对于不同文化中心理理论不同方面发展顺序的差异，未来还需要进行统一的解释。

参考文献

张春兴.（1998）. *教育心理学：三化取向的理论与实践.* 杭州：浙江教育出版社.

Nisbett，R. E.（2003）. *The Geography of Thought：How Asians and Westerners Think Differently...and Why*. New York：Free Press.

Peterson，C. C.，Wellman，H. M.，& Liu，D.（2005）. Steps in theory of mind development for children with autism and deafness. *Child Development，76*，502-517.

Premack，D.，& Woodruff，G.（1978）. Does the chimpanzee have a theory of mind? *Behavioral and Brain Sciences，1*，515-526.

Shahaeian，A.，Peterson，C. C.，Slaughter，V.，& Wellman，H. M.（2011）. Culture and the sequence of steps in theory of mind development. *Developmental Psychology，47*，1239-1247.

Tardif，T.，& Wellman，H.（2000）. Acquisition of mental state language in Mandarin-and Cantonese-speaking children. *Developmental Psychology，36*，25-43.

Wellman，H. M.（1985）. The child's theory of mind：The Development of conceptions of cognition. In S. R. Yussen（Ed.），*The Growth of Reflection in Children*（pp. 169-206）. San Diego：Academic Press.

Wellman，H. M.，& Liu，D.（2004）. Scaling of theory of mind tasks. *Child Development，75*，523-541.

Wellman，H. M.，Fang，F. X.，Liu，D.，Zhu，L. Q.，& Liu，G. X.（2006）. Scaling of theory-of-mind understandings in Chinese children. *Psychological Science，17*（12），1075-1081.

Wimmer，H.，& Perner，J.（1983）. Beliefs about beliefs：Representation and constraining function of wrong beliefs in young children's understanding of deception. *Cognition*，*13*，103-128.

Wu，Z.，& Su，Y. J.（2014）. How do preschoolers' sharing behaviors relate to their theory of mind understanding? *Journal of Experimental Child Psychology*，*120*，73-86.

9 文化与儿童说谎

本章评述的是李康等于 1997 年发表于《儿童发展》(*Child Development*) 杂志的研究报告《中国和加拿大儿童对说谎和说实话的评价：亲社会和反社会行为背景下的相似与差异》(Chinese and Canadian children's evaluations of lying and truth telling: Similarities and differences in the context of pro-and antisocial behaviors)①。

知名的华人儿童发展心理学家，分别于 1983 年和 1986 年在杭州大学获得学士学位和硕士学位，1994 年在加拿大新布伦瑞克大学获得博士学位，先后在加拿大新布伦瑞克大学、加拿大女王大学、加拿大多伦多大学任职，现为加利福尼亚大学圣地亚哥分校心理系、人类发展中心教授。主要研究儿童与成人在说谎和面孔识别等方面的心理与神经机制。本章所介绍的文章于 1997 年发表时，李康在加拿大女王大学工作。

李康（Kang Lee）

① Lee, K., Cameron, C. A., Xu, F., Fu, G. Y., & Board, J.（1997）. Chinese and Canadian children's evaluations of lying and truth telling: Similarities and differences in the context of pro-and antisocial behaviors. *Child Development*, *68*（5）, 924-934.

9.1 背景介绍

9.1.1 说谎与道德判断

假如有一天你的好朋友敲了你家的门，告诉你有人正在追杀他。你让他进屋藏了起来。片刻之后，追杀他的歹徒也来敲门，问你有没有看到你的那位朋友，这时候，你是该说真话还是说谎去救朋友的命呢？

著名哲学家伊曼努尔·康德（Immanuel Kant）认为，就算在这种极端的情况下，也绝对不应该说谎——在任何情况下都不应该，哪怕说谎是为了保护你的朋友让他幸免于难，因为说谎总是不道德的，没有例外，没有借口。实际上，对于谎言是什么以及说谎是否是错误的，这是西方哲学家和神学家一直在争论的问题。不同的人在这个问题上的回答差异极大，形成了一个观点的连续体。在连续体的一极是以康德为代表的哲学家，他们认为说谎是某人故意进行虚假陈述，其意图是欺骗，只要符合这一点，就是一个谎言，无关环境。此外，这些理论家对谎言的道德含义持一种道义论观点：谎言本质上是错误的，无论背景如何，说谎总是具有负面价值，因此必须尽可能地避免谎言。康德认为，把你的朋友藏在你家的事情告诉追杀你朋友的歹徒，这也是正当的，因为可能的生命损失仍然抵不过说谎带来的负面价值。这种关于说谎的观点及其道德含义被称为绝对主义观点。连续体的另一极是以杰里米·边沁（Jeremy Bentham）为代表的功利主义观点，认为说谎的概念及其道德含义依赖于语境。其认为故意进行虚假陈述以误导他人是否算作说谎，以及是否应该对说谎进行道德谴责，应取决于说谎的目的。

在真实的生活中，人们的观点跟哲学家的观点一样吗？在全世界所有国家及地区，教导孩子遵守道德和社会价值观，知道什么是对、什么是错，都是儿童社会化过程中的重要课题。皮亚杰曾用对偶故事场景研究了儿童道德发展的规律。

A. 一个叫约翰的男孩在他的房间里，家人叫他去吃饭，他走进餐厅，但门后有一把椅子，椅子上有一个放着 15 只杯子的托盘。约翰不知道门后有这些东西，他推门进去，门撞倒了托盘，结果 15 只杯子全被撞碎了。

B. 一个叫亨利的男孩，有一天，母亲外出，他想偷偷从碗柜里拿一些果酱吃。但果酱放得太高，他的手臂够不着，他试图取果酱时，碰倒了一只杯子，杯子掉下来碎了。

这两个孩子的过失是否相同？哪一个问题更严重，为什么？要求儿童对故事中人物表现出的各种行为方式进行判断。皮亚杰发现，5 岁以前的幼儿对行为的道德判断主要取决于该行为是否会受到惩罚，5～10 岁的孩子则主要考虑该行为是否符合权威制定的规则，直到 11 岁左右，孩子才开始将故事中人物的意图作为进行道德判断的关键因素。

劳伦斯·柯尔伯格（Lawrence Kohlberg）采用道德两难故事来研究不同年龄的人对道德行为的判断。例如：

> 海因茨的妻子得了癌症，只有一种药能救她的生命，这种药是本镇一位药剂师最近发现的，但药剂师所要的价格是制这种药的成本的 10 倍。海因茨没有钱，只好闯进药店，偷走了药。海因茨应不应该偷药呢？为什么？他是对的还是错的？为什么？他有责任和义务去偷药吗？人们竭尽所能去挽救另一个人的生命是否重要？为什么？

通过分析不同年龄儿童对这些问题的回答，柯尔伯格认为人的道德发展遵循三水平、六阶段的发展顺序，逐步从关注行为本身是否会受到惩罚、行为是否符合规范，过渡到关注人的责任和义务、道德的本质。根据柯尔伯格的理论可以预测，儿童对说谎行为的道德判断，将不会是单纯的对或不对的问题，而是在不同的年龄阶段上，根据他人、自己、利益、损失、社会规范等多方面进行综合考量做出的价值判断。

如果突然让我们从道德上来判断说谎是不是对的，我们可能会立刻回答说谎是错的。然而，如果让我们认真思考后再回答，答案可能就不那么显而易见了。实际上，人们在生活中对说谎的态度并不必然能反映哲学家的观点，而心理学家关注的则是人们在现实生活中如何理解说谎。儿童如何理解谎言以及如何对谎言进行道德判断，曾经是发展心理学的重要研究课题。随着心理学家对儿童心理理论、道德发展、儿童充当目击者出庭作证等问题的关注，儿童说谎问题在 20 世纪 80 年代再次成为研究热点。对于说谎问题，研究者已经达成了一定的共识，即认为学龄前儿童和低年级儿童都能明确区分不当行为与说谎，并进行一致和准确的道德判断，而且如果谎言和欺骗意图明显的话，低龄儿童与大童和成人的判断是类似的（Wimmer et al.，1984）。

9.1.2　说谎评价的跨文化研究

是非对错，往往并非黑白分明、界限清晰，对同一件事情的对错，即使是同一个社会中的人，看法也是不一致的，更不用说信奉不同价值观的不同文化中的人了。然而，以往关于儿童对说谎的理解的研究都是在强调个人主义、自我提高和竞争的西方社会进行的，其结果能否推广到其他社会文化中，尚不得知。斯威策（Sweetser，1987）提出了一个说谎的民俗模型，认为说谎的概念不仅仅是由诸如事实性（陈述是否反映真相）、意图（说话者是否意图欺骗）和信念（说话者是否相信陈述）等关键语义特征定义简单的认知构造，它也是一种社会文化建构，因此，由于儿童在不同的社会中完成社会化，这些社会中的文化规范和道德价值观可能会影响儿童对说谎的理解。然而，20 世纪 90 年代，对不同文化环境中儿童如何理解说谎的研究尚不多见。加拿大女王大学的著名华人心理学家李康与合作者在 1997 年发表了研究报告《中国和加拿大儿童对说谎和说实话的评价：亲社会和反社会行为背景下的相似与差异》，对这一问题进行了研究。本章将介绍这项研究。

在倡导个人主义的西方社会中，个人展现自己的优势和良好的行为受到鼓励，因为这样可以增强自尊、独立甚至成就。另外，无论从个人之间的契约假设、个人信息权利还是个人自由的角度来看，西方人认为应该讲真话而不应该说谎。对于个人所取得的成就以及做出的良好行为，可以坦诚，不必隐瞒，而如果做出了不良行为，则更不应该隐瞒，而是要承认自己做出的不当行为。当然，如果谎言是善意的，或者说谎可以避免尴尬和伤害，那么谎言在一定程度上也是可以被容忍和接受的。

中国是集体主义社会，与加拿大以及其他持个人主义价值观的西方国家不同的是，中国文化更加关注集体而不是个人，鼓励个人为了集体而牺牲自己的利益。为了让个人与集体保持和谐的关系，在中国教育体系中，儿童经常被教导要诚实和谦虚。对于诚实，如鼓励儿童如实报告自己或他人的不当行为，不得通过说谎来获得认可，不得欺骗或偷盗；对于谦虚，如儿童经常被教导避免自我夸大，不要吹嘘个人取得的高分以及良好的行为。但当诚实和谦虚发生了矛盾时，谦虚往往要占据上风，也就是为了表示谦虚，中国社会教导儿童要适当隐藏自己良好的成绩和行为。同时，中国社会也非常提倡尊重那些“无名英雄”。

那么，中国儿童和加拿大儿童对于说谎及说真话的道德判断到底会有什么样的差异呢？李康与合作者关注的具体研究问题是：对加拿大和中国的儿童被试来说，当有人做了一件亲社会或者反社会的事情，并针对这个事情说了一个谎话或者说了实情，而被试知道说谎者的意图并知道实情的话，他们如何进行道德判断。加拿大儿童被试代表了西方社会的文化，而中国儿童被试则代表了中国文化。

9.2　理论假设

李康与合作者假设，对于与亲社会行为有关的谎话和真话的评价将出现文化效应。相对于加拿大儿童来说，中国儿童对说出亲社会行为真相的评价不那么积极，对不说出亲社会行为的谎言的评价也不那么消极，而且这种文化差异的趋势随着年龄的增长而增加。但对于反社会行为，两种文化中的儿童将对说谎和说真话做出类似的道德评价，即隐瞒反社会行为将得到消极评价，而承认反社会行为的真相将得到积极评价。

9.3　研究方法与结果

9.3.1　研究方法

9.3.1.1　被试

李康与合作者在中国浙江省杭州市招募了120名小学阶段的儿童参加了研究，其中7岁、9岁、11岁的儿童各40名，男女各半。随机分配一半儿童到社会故事组，另一半在物理故事组。在加拿大新不伦瑞克省的弗雷德里克顿招募了108名小学儿童参加了研究，其中，包括36名7岁儿童、40名9岁儿童、32名11岁儿童，男女数量接近。随机分配19名7岁儿童、20名9岁儿童、17名11岁儿童到社会故事组，其余在物理故事组。

9.3.1.2　研究材料

李康与合作者设计了8个带图示的以儿童为主人公的故事作为研究材料，两种文化中的儿童对这些故事的情节都很熟悉。其中，4个故事中的儿童故意做了一件两种文化中的成年人都重视的好的行为，即亲社会行为，当一位老师询问儿童是谁做了这件事时，这个儿童在两个故事中说谎，在另外两个故事中说实话。在说谎的两个故事中的其中一个故事中，儿童的行为直接影响了另一个儿童（社会故事条件），在另外一个故事中，儿童的行为主要涉及物理对象（物理故事条件）。在说实话的两个故事中，也是其中一个为社会故事条件，另一个为物理故事条件。

另外4个故事中的儿童故意做了一件在两种文化中都被视为坏的行为，即反社会行为，当一位老师询问儿童是谁做了这件事时，儿童在其中两个故事中说了谎，在另外两个故事中说了实话。在说谎的两个故事中，一个是社会故事条件，另一个是物理故事条件；在说实话的两个故事中，其中一个是社会故事条件，另一个是物理故事条件。要求儿童将听到的所有故事中儿童的行为以及对老师的回答评为“顽皮”或“好”。

下面是根据其中一个故事的英文版本翻译的汉语版，是在物理故事条件下对亲社会行为说谎的故事。

> 这是亚历克斯。由于天气恶劣，亚历克斯所在班级的学生在休息时间必须留在教室，亚历克斯决定替他的老师整理教室。
>
> （问题 1：亚历克斯的行为是“好”还是“顽皮”？）
>
> 亚历克斯打扫了教室，当老师休息后回来时，对她的学生说：“哦，我看到有人为我打扫了教室。” 然后老师问亚历克斯：“你知道是谁打扫了教室吗？”亚历克斯对他的老师说：“不是我。”
>
> （问题 2：亚历克斯对他的老师这样说是“好”还是“顽皮”？）

9.3.1.3 程序

一半儿童被随机分配到社会故事条件下，另一半被分配到物理故事条件下，向每个条件下的儿童单独呈现 4 个故事。先向被试讲解七点评级图表上的单词和符号的含义。文字和符号如下：三颗红色星星表示非常非常好，两颗红色星星表示非常好，一颗红色星星表示好，蓝色圆圈表示既不好也不顽皮，一个黑色十字表示顽皮，两个黑色十字表示非常顽皮，三个黑色十字表示非常非常顽皮。依次向儿童读四个故事，当读完故事中儿童的行为时，向儿童询问她/他的行为是“好”还是“顽皮”？并要求儿童给出评分等级。读完一个故事时，再次向儿童询问她/他这样说是“好”还是“顽皮”？并要求儿童给出评分等级。

9.3.2 研究结果

1）亲社会行为/说实话情境。对亲社会行为/说实话情境中被试对故事中儿童的行为的评分进行分析，最主要的发现是文化和年龄的交互作用，表现为不同年龄的加拿大儿童在此情境下给出的评分是相似的；但随着年龄的增长，中国儿童给出的评价越来越负面，说明随着年龄的增长，中国儿童逐渐习得了文化价值观，开始认为为了表现自己的谦虚，即使是做了好事，说出去也是不对的。

2）亲社会行为/说谎话情境。对亲社会行为/说谎话情境下被试对故事中儿童的行为的评分进行分析，最主要的发现是文化和年龄的交互作用，表现为加拿大儿童对此条件下的所有说谎行为都给出了负面评价，但随着年龄的增长，他们的评价不再那么负面；随着年龄的增长，中国儿童对此条件下的说谎行为的评价由负面转为正面，说明年龄较大的中国儿童习得了文化价值观，开始认为避免说出良好行为是谦虚的表现，是可以接受的。

3）反社会行为/说实话情境。对反社会行为/说实话情境下被试对故事中儿童的行为的评分进行分析，结果发现，来自两种文化的儿童对此条件下说实话的行为的评价相似，都给出了积极评价。

4）反社会行为/说谎话情境。对反社会行为/说谎话情境下被试对故事中儿童的行为的评分进行分析，主要的发现是随着年龄的增长，两种文化的儿童对故事中儿童说谎行为的负面评价逐步增加。然而，与年龄较大的儿童相比，中国的 7 岁儿童对在物理故事条件下的反社会行为说谎的评价并不负面，加拿大的 7 岁儿童对在社会故事条件下的反社会行为说谎的评价并不负面。李康等也没有找到对这一研究结果的合理解释。

9.4 讨　论

回到本章开头关于说谎的问题，即使对于哲学家，其观点也存在重要差异，而文化的差异也会导致不同社会中人们对该问题有截然不同的看法。在亲社会行为条件下，中国儿童与加拿大儿童对说真话和说谎的评价不同，中国儿童对说出真相的评价普遍不及加拿大儿童。有意思的是，同样是在亲社会行为条件下，中国儿童对说谎的评价比加拿大儿童更积极，而且随着年龄的增长，中国儿童的评价从消极变为积极。中国儿童区别于加拿大儿童的这种特殊趋势表明，在中国文化中，对谦虚的重视影响了中国儿童的道德判断。随着儿童通过学校教育和其他社会化手段不断增强对这些道德准则的体验，他们对关于亲社会行为说真话和说谎的道德判断越来越符合中国社会的道德准则了。

在中国和加拿大儿童表现出差异的同时，二者也有一定的相似性，尽管对这种相似性的解释有待进一步研究。第一，两种文化中的儿童清楚地将口头陈述与行为区分开来，他们对行为和针对该行为的口头陈述给出了不同的道德评价。第二，两种文化的儿童对反社会条件下的说谎都给予了非常负面的评价，因为两种文化都不鼓励这种言语行为，并认为这加剧了错误。第三，中国儿童和加拿大儿童对反社会条件下说出真相的评价都非常积极，并对反社会行为给出负面评价。

对于两种文化中都鼓励承认反社会行为，能不能说这种相似性是由于两种文化中的文化习俗相似造成的呢？其实，不同的文化价值观也可能造成同样的选择，而对于不同文化背景的人来说，认罪可能有不同的目的。例如，在中国文化中，承认自己的不良行为很重要，因为它有助于维护群体和谐，而西方文化鼓励孩子认罪的目的是要让他们认识到，在人际沟通中履行对合作者的契约承诺以及尊重个人的知情权是重要的。当然，李康等的这项研究还不能直接回答这一问题，还需要进一步研究。

总的来说，李康等的这项研究说明，对于说谎，儿童会在成长过程中逐渐习得社会和文化规范，并影响其道德发展。前文提到，斯威策（Sweetser，1987）提出了一种说谎的民俗模型来解释儿童对说谎的理解。从李康等所提出的这些证据来看，这一民俗模型不仅可以应用于说谎概念的发展，而且可以扩展为解释说谎行为在道德方面的发展。李康等的这项研究也为关于道德发展的普遍性问题的辩论提供了新的证据。第一，道德发展是一种普遍现象，主要取决于儿童的认知发展水平；第二，道德发展也是一个高度情境化的过程，文化和社会因素也是儿童道德发展的关键决定因素。

9.5 该研究在跨文化心理学中的重要性及长期影响

道德就是调节社会行为的原则或观念。个体的发展是一个社会化过程，在这个过程中，个体要逐渐学会按照社会规则做事，包括逐步掌握道德规范。很多心理学家认为，对道德规范的认识能决定人的道德行为，因此道德判断曾经是很多心理学家研究的热点问题。柯尔伯格曾认为，道德推理的发展在所有文化中都遵循着同样的顺序，最终达到发展的最高水平。但随着跨文化心理学的兴起，已经有不少研究发现，文化在道德认知发展中扮演了重要角色。对于具体行为，不同文化中的人们也会有不同的认识。例如，施威德等（Shweder et al，1987）向印度和美国 5～13 岁的儿童和成人提出了 39 种行为,让他们判断这些行为是不是错的,如果是错的，那么错误是否严重。结果发现，对于“什么行为是对的”这一问题，两种文化中的儿童具有截然不同的认识。而且，随着年龄的增长，越来越多的印度儿童把一些问题视为普遍道德原则性质的问题，而越来越少的美国儿童把这些问题视为道德问题。

李康等进一步对说谎行为进行了研究，发现随着年龄的增长，不同社会中的儿童对说谎的看法越来越符合各自社会的价值观，从而表现出不同的看法。该研究增进了人们对道德行为与文化的认识，并启发了很多研究道德与文化关系的研究者。这项研究自 1997 年发表以来引起较多关注，截至 2019 年，已经被引用近 200 多次，近年来依然有人以李康等的这项研究为基础进行研究。下面试举两例。

美国西北大学的索尼娅·萨奇德瓦等（Sachdeva et al.，2011）在一篇综述文章中分析了文化与道德推理中的普遍性原则之间的关系。他们引用了李康等的研究作为证据，认为尽管道德推理领域整合了越来越多的文化观点，从而在理解道德认知方面取得了长足的进步，但是道德推理理论仍然不允许人们对道德领域的概念进行实质性的改变。这种普遍性原则和普遍主义框架可能会导致人们低估文化在道德推理中的作用。萨奇德瓦等认为，作为道德认知原因的心理过程恐怕从任何简单的意义上来说，可能都不是人类社会的普遍现象，因为道德体系在不同的文化中可能扮演了不同的角色。然而，李康的研究证明，要考虑在道德判断过程中关注的是个人的行动还是集体的利益，不同文化中人们的关注点不同，对同一行为完全可能会做出不同的道德判断。

加利福尼亚大学圣地亚哥分校的海曼等（Heyman et al.，2014）研究了 6～10 岁的儿童对别有用心的动机的道德推理，发现 6～7 岁的儿童不能发现公开捐赠者可能别有用心，但 8～10 岁的孩子对私人捐赠者的评价更高，并认为那些公开捐赠者的目的可能是改善自己的形象，也就是印象管理。即使 6～7 岁的儿童知道两类不同捐赠者的动机有差异，他们也不能很好地区分二者，而年龄较大的儿童则能根据情境自发地区分捐赠者的动机。海曼等引用李康等的研究，认为未来的研究应重视文化因素在儿童觉察别有用心动机中的作用。他们认为，李康等的研究已经发现东亚和加拿大的谦虚规范强度不同，因此在不同文化中，人们对捐赠者的动机的理解可能会有所不同。

参 考 文 献

Heyman，G.，Barner，D.，Heumann，J.，& Schenck，L.（2014）. Children's sensitivity to ulterior motives when evaluating prosocial behavior. *Cognitive Science*，*38*（4），683-700.

Sachdeva，S.，Singh，P.，& Medin，D.（2011）. Culture and the quest for universal principles in moral reasoning. *International Journal of Psychology*，*46*（3），161-176.

Shweder，R. A.，Mahapatra，M.，& Miller，J.（1987）. Culture and moral development. In

J. Kagan & S. Lamb（Eds.），*The Emergence of Morality in Young Children*（pp. 1-83）. Chicago：University of Chicago Press.

Sweetser，E. E.（1987）. The definition of lie：An examination of the folk models underlying a semantic prototype. In D. Holland（Ed.），*Cultural Models in Language and Thought*（pp. 43-66）. New York：Cambridge University Press.

Wimmer，H.，Gruber，S.，& Perner，J.（1984）. Young children's conception of lying：Lexical realism-moral subjectivism. *Journal of Experimental Child Psychology*，*37*，1-30.

10 文化、父母教养态度与儿童行为抑制

本章评述的是陈欣银等于 1998 年发表于《发展心理学》（*Developmental Psychology*）杂志的研究报告《中国和加拿大学步儿的养育实践与行为抑制：跨文化研究》（Child-rearing practices and behavioral inhibition in Chinese and Canadian toddlers：A cross-cultural study）[①]。

陈欣银（Xinyin Chen）

著名的华人心理学家，于 1983 年在华东师范大学获得学士学位，分别于 1986 年和 1990 年在上海师范大学和滑铁卢大学获得硕士学位，1992 年在滑铁卢大学获得博士学位。其主要研究兴趣是从文化环境视角探究儿童和青少年的社会情绪功能、社会关系、学校适应及家庭社会化过程。现为宾夕法尼亚大学教育研究生院的教授，并担任国际行为发展研究会（International Society for the Study of Behavioral Development，ISSBD）主席。本章所介绍的文章于 1998 年发表时，陈欣银在加拿大的西安大略大学工作。

---

① Chen，X. Y.，Hastings，P. D.，Rubin，K. H.，Chen，H.，Cen，G.，& Stewart，S. L.（1998）. Child-rearing practices and behavioral inhibition in Chinese and Canadian toddlers：A cross-cultural study. *Developmental Psychology*，*34*，677-686.

10.1 背景介绍

10.1.1 抑制行为

2011年，由美籍华人、耶鲁大学法学院教授蔡美尔（Amy Chua）撰写的《我在美国做妈妈》（又译《虎妈战歌》，英文版书名为 *Battle Hymn of the Tiger Mother*）在中国和美国同步出版，并成为中国和美国的畅销书。蔡美尔在书中描写了自己身为华裔第二代美国移民，以华人家长对子女的高度期待与严格教养方式来教育两个女儿。在这本书里，蔡美儿袒露了自己抚养两个孩子的心路历程，与孩子“斗智斗勇”的过程。两个女儿在妈妈的严格管教和精心培养下，承袭了华人的优秀传统，在学业、音乐等方面都有卓越表现。多年后，蔡美尔的两个女儿索菲娅和露露先后从哈佛大学毕业，被认为是虎妈教育的成功。由于书中倡导的教育方法被认为过于严苛，因而在美国和中国同时引起广泛讨论。

严苛的教育到底会产生什么后果？中国父母在这个问题上的纠结很大程度上与行为抑制有关。有些父母担心严苛的教育会导致孩子的行为抑制。这些父母希望自己的孩子能够放松、自然地跟他人交往，尤其是希望他们在陌生情境中也能大胆地表达自己的观点，并跟他人建立联系，从而获得社会地位和社会支持。同时，也有一些父母认为，严苛的教育及这种教育所带来的行为抑制是必要的，因为只有行为抑制的孩子才能在陌生情境中控制自己的情绪和行为，做到谨慎、警惕，不轻易表达自己，从而维护好自己的人际关系，适应周围的社会环境。

那么，行为抑制对社会适应有利还是不利呢？不同的父母以及不同文化中的人对行为抑制的看法相同吗？著名华人心理学家陈欣银教授在加拿大西安大略大学工作期间，与来自中国和加拿大的合作者进行了一项跨文化研究考察了这些问题，并于1998年发表了《中国和加拿大学步儿的养育实践与行为抑制：跨文化研究》这一研究报告。本章介绍陈欣银等的这篇文章。

心理学家发现，婴幼儿面对陌生情境时反应的差异很大，有的婴幼儿在陌生情境中的表现放松和自然，也有一些婴幼儿存在行为抑制，在陌生环境中表现得很焦虑，拒绝跟陌生同伴或成人玩耍，离不开自己的母亲。西方的心理学家认为，行为抑制和社交警觉的婴幼儿更有可能在儿童和青少年群体中表现出害羞和社交沉默，因此行为抑制在社会和情感发展中起到了关键作用。

10.1.2　抑制行为与文化

抑制行为在各种文化中都存在，而且在不同文化中，儿童表现出的抑制行为差别很大。那么，不同文化中儿童的抑制行为与其发展有什么关系呢？心理学家发现，养育子女的信念和习惯可能是文化影响儿童发展的重要中介因素。父母的行为和信仰以一般的文化规范和价值体系为指导，因此父母根据文化规定的期望和社会化目标来解释和回应儿童的行为。不同文化中的父母对儿童抑制的态度和反应有所不同，从而成为儿童发展的重要社会条件，继而维持并改变了儿童行为发展的过程、途径和结果。

西方社会是个人主义社会，在这样的文化中，社会鼓励儿童在充满挑战的情境中保持自信和独立，儿童的重要社会化目标之一是获得自力更生能力、自主权和自信等方面的社交技能。然而，鲁宾和阿森多夫发现，行为抑制反映的是焦虑、不能自我表达和缺乏自信，这是适应不良的表现（Rubin & Asendorpf，1993）。虽然抑制可能会在某些情况下对行为不端产生缓冲和保护作用，或者在较早发展阶段的抑制行为被认为具有适应功能，但总的来说，人们普遍期望儿童在社会化过程中趋向自信和独立，而不是有所保留和克制。与此一致的是，西方研究人员发现，早期的行为抑制可以预测儿童时期的害羞、退缩行为，反过来，羞怯和社交退缩又与同伴的拒绝和孤立相关（Rubin et al.，1995）。随着儿童开始认识到他们在社会互动和同伴关系中的困难，他们对自己的社会能力和一般自我价值逐渐产生负面看法。因此，从总体上而言，行为抑制在西方社会被视为负面行为。

中国是集体主义社会，在这样的文化中，人们非常重视实现和维护社会秩序和人际和谐，因此个人对利益的渴望受到限制。行为抑制和自我约束被视为社会成熟、成就和掌控感的表现。表达个人需要或争取自主行为的人被视为自私的，不被社会所接受。因此，与西方的个人主义文化不同，害羞和行为抑制在中国文化中受到重视和鼓励。敏感、谨慎、行为抑制的儿童才被认为是“乖孩子”，更容易被同龄人接受并适应其社会环境。因此，行为抑制在中国文化中受到鼓励，而文化所重视的社会行为可以表现为父母的目标、信仰、期望和行为。例如，与西方父母相比，中国父母在抚养孩子方面更具控制力和保护性，更强调儿童的行为控制和服从。

陈欣银等基于对上述文化差异的分析，认为儿童的行为抑制与父母的态度和行为之间的关系模式在中国和北美文化中应该会有所不同。在西方社会，由于抑制行为被认为是负面的，儿童的抑制行为可能与父母的负面情绪如担忧、失望、尴尬有关。鲁宾和米尔斯发现，抑制和退缩儿童的母亲倾向于将这种行为归咎于孩子的性格（Rubin & Mills，1990），这种归因也导致父母对孩子进行惩罚。儿童的抑制行为与父母的不良养育方式相互作用，导致抑制行为的发展与维持。然而，在中国，父母认为抑制行为具有正面价值和适应性，因此他们可能不会对行为抑制的儿童表现出太多负面情绪和行为，而是表现为接受和支持。反过来，父母对抑制行为的接受和支持又加强了抑制行为。

在中国和北美文化中，父母都会重视并鼓励子女的成就，但鼓励儿童去实现的目标却表现出不同的文化价值观。不同国家具有不同的文化价值观，因此，抑制与母亲鼓励儿童取得成就的行为之间的联系也值得探讨。有研究发现，中国父母比北美父母对儿童更具保护性和控制力，不那么鼓励独立性和探索。在西方社会，对孩子过度保护、过度紧张的父母在亲子互动中占主导地位，他们倾向于过度参与并主导亲子互动，不太可能鼓励孩子在陌生环境中独立探索，他们的孩子也往往在陌生情境中表现出更多警惕和保守行为。父母对孩子的高度保护性和指导性行为可能与中国的威权文化形成良好的契合，但在西方文化中却被视为适应不良。因此，在各种不同的文化中，母亲对独立性和自主性的鼓励与儿童的行为抑制均呈负相关。

另外，根据“抑制促进”模型（Weisz et al.，1987），文化环境可能会以直接方式影响社会行为的发生。鉴于中国的文化环境有利于行为抑制的发展，而西方国家不鼓励这种行为，因此陈欣银等预测，中国幼儿将在陌生情境中表现出更多的抑制和谨慎行为。

10.2 理论假设

陈欣银等基于以上分析，进行了本章所介绍的这项研究，主要是对以加拿大为代表的个人主义文化和以中国为代表的集体主义文化中的相关问题进行比较分析，其主要目的是从跨文化角度考察父母态度和养育子女的行为与儿童行为抑制之间的关系。他们主要提出了以下四个假设。

第一，中国儿童的行为抑制与母亲对儿童的接受呈正相关，而与母亲对儿童的拒绝和惩罚呈负相关。加拿大儿童的行为抑制与母亲对儿童的接受呈负相关。焦虑和行为抑制儿童的母亲通常不会对儿童产生敌意，故预测加拿大儿童的抑制行为与其母亲对儿童的拒绝无关。

第二，行为抑制在北美文化中被认为是适应不良的表现，因此预测加拿大儿童的抑制行为与母亲对儿童的成就鼓励呈负相关。然而，在中国，由于行为抑制与社会化目标一致并因此得到积极评价，因此预测中国儿童的抑制行为与母亲对儿童的成就鼓励呈正相关。

第三，父母对儿童的高度保护性和指导性行为在中国和在西方文化中的意义有所不同，但由于这种养育行为的确是限制性的，因此陈欣银等假设，无论文化如何，父母对儿童高度保护性和指导性的行为都与中国和加拿大儿童的行为抑制呈正相关，而父母对独立和自主的鼓励都与儿童的行为抑制呈负相关。

第四，鉴于中国的文化环境有利于行为抑制的发展，而西方人不鼓励抑制，因此预测中国幼儿在新的社会环境中会比加拿大幼儿表现出更多的抑制和警惕行为。

10.3 研究方法与结果

10.3.1 研究方法

10.3.1.1 被试

陈欣银等从中国两个城市招募了 150 名中国幼儿（平均年龄为 24.64 个月），从加拿大一个地方自治市招募了 108 名加拿大幼儿（平均年龄为 24.99 个月）参加了研究。两国幼儿年龄、父母年龄、家庭社会阶层保持了大体平衡，但有一个不同之处是，81%的加拿大幼儿被试有一个或一个以上兄弟姐妹，而 96%的中国幼儿被试是独生子女。这两组幼儿被试是两个国家的城市幼儿人口的代表性样本。

10.3.1.2 程序

陈欣银等安排实验助手邀请母亲和幼儿被试参观大学实验室，在参观期间，每对幼儿—母亲都参加了一种名为行为抑制范式的研究程序。首先，每对幼儿—母亲进入一个陌生房间，房间里有一张大椅子、一张小椅子和一张矮桌。允许幼儿玩各种好玩的玩具 10 分钟（自由玩耍），而母亲坐在大椅子上填写问卷。幼儿已经见过的实验助手拿着篮子进入，要求幼儿清理玩具，然后离开。之后，实验助手带走了玩具。接下来，一名陌生女性带着玩具翻斗卡车和一些积木进入房间，先是安静地坐了 1 分钟，玩了玩具翻斗卡车 1 分钟，这时如果幼儿尚未接近陌生女性，陌生女性就鼓励幼儿加入游戏。第 3 分钟后，陌生女性离开，然后带着能移动并发出声音的玩具机器人返回。陌生女性有30秒钟没有说话，然后邀请幼儿与机器人玩1分钟。玩具翻斗卡车和玩具机器人在所有实验室中都是相同的，同时玩具翻斗卡车也是两种文化中的儿童都熟悉的，而黑色、发声和“冒烟”的玩具机器人对两个样本中的儿童则都是陌生的。

上述程序结束后，所有幼儿还要继续经历其他阶段，包括在充气隧道中爬行，与小丑或戴着老虎面具的人互动以及第二次自由玩耍。由于两个样本在这些实验室后期阶段略有差异，陈欣银等没有对两组儿童的数据进行直接比较。

10.3.1.3 编码

对“抑制”的编码：遵循加西-亚科尔等（Garcia-Coll et al.，1984）和鲁宾等（Rubin et al.，1997）描述的步骤，根据幼儿在自由玩耍、玩翻斗卡车、玩机器人期间与其母亲进行身体接触的时间长度，以及孩子从见到陌生人到接近陌生人、从见到陌生人带的玩具到触摸这些玩具之间的潜伏期，对幼儿的行为抑制进行编码。

在陌生女性带来玩具翻斗卡车的情景中，记录四个数据：①陌生女性进入后静坐的1分钟内，幼儿与母亲接触的时间长度；②在此期间，幼儿自发接近陌生人的潜伏期；③陌生女性玩卡车的1分钟内，幼儿与母亲接触的时间长度；④在此期间，幼儿自发接近陌生人的潜伏期。

在陌生女性带来机器人以后的场景中，记录两个数据：①邀请儿童玩机器人后，幼儿与母亲的接触时间；②儿童自发接近陌生人的潜伏期。对于在第1和第2分钟内已经自发接近陌生人的孩子，潜伏期记为零 。

按照鲁宾等（Rubin et al.，1997）描述的程序计算出四个抑制分数：①自由玩耍期间与母亲的接触持续时间；②在卡车情景和机器人情景中与母亲的接触持续时间；③接近陌生人的潜伏期；④触摸机器人的潜伏期。

10.3.1.4 教养态度调查

每位母亲都完成儿童教养行为报告Q分类（Child-Rearing Practices Report Q-Sort，CRPR）（Block，1981）。该量表共包含91项内容，这些内容描述了教养态度、价值观、信念和行为等，写在91张卡片上。母亲按照卡片准确描述自己的程度，从“最少描述性”到“最大描述性”，把这91张卡片分为7堆，每堆有13张卡片，这些卡片准确描述她们的程度相当。陈欣银所领导的加拿大中国合作研究小组经过反复讨论，形成接受、拒绝、鼓励成就、鼓励独立、惩罚取向、保护和关注的指标。将每个变量所涵盖项目的总得分除以该变量所涵盖的项目数，得到每个教养变量的得分。

10.3.2 研究结果

10.3.2.1 幼儿抑制

在自由玩要阶段，中国幼儿与母亲的直接身体接触时间显著长于加拿大幼儿，中国幼儿接近陌生人和触摸机器人的潜伏期明显长于加拿大幼儿。此外，在自由玩要阶段、玩卡车情景阶段和玩机器人情景阶段，与母亲接触的中国幼儿比例显著高于加拿大幼儿。中国幼儿中没有接近陌生人和触摸机器人的比例显著高于加拿大幼儿。

四个抑制分数，即自由玩要期间与母亲的接触持续时间、卡车情境和机器人情境中与母亲的接触持续时间、接近陌生人的潜伏期、触摸机器人的潜伏期都没有表现出性别差异。

10.3.2.2 教养态度

陈欣银等发现，中国母亲对幼儿的接受程度明显低于加拿大母亲，而在拒绝、鼓励成就、惩罚取向、保护和关注等方面的得分明显高于加拿大母亲。就中国母亲样本来说，鼓励成就和鼓励独立的得分明显高于接受的得分和保护的得分，而接受和保护的得分高于拒绝和惩罚的得分。然而，在加拿大样本中，接受和鼓励独立的得分明显高于鼓励成就和保护的得分，这些分数又显著高于拒绝与惩罚的得分。

10.3.2.3 幼儿抑制与教养态度的关系

性别对幼儿抑制与育儿变量之间的关系没有影响，因此对男女的数据进行了合并。计算每个样本的幼儿抑制和育儿变量之间的相关，结果发现，在中国样本中，幼儿抑制与母亲的接受程度和鼓励成就呈显著正相关，而在加拿大样本中，幼儿抑制与接受程度和鼓励成就这两个教养变量呈显著负相关；在中国样本中，幼儿抑制与惩罚取向呈显著负相关，而在加拿大样本中，抑制与惩罚取向呈显著正相关；在中国样本中，幼儿抑制与母亲拒绝呈显著负相关，而在加拿大样本中，这种相关不显著；在中国样本中，幼儿抑制与鼓励独立性呈显著正相关，而在加拿大样本中，这种相关不显著；在中国样本中，幼儿抑制与母亲的保护和关注的相关不显著，而在加拿大样本中，幼儿抑制与母亲的保护和关注呈显著正相关。

10.4 讨　　论

行为抑制是人类社会功能的基础维度，可能对人类适应行为具有重要的影响，而行为抑制的跨文化差异已经被证明是一种普遍现象。中西方文化比较是进行跨文化研究的重要维度，其中西方社会是个人主义社会，而中国社会是集体主义社会。不同文化背景下的儿童行为抑制有什么差异呢？不同文化背景下父母的教养态度会有什么不同呢？儿童抑制与父母的各种教养态度之间的关系在不同的文化中有什么特殊性呢？

著名华人心理学家陈欣银与北京师范大学、上海师范大学的专家，以及加拿大的专家合作进行了一项研究，探讨了文化、父母教养态度与儿童行为抑制之间的关系。其发现中国幼儿和加拿大幼儿的抑制水平、母亲教养方式等方面存在明显差异。幼儿抑制与母亲的教养方式之间的关系也存在重要差异。陈欣银等认为，中国母亲对儿童的养育态度、对儿童成就的期望都与中国文化中强调孝道传统以及家庭的层级结构有关，而加拿大母亲对待儿童的方式反映了西方社会认为儿童的早期行为对后来的发展的影响不大这一观念。该研究结果表明，行为抑制是一种受文化约束的建构，因此可能在不同文化之间具有不同的适应意义。

应该注意的是，尽管在具体的育儿维度的平均水平上存在跨文化差异，但在两个样本中，这些维度排名顺序的一般模式非常相似。中国母亲和加拿大母亲在鼓励独立、鼓励成就和接受方面的得分最高，在惩罚和拒绝方面的得分最低。在抚育子女的信念和行为上的跨文化相似性可能意味着人类的社会化具有重要的共同经验。因此，尽管中国母亲和加拿大母亲在具体的养育方式上有所不同，但在抚育子女的信念、习俗的组织以及整合的一般模式方面存在相似之处。这种群体层面的文化差异和相似性为我们提供了有价值的信息，使我们加深了对儿童生活、行为和发展所在的文化环境的认识。

10.5 该研究在跨文化心理学中的重要性及长期影响

现在我们可以回过头来看一下本章开头提到的《虎妈战歌》。蔡美尔在书中所提到的对女儿的教育方式在美国引起了广泛的争论，当然其中大多数是批评，而在中国，固然也有一些批评的声音，但接受的程度比美国高了很多。笔者相信，《虎妈战歌》中所进行的教育，主要是选择了相对比较极端或者与美国主流文化格格不入的部分，而对于那些和风细雨的教育、熏陶，则着墨不多，如果作者更全面细致地描述她对女儿的教育，也许在育儿方面对读者的启示价值更大。当然，恕笔者冒昧猜测，由于引起争议的书更畅销，因此出版商也许喜欢的就是这本书中教育方式的极端性，根本就不希望作者写出那些被普遍接受的做法。但无论如何，这本书中的内容在中国和美国引起的感受有巨大差异，说明了文化环境在界定社会行为中的影响，而陈欣银等的研究所要揭示的，正是文化与儿童行为发展和父母教养行为之间的关系。

西方心理学家认为，陌生环境中的行为抑制反映了人的焦虑、无法表达自我以及缺乏自信，通常被认为是社会不成熟和心理适应不良，并可能是在儿童和青少年同龄人群体中表现出害羞和社交沉默行为的性格基础，容易引起父母的负面情绪和无效教养。但是，陈欣银等的研究发现，虽然中国的幼儿抑制水平高于加拿大幼儿，但母亲并不因此而拒绝幼儿，而是接受、鼓励幼儿，与西方世界的情况是相反的。这项研究使我们认识到，不同文化中人们完全有可能以不同的方式理解幼儿，并给予其不同的评价和对待。这为跨文化发展心理学提供了重要研究资料。该研究于 1998 年发表后，受到国内外发展心理学界的重视，20 年来被大量引用。截至 2019 年，用谷歌学术搜索可以查到近 700 次引用。不少研究以这项研究为基础，进行了其他研究。下面试举几例。

杨百翰大学的拉里・纳尔逊等（Nelson et al.，2006）在陈欣银等所发现的父母养育行为与儿童行为抑制之间关系的基础上，进一步考察了中国人养育方式与学龄前儿童社交退缩之间的关系，结果发现：①母亲的指导性与女孩的沉默行为呈正相关，与男孩的孤独-被动行为呈负相关；②母亲对女孩的过度保护，既与沉默行为又与孤独-被动行为呈正相关，并且与谦虚行为呈负相关；③胁迫与女孩的孤独-主动及沉默寡言行为呈正相关；④羞耻感与男孩和女孩的所有形式的退缩行为呈正相关，并且与男孩的谦虚行为呈正相关。该研究与陈欣银等的研究一脉相承，进一步深化了我们对父母养育行为和儿童的社会行为之间关系的认识。

陈欣银等（Chen et al.，2009）还考察了中国城乡儿童的害羞敏感性与社会能力、学业成绩和心理幸福感之间的关系。这项研究一方面应用陈欣银等（Chen et al.，1998）的研究，表明了父母养育行为与儿童社会行为之间的关系，并受文化的影响；另一方面，通过实证数据发现害羞与城市儿童的社会问题、学校问题以及抑郁有关，同时，害羞通常与适应性的指标有关，例如，农村流动儿童的领导能力、教师所评价的能力和学业成绩。这与陈欣银等（Chen et al.，1998）的研究具有很大的一致性，说明情境在定义社会行为在儿童适应中的功能过程中发挥着巨大作用。

康考迪亚大学的保罗・黑斯廷斯等（Hastings et al.，2008）试图对陈欣银等的研究以及其他研究者关于父母养育行为与儿童行为发展之间的关系进行解释。他们发现，较低的基线迷走神经张力和较弱的迷走神经抑制作用预示自我调节能力较差，使儿童在社会化过程中更容易受到父母的影响。这为养育行为与儿童社会行为之间的联系提供了一种解释。

参 考 文 献

Block，J. H.（1981）. *The Child-Rearing Practices Report（CRPR）: A Set of Qitems for the Description of Parental Socialization Attitudes and Values*. Berkeley：University of California，Institute of Human Development.

Chen，X. Y.，Hastings，P. D.，Rubin，K. H.，Chen，H.，Cen，G.，& Stewart，S. L.（1998）. Child-rearing attitudes and behavioral inhibition in Chinese and Canadian toddlers：A cross-cultural study. *Developmental Psychology，34*，677-686.

Chen，X. Y.，Wang，L.，& Wang，Z. Y.（2009）. Shyness-sensitivity and social，school，and psychological adjustment in rural migrant and urban children in China. *Child Development，80*，1499-1513.

Garcia-Coll，C.，Kagan，J.，& Reznick，J. S.（1984）. Behavioral inhibition in young children. *Child Development，55*，1005-1019.

Hastings，P. D.，Sullivan，C.，McShane，K. E.，Coplan，R. J.，Utendale，W. T.，& Vyncke，J. D.（2008）. Parental socialization，vagal regulation，and preschoolers' anxious difficulties：Direct mothers and moderated fathers. *Child Development，79*（1），45-64.

Nelson，L. J.，Hart，C. H.，Wu，B.，Yang，C. M.，Roper，S. O.，& Jin，S. H.（2006）. Relations between Chinese mothers' parenting practices and social withdrawal in early childhood. *International Journal of Behavioral Development，30*，261-271.

Rubin，K. H.，& Asendorpf，J.（1993）. *Social Withdrawal，Inhibition，and Shyness in Childhood*. Hillsdale：Lirlbaum.

Rubin，K. H.，& Mills，R. S. L.（1990）. Maternal beliefs about adaptive and maladaptive social behaviors in normal，aggressive，and withdrawn preschoolers. *Journal of Abnormal Child Psychology，18*，419-435.

Rubin，K. H.，Chen，X. Y.，McDougall，P.，Bowker，A.，& McKinnon.（1995）. The Waterloo Longitudinal Project：Predicting internalizing and externalizing problems in adolescence. *Development and Psychopathology，7*，751-764.

Rubin，K. H.，Hastings，P. D.，Stewart，S. L.，Henderson，H. A.，& Chen，X.（1997）.

The consistency and concomitants of inhibition: Some of the children, all of the time. *Child Development*, *68*, 467-483.

Weisz, J. R., Suwanlert, S., Chaiyasit, W., & Walter, B. R.(1987). Over and undercontrolled problems among Thai and American children and adolescents: The wat and wai of cultural differences. *Journal of Consulting and Clinical Psychology*, *55*, 719-726.

情绪、动机与人格

11　价值观内容和结构的普遍性

本章评述的是施瓦茨于 1992 年发表于《实验性社会心理学进展》(*Advances in Experimental Social Psychology*)的研究报告《价值观内容与结构的普遍性：理论进展及在 20 个国家的实证检验》(Universals in the content and structure of values：Theoretical advances and empirical tests in 20 countries)[①]。

沙洛姆·施瓦茨
(Shalom Schwartz)

美国著名的心理学家，在哥伦比亚大学获得学士学位，在密歇根大学获得博士学位，曾在威斯康星大学麦迪逊分校社会学系教学。1979 年，施瓦茨一家搬到以色列，加入希伯来大学心理系。施瓦茨关于人类价值观的跨文化研究享有盛誉。本章所介绍的文章于 1992 年发表时，施瓦茨在希伯来大学工作。

① Schwartz，S. H.（1992）. Universals in the content and structure of values：Theoretical advances and empirical tests in 20 countries. In M. P. Zanna（Ed.），*Advances in Experimental Social Psychology*（Vol. 25，pp. 1-65）. New York：Academic Press.

11.1 背景介绍

11.1.1 价值观概述

当人们在某种情境中面临选择时，我们可以清晰地看到不同的人所重视的东西并不一样。例如，当某人的妻子在他承担重要工作的时候病了，这时他是继续工作还是陪妻子去看病？如果他选择继续工作，在一定程度上说明，即使他也重视妻子的健康，但他似乎更加重视工作。因此，不同的选择反映了不同的价值观。

美国社会心理学家弥尔顿·罗克奇认为，“比其他任何概念更重要的价值观概念应该占据核心位置……这一概念能把所有与人类行为有关的科学的不同兴趣统一起来”（Rokeach，1973）。心理学家所说的这些话肯定了价值观概念的核心地位，社会学家、人类学家也持类似的观点。这些专家把价值观视为人们用来选择行为和证明行为的合理性，并评估包括自己在内的人和事的标准。通过考察一个人在各种情境中的行为表现，可以反推他进行某种行为所依赖的标准，也就是其价值观系统。

在一个社会中，人们所重视的东西具有系统性差异，从而表现出价值观的系统性差异。德国心理学家爱德华·斯普兰格（Spranger，1928）认为，价值观是一个人的核心特征，他甚至根据每个人占主导地位的价值观把人区分为六种类型，这六种价值观分别是经济价值观、理论价值观、审美价值观、社会价值观、政治价值观和宗教价值观。罗克奇（Rokeach，1973）则根据工具—目标维度，把价值观分为工具性价值观和终极性价值观。工具性价值观是个体用作工具的行为方式，如有礼貌、诚实、有责任感、有自我控制能力等，使用这些工具的目的是获得社会的认可。终极性价值观是个体通过一种行为方式去谋求的多种终极目的，如社会认可、友谊、宗教信仰以及家庭安康等。一般来说，工具性价值观是实现终极性价值观的手段。

11.1.2 价值观的跨文化研究

是不是所有的文化群体中人们重视的东西都一样呢？还是存在巨大的差异，甚至有些我们重视的东西在某些文化中连想都不会想到？

克拉克洪和斯托特柏克（Kluckhohn & Strodtbeck，1961）较早地对价值观进行了跨文化研究。他们采用心理学的研究方法，从美国农村社区中的得克萨斯人、摩门教徒、美籍西班牙人、祖尼人、纳瓦霍人这五个不同的文化群体中抽取样本，向被试呈现具有多种可选结果的一系列短故事，并要求他们指出其认为哪种备选解决方案是最好的，考察他们在人—自然定向、时间定向、活动定向、关系定向、人的本质这五个维度上的表现。结果发现，各种文化之间出现了系统的差异：摩门教徒和得克萨斯人在“行动”上比其群体得分高，美籍西班牙人是“现在—存在”定向，并且与其他群体相比更重视人们对于自然的屈服，祖尼人偏爱“行动”和掌控自然，而纳瓦霍人在时间定向中偏爱现在，偏爱与自然的和谐相处而不是掌控自然。可见，不同文化中人们的选择是不一样的，反映了其价值观的差异。这一研究具有重要的开创性价值。然而，该研究未能对价值观、社会背景、行为模式之间的关系进行深入研究，也未能对不同文化中的价值观进行综合分析，并且发现了价值观内容的普遍性和特殊性。

以色列希伯来大学的沙洛姆·施瓦茨是著名的社会心理学家和跨文化心理学家，他的价值观跨文化研究具有重大影响。施瓦茨主持了一项庞大的价值观研究项目，旨在探索价值观在各文化背景下的重要性，主要涉及关于价值观的三个广泛的问题。第一，个体的社会经验如何影响其价值观优先性？也就是说，人们在社会结构中的共同位置（教育、年龄、性别、职业等）所带来的共同经验以及个人的独特经历（创伤、与父母的关系、移民等）如何影响他们的价值观优先性？第二，个人持有的价值观优先性如何影响他们的行为取向和选择？也就是说，价值观优先性如何影响其思想意识、态度以及其在政治、宗教、环境及其他领域中的行为？施瓦茨已经在单个的文化中对这两个问题进行了研究。第三，人们的价值观、社会经验和行为取向之间的联系在多大程度上具有跨文化的普遍性和差异？这些普遍性和差异产生的原因是什么？普遍性和差异会产生何种影响？例如，来自不同国家的匹配群体的价值观优先性有何不同？这些群体所处社会的生态环境、历史、技术、社会和政治结构等，哪些方面可以解释这些价值观优先性的差异？价值观优先性的差异如何解释不同社会在其他领域如教育政策、政治参与、卫生、法律等方面的差异？以往关于价值观的研究主要是个体层面的，如果把这一问题扩展到文化层面，就带来一个问题，即个体层面的价值观维度同样适用于文化层面吗？

为了解答第三个问题，施瓦茨于 1992 年在《实验社会心理学进展》上发表了《价值观内容与结构的普遍性：理论进展及在 20 个国家的实证检验》一文，作为该大型项目的部分研究成果。在文中寻找因果关系的部分，施瓦茨采用了贝里的生态-文化框架（Berry，1975，1986）作为其进行跨文化心理学研究的指导思想。

本章介绍施瓦茨的这项研究。

在这篇文章中，施瓦茨提出了四个基本问题。第一，价值观内容问题。哪些价值观是文化内部以及不同文化间共同的用以确定行为优先的？人类价值观的实质内容是什么？存在普遍的价值观集合吗？第二，全面性问题。可以确定一套包含所有类型的、人们在进行评价的时候至少会给予中等程度重视的价值观吗？第三，意义等同问题。特定价值观的含义对不同人群来说在多大程度上是等同的？第四，价值观结构问题。不同价值观之间的关系如何构建？是否存在一个普遍的价值观结构（需要注意的是，这里的结构指的是价值观之间的冲突和兼容的关系，而不是它们对群体或个人的相对重要性）？

这是施瓦茨宏大研究计划中较为基础的部分，解决这些问题后，就可以有效地研究价值观优先性的前因和后果，或者这些价值观优先性的跨文化差异。确定了通用结构，就可以推导出可用于比较的基本价值观维度。如果不同群体具有相似的价值观结构，将证明包含该结构的价值观内涵是等同的。各个群体之间价值观结构的差异将展现出不同群体在对世界的理解方面存在的有趣的差异。

施瓦茨和比尔斯基（Schwartz & Bilsky，1987，1990）走出了解决这些基本问题的第一步。他们提出了人类价值观的普遍内容和结构的初步理论，并用来自 7 个国家的数据进行了检验。在本章所介绍的施瓦茨的研究中，修改和扩展了这一理论，根据修订后的理论开发了新的价值观测量工具，然后使用来自 20 个国家/地区的 40 个样本的数据评估了该理论的修订版。

11.1.3 先期理论

施瓦茨和比尔斯基（Schwartz & Bilsky，1987，1990）提出了一个价值观的概念性定义，包含文献中反复提到的价值观的 5 个特征：①价值观是一些概念或信念；②价值观涉及期望的最终状态或行为；③价值观超越了具体的情境；④价值观能对行为或时间的选择或评估进行指导；⑤价值观可以按相对重要性排序。在此基础上，其提出了价值观的内容和结构模型。他们认为，价值观的主要内容是其表达的目标或动机的类型，代表了人类的 3 种普遍需求，分别是个体作为生物有机体的需求、协调的社会互动需求、群体生存和福利的需求。从进化的角度来看，这些目标具有至关重要的生存意义。根据 3 种普遍的人类需求，其得出了 8 种动机类型的价值观，分别是亲社会（prosocial）价值观、限制性从众（restrictive conformity）、享乐（enjoyment）、成就（achievement）、成熟（maturity）、自我指导（self-direction）、安全（security）和权力（power）。施瓦茨和比尔斯基（Schwartz & Bilsky，1987，1990）

还在该理论中描述了各种价值观之间的动态关系。

11.2 理论假设

在本章所介绍的研究中，施瓦茨对上述理论进行了修正，提出了新的内容与结构。

11.2.1 价值观内容

施瓦茨假设价值观内容包括 11 种动机类型的价值观（以下称价值观类型），并假设了用于测量每种价值观类型的单一价值观集合，不同价值观类型对应的集合所包含的单一价值观数量不等，共 56 种单一价值观。以下为 11 种价值观类型（后面的括号内是用于测量该价值观类型的单一价值观的数量）：自我指导（5）、刺激（3）、享乐主义（2）、成就（6）、权力（5）、安全（7）、从众（4）、传统（5）、灵性（4）、仁爱（7）、普遍主义（8）。

针对 11 种动机类型的价值观内容，施瓦茨提出了三个基本的理论问题：所有价值观类型在所有样本中都是以独特的组织原则呈现吗？在每种文化中，每种动机类型都是由相同的具体价值观构成的吗？其他价值观类型对于解释单个价值观的组织是否是必要的？

11.2.2 价值观结构

施瓦茨假设，主要服务于个人利益的 5 种价值观类型（权力、成就、享乐主义、刺激、自我指导）形成了一个毗邻区域，主要服务于集体利益的 3 种价值类型（仁爱、传统、从众）形成另一个毗邻区域，两个区域相互对立。普遍主义和安全这两种价值观类型同时服务于个人利益和集体利益，因此假设它们位于这两个区域的边界上。灵性价值观类型的具体位置会根据构成它的特殊价值观而变化，但几乎所有潜在价值观都指向集体区域中的一般位置。

根据研究假设，价值观类型之间关系的整体动态结构如图 11-1 所示。不同价值观类型之间的关系主要是冲突和兼容两种。假定相邻的价值观类型是最兼容的，在坐标周围的圆环上距离增加，表示兼容性降低、冲突加剧。在坐标轴交点相对方向的价值观类型冲突最大。

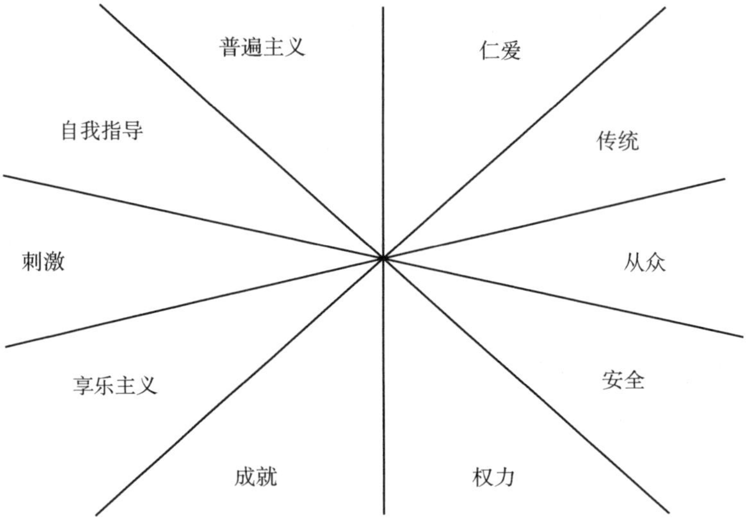

图 11-1　价值观动机类型之间关系的理论结构

资料来源：Schwartz，S. H.（1992）. Universals in the content and structure of values：Theoretical advances and empirical tests in 20 countries. In M. P. Zanna（Ed.），*Advances in Experimental Social Psychology*（Vol. 25，pp. 1-65）. New York：Academic Press.

以下 9 组价值观类型，每一组所包含的两种价值观类型都是兼容的：①权力与成就；②成就与享乐主义；③享乐主义与刺激；④刺激与自我指导；⑤自我指导与普遍主义；⑥普遍主义与仁爱；⑦传统与从众；⑧从众与安全；⑨安全与权力。

另外，以下 4 组价值观，每一组所包含的类型是冲突的，也就是说，如果同时追求其中某组所包含的若干种价值观类型，会引起强烈的心理或社会冲突：①自我指导和刺激与从众、传统和安全；②普遍主义和仁爱与成就和权力；③享乐主义与从众和传统；④灵性与享乐主义、权力和成就。

11.3　研究方法与结果

11.3.1　研究方法

11.3.1.1　被试

施瓦茨在 20 个国家选取了 40 个文化样本，这些样本来自所有人类居住的大陆，说 13 种不同的语言，包括 8 种主要宗教的信徒以及无神论者。大多数样本来自两个职业群体，即学校教师和大学生，但也有 4 个成年人样本的职业非常广泛，从而尽量保证这些样本在文化、语言和地理区域上最大程度地实现多样化。其中，在13个国家中，每个国家包括了至少两个具有非常相似文化背景的样本，因为在同一文化中，年龄、性别和职业的差异也可能会在特定价值观和价值观类型的重要性方面存在差异。

在任何国家都很难找到单一的职业群体代表一种文化，但对研究价值观来说，小学教师可能是最适当的单一群体了，因为他们可能是文化的主要载体，在儿童价值观的社会化过程中发挥了重要作用，并且他们的价值观可能与社会中广泛存在的价值观共识更接近。与大多数其他群体相比，教师在几乎所有社会中都是数量多、有文化、容易找到、愿意接受测量的，这使他们特别适合参与跨文化研究。因此，施瓦茨收集了每个国家大约200名4～10年级的教师样本数据，另外还选择了部分来自不同专业的大学生作为样本。

11.3.1.2 程序

施瓦茨准备了希伯来语和英语版本的价值观调查材料，该材料共包括56个项目，分别对应于用于测量11种价值观类型的56种单一价值观。也向每个国家参与研究项目的合作者提供了英语版本，在大多数非英语国家，当地研究人员使用回译程序准备了母语版本。用两个列表呈现调查材料，第一个列表是前30个项目，代表终极价值观；第二个列表是31～56项，代表工具价值观。受访者首先阅读整个列表，选择和评价对他们来说最重要的价值观，然后选择并评价他们最反对或对他们最不重要的价值观。

13.3.1.3 最小空间分析

在每个样本中，均使用戈特曼-灵格斯最小空间分析（Guttman-Lingoes smallest space analysis，SSA）方法分析价值观重要性等级之间的皮尔逊相关矩阵。该技术将价值观表示为多维空间中的点，这些点之间的距离代表了价值观之间的实证关系。两种价值观之间的概念相似性越大，它们越具有实证的相关关系，它们在多维空间中的位置也就越接近。

11.3.2 研究结果

施瓦茨对所有样本的分析结果进行平均，得到针对56种价值观的最小空间分析结果图示，如图11-2所示。

11.3.2.1 价值观类型的区别性

根据最小空间分析结果，绝大多数样本可以确定大多数价值观类型的区域。只有津巴布韦的教师样本中确定了4个价值观类型区域，葡萄牙和爱沙尼亚各有一个样本确定了6个区域，中国上海的样本确定了7个区域，其余所有样本都确

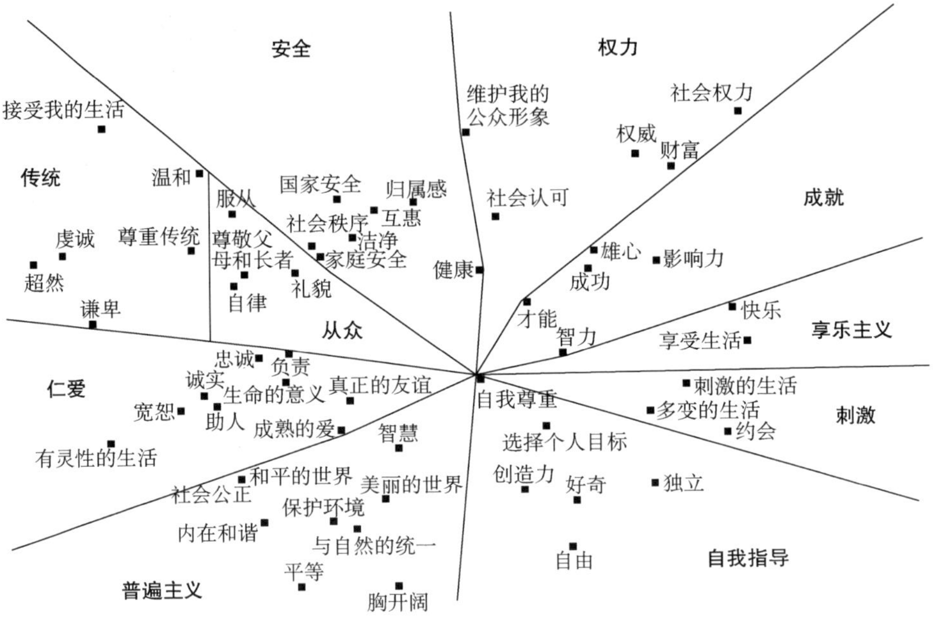

图 11-2　20 个国家平均个体水平价值观结构：两维最小空间分析

资料来源：Schwartz，S. H.（1992）. Universals in the content and structure of values: Theoretical advances and empirical tests in 20 countries. In M. P. Zanna（Ed.），*Advances in Experimental Social Psychology*（Vol. 25，pp. 1-65）. New York：Academic Press.

定了 8 个或 10 个区域。在 40 个样本中，每种价值观类型出现在一个清晰的区域的样本数量如下：普遍主义（34）、仁爱（28）、传统（36）、从众（29）、安全（32）、权力（37）、成就（40）、享乐主义（32）、刺激（31）和自我指导（36）。然而，灵性价值观只在较少的样本里出现在清晰的区域。在 40 个样本中，一种价值观出现在一个清晰的区域，或者出现在一个联合区域的样本数量如下：普遍主义（38）、仁爱（33）、传统（37）、从众（33）、安全（36）、权力（37）、成就（40）、享乐主义（37）、刺激（40）和自我指导（40）。

比较奇怪的是，在许多样本中，关于传统价值观和权力价值观的独特区域出现在二维空间的外围。在清晰出现传统价值观的 36 个样本的 29 个样本中，传统价值观区域位于从众价值观区域的外面，而不是像在理论假设中一样在仁爱和从众区域之间，这表明需要对理论进行修改。

在清晰出现权力价值观的 37 个样本的 28 个样本中，权力价值观区域与假定的共同原点相连。权力价值观区域在 21 个样本中与原点相连，而在另外 16 个样本中位于成就价值观的外围。从图 11-2 的最小空间分析结果图示可以看出，权力价值观和成就价值观两个区域是并置的，也就是在图 11-2 成就价值观区域中“雄心”这一单一价值观的上方，产生了一个水平绘制的边界，这样形成了一个包含成就和权力价值观的宽大楔形，其中权力价值观位于外部。

仁爱和从众两种价值观类型显示出较高数量（7 个）不明显的区域，这是因为仁爱和从众相连形成了一个联合区域。该研究的理论假设是传统价值观把仁爱和从众这两种价值观分开（图 11-1），但根据统计结果，传统价值观的区域通常位于从众价值观的区域之外，从而使仁爱和从众价值观相邻（图 11-2）。

11.3.2.2 价值观类型的内容

在不同样本中，52 种单一价值观（未包括用于测量灵性价值观的 4 种单一价值观）出现在假定位置的数量，从在某些样本中为 51 个到在某些样本中为 38 个，所有样本出现的单一价值观的数量的中位数为 46。由于中国河北的 1 个样本和上海的 3 个样本的数据与施瓦茨的理论不相容，故在进一步的分析中剔除了这 4 个样本的数据。

为了揭示构成每个价值观类型内容的单一价值观，施瓦茨计算了每个单一价值观在不同样本中出现在该价值观区域中的次数，发现同一种单一价值观在有的样本中出现，而在另外的样本中不出现，这说明每种单一价值观在不同文化中可能有不同的含义。

11.3.2.3 价值观类型之间动态关系的结构

施瓦茨把关于价值观类型之间的冲突和兼容性的动态关系的假设（图 11-1）作为理想结构，然后针对每个样本，将最小空间分析中观察到的价值观类型的排列与该理想结构进行比较，进而对数据和理论之间的契合度进行了总体评估。

要想让观察到的价值观结构与价值观的理想结构契合，需要对部分相邻的价值观类型的顺序进行调换（或称移动）。施瓦茨计算了二者匹配所需要的移动次数，作为对二者的契合程度进行测量的标准。从在每个样本中所观察到的结构与假设的价值观类型结构进行匹配所需的移动次数的总体情况来看，只需较少移动，就可以让二者匹配。在大多数样本中，观察到的和假设的价值观类型的内容和结构之间有实质的匹配，因此可以对价值观内容和结构的普遍方面进一步进行研究。这次表明，将样本组合在一起的单个分析可能会提供不同文化的价值观之间的关系图，并可以对跨文化价值观进行整体理解。

从图 11-2 显示的最小空间分析在整个矩阵上的二维投影来看，10 个价值观类型都有一个明显区域，而且 56 个单一价值观全部都出现在与其主要动机目标相称的地区。这些发现支持了关于价值观类型之间的兼容和冲突的所有假设。施瓦茨对教师和学生样本分别进行了分析，其二维投影与整体的投影非常相似。整体价值观结构与假设的价值观结构之间的不同之处仅在于，传统价值观和从众价值观形成了一个从共同原点延伸出来的联合楔形。

施瓦茨把这种新的组织形式作为校正后的价值观结构理想模型（图 11-3），并计算了重新排列观察到的每个样本中的价值观类型的顺序以匹配校正后的理想模型所需的移动次数，结果发现，每个样本的实际结构只需要移动更少的次数，便可与此理想结构匹配。

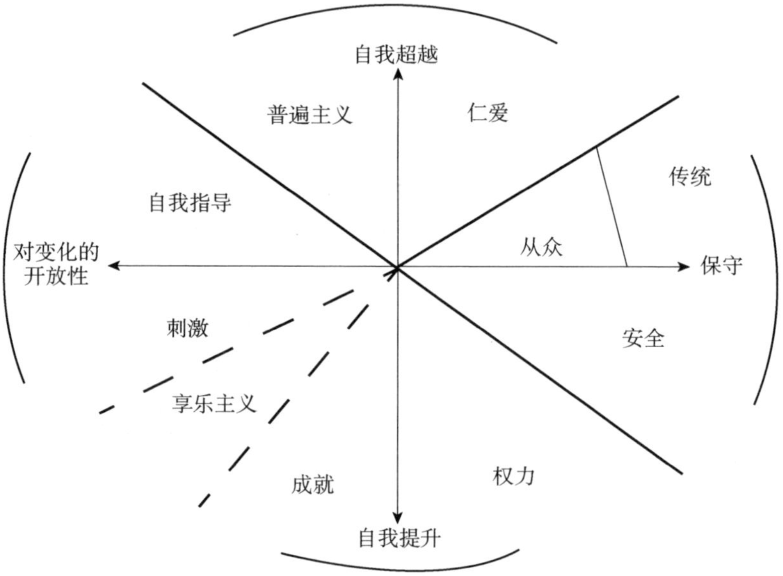

图 11-3　价值观动机类型、高阶价值观类型和两极价值观维度之间关系的修正理论模型
资料来源：Schwartz，S. H.（1992）. Universals in the content and structure of values：Theoretical advances and empirical tests in 20 countries. In M. P. Zanna（Ed.），*Advances in Experimental Social Psychology*（Vol. 25，pp. 1-65）. New York：Academic Press.

11.4 讨　论

施瓦茨在其以往提出的理论模型的基础上修改了理论模型，并在 20 个国家的 40 个样本中进行了大规模验证，主要有以下几个成果：第一，施瓦茨确定了不但能在文化内部而且在不同文化中都能识别的 10 种不同动机类型的价值观，最初提出的 11 种价值观类型中只有灵性价值观类型的普遍性程度不高。第二，证明了这组价值观类型是全面的、普遍的，几乎包含所有类型的价值观。没有证据表明施瓦茨的理论中还缺少其他普遍的动机类型的价值观。虽然来自不同国家的合作者提出有必要增加其文化中独有的价值观类型，但这些价值观没有一种是新的、普遍的价值观类型。当将这些价值观添加到相应样本的最小空间分析时，没有出现表明有新的价值观类型的区域。第三，来自 20 个国家的证据表明，大多数群体的价值观类型和构成它们的大多数单一价值观的含义相当一致。第四，将总体价值观结构视为由 4 个高阶价值观类型组成，这 4 个高阶价值观形成同时具有价值观冲突和兼容性的两个基本维度，并形成一个二维结构。第一个维度被称为“对变化的开放性与保守”，其中一极是刺激和自我指导价值观的组合，另一极是安全、从众和传统价值观的组合。第二个维度被称为“自我提升与自我超越”，其中一极是权力、成就和享乐主义价值观的组合，另一极是普遍主义和仁爱价值观（包括精神生活）的组合。

通过施瓦茨的研究，关于价值观的内容、测量和结构普遍性已经有了非常成熟的结论，完全可以作为未来研究相关问题的基础。已经有了共同的意义和结构，就可以比较不同文化和群体的价值观优先性，从而发现其中的真实差异并做出解释。根据价值观结构理论，可以提出关于整个价值观优先性系统如何与背景、态度和行为变量之间关联的若干假设。

11.5 该研究在跨文化心理学中的重要性及长期影响

价值观被认为是至关重要的心理特征，但要全面了解各种文化中人们的价值观，是一项浩大的工程。施瓦茨主持了这样一项研究，对各种文化中价值观的内容和结构的普遍性进行了研究，把所有文化中可能出现的价值观概括为 10 种类型，并分布在由两个双极维度构成的二维平面上，为我们了解文化价值观，对不同文化中的价值观进行比较，以及研究各种价值观的前因与后果奠定了基础。

施瓦茨的价值观调查是一项影响深远的研究，有大批研究者以施瓦茨的研究为基础开展研究。截至 2019 年 11 月，用谷歌学术搜索可以查到近 16 000 条引用。除了大量教科书和综述类的专著以外，还有很多新的实证研究引用了施瓦茨的研究，有的直接验证施瓦茨的研究，有的把施瓦茨所发现的普遍价值观应用于工作场合，有的以施瓦茨的价值观量表为基础开发了新的研究工具，有的把自己的研究结果与施瓦茨的研究进行比较。下面试举几例。

施瓦茨本人与合作者在 1995 年进行了一项研究（Schwartz & Sagiv，1995），使用来自 40 个国家/地区的 88 个样本的数据，重新评估了施瓦茨于 1992 年提出的理论，进一步确认了 10 种价值观类型的广泛存在，其组织结构与之前的理论也是一致的。

北卡罗来纳大学教堂山分校的杰弗里·爱德华兹和丹尼尔·凯布尔（Edwards & Cable，2009）开发并测试了一个理论模型，用于解释为什么价值观一致性能够导致积极的结果。他们引用了施瓦茨对价值观的界定，并进行了以施瓦茨的价值观调查为基础的工作价值观调查（work values survey）。结果发现，在解释个体价值观和组织价值观与结果之间的相关的因素时，第一个因素是员工对组织及其成员的信任，第二个因素是沟通，第三个因素是人际吸引力。

昆士兰大学的雷内·亚当斯等（Adams & Funk，2012）以施瓦茨的价值观调查为工具，对瑞典上市公司董事的价值观进行了大规模调查，主要比较了施瓦茨所界定的价值观的性别差异。亚当斯等之所以使用施瓦茨的调查，出于多种考虑：第一，价值观概括了广泛的潜在特征，超越了特定的情境和行为，并能为生活提供动力；第二，施瓦茨界定的价值观预测了很多可以解释性别差异的行为，例如，实验中的投票行为或利他行为；第三，“欧洲社会调查”使用施瓦茨的价值观调查研究了包括瑞典在内的多个国家的一般人口的价值观，因此如果对董事的价值观与普通人群的价值观进行比较，就可以分析董事会中哪些人格特质存在性别差异，哪些不存在。调查发现，女性和男性董事在核心价值观和冒险态度方面存在系统性差异。与对瑞典人口的调查结果一致，女董事在仁爱和普遍关注上比男性水平高，但权力导向水平比男性低。然而，与男性相比，女董事的传统性较弱，也并不以安全为导向，女董事喜欢冒险的程度比男董事略高。这表明，让女性担任董事会成员，并不一定会导致更多规避风险的决策。

施瓦茨的价值观调查是在文化层面进行的典型的跨文化心理学研究，在课题选择、研究方法、研究结论、理论和实践价值等方面都具有示范性的作用，在跨文化心理学中具有重要、深远的影响。

参考文献

Adams，R. B.，& Funk，P.（2012）. Beyond the glass ceiling：Does gender matter? *Management Science*，*58*（2），219-235.

Berry，J. W.（1975）. An ecological approach to cross-cultural psychology. *Nederlands Ttjdschrift voor de Psychologie*，*30*，51-84.

Berry，J. W.（1986）. The comparative study of cognitive abilities：A summary. In S . E.

Newstead, S. H. Irvine, & P. L. Dann (Eds.), *Human Assessment: Cognition and Motivation* (pp. 57-74). Dordrecht, Netherlands: Martinus Nijhoff.

Edwards, J. R., & Cable, D. M. (2009). The value of value congruence. *Journal of Applied Psychology, 94*, 654-677.

Kluckhohn, F., & Strodtbeck, F. (1961). *Variations in Value Orientations.* Evanston: Row, Peterson.

Rokeach, M. (1973). *The Nature of Human Values*. New York: Free Press.

Schwartz, S. H. (1992). Universals in the content and structure of values: Theoretical advances and empirical tests in 20 countries. In M. P. Zanna (Ed.), *Advances in Experimental Social Psychology* (Vol. 25, pp. 1-65). New York: Academic Press.

Schwartz, S. H., & Bilsky, W. (1987). Toward a Universal psychological structure of human values. *Journal of Personality and Social Psychology, 53*, 550-562.

Schwartz, S. H., & Bilsky, W. (1990). Toward a theory of the universal content and structure of values: Extensions and cross-cultural replications. *Journal of Personality and Social Psychology, 58*, 878-891.

Schwartz, S. H., & Sagiv, L. (1995). Identifying culture-specifics in the content and structure of values. *Journal of Cross-Cultural Psychology, 26*, 92-116.

Spranger, E. (1928). *Types of Men: The Psychology and Ethics of Personality.* New York: Johnson Reprint Corporation.

12 文化对女性体形知觉的影响

本章评述的是艾德里安·弗恩海姆和阿里拜于 1983 年发表于《心理医学》（*Psychological Medicine*）杂志的研究报告《女性体形知觉的跨文化差异》（Cross-cultural differences in the perception of female body shapes）[①]。

艾德里安·弗恩海姆
（Adrian Furnham）

英国心理学家，于 1953 年出生于南非，1981 年在牛津大学获得博士学位，其后在伦敦大学学院心理系工作，自 1986 年起在伦敦大学学院担任应用和职业心理学以及人格和社会心理学教授。本章所介绍的文章于 1983 年发表时，弗恩海姆在伦敦大学学院工作。

① Furnham，A.，& Alibhai，N.（1983）. Cross-cultural differences in the perception of female body shapes. *Psychological Medicine*，*13*（4），829-837.

12.1 背景介绍

12.1.1 “瘦即是美”

自由女神像是位于美国纽约市哈德逊河口附近自由岛上的一座巨型古典主义塑像，是法国于1876年赠送给美国的独立100周年礼物。雕像穿着古希腊风格的服装，代表罗马神话中的自由女神。她右手高举火炬，所戴头冠有象征世界七大洲及四大洋的七道尖芒。这座塑像已经成为自由和美国的象征。1932年，美国制作了20美元自由女神像纪念币，被认为是有史以来最精美的硬币之一。在自由女神像落成100周年的1976年，美国发行了以1932年的纪念币为模型的50美元纪念币。有意思的是，这两种纪念币几乎完全相同，唯一的区别是百年纪念币上的自由女神比1932年纪念币上的自由女神显得更苗条、更健康、更时尚。二者之间的差异曾引起美国国家雕塑协会成员的极大轰动。为什么要煞费苦心地把自由女神做成更瘦的样子呢？这可能与我们这个时代对更苗条身材的崇尚有关。

在现代社会中，对身材不满、节食、减肥已经成为人们日常谈话的重要主题和标准行为，尤其是成年女性。很多女性都在想尽办法让自己瘦下来，以便看起来更苗条、更好看、更健康，也就是所谓的“骨感美”。媒体在不遗余力地宣传女性“瘦即是美”，但男性杂志引导男性要做的却不是减肥，而是塑造良好的体形。

12.1.2 体形与历史、社会文化

女性追求极端苗条的身材是所有时代、所有文化中的普遍追求吗？其实不然。从不同时代来说，其实这是现代社会才出现的特有现象，女性的美和吸引力在不同历史时期有所不同，均反映了当时的审美标准。在历史上的大部分时期，硕大的体形更受重视，胖意味着财富，能够获得身体甚至政治上的权势。其实，从崇尚胖到珍视瘦的转变发生在20世纪初，是伴随着美国经济的发展和有闲阶层的出现而发生的，尤其是20世纪60年代以来，理想化的女性从丰腴、性感体形转变为棱角分明的骨感体形。在相当程度上，人们已经在苗条与自我控制、优雅、社交吸引力、年轻之间画上了等号。似乎只有在现代社会我们才开始面对如此矛盾的境遇：一方面，我们有良好的经济条件购买充足的食物，时不时参加各类聚会，在各种场合大吃特吃，并经常吃高热量的肉食和甜食；另一方面，我们又为大吃特吃所摄入的热量发愁，进而花大量的时间和金钱去排出热量、减轻体重。

从不同的文化来说，即使是 20 世纪后期，在某些发展中国家的有些地区，肥胖依然跟经济实力联系在一起而备受推崇。在某些文化中，肥胖是令人钦佩的，并经常被视为第二性征。某些地区的人认为最美的女性是那些胖得不能工作、行动不便的人，把这些女性的肥胖视为富裕的标志，因为只有最富有的男性才能让他们的妻子或女儿无法参加生产劳动。在西非很多地区，胖被视为恭维，意味着力量和美，这种文化将肥胖视为成功和经济安全的象征。

哪些因素影响了我们对于什么才是理想身材的认识呢？一个重要因素是时装行业的影响。几乎所有时尚杂志上出现的女性都是又高又瘦的，一年一度的维多利亚的秘密内衣秀的模特儿全都是极其苗条的，所传递出的似乎“病态”的理念甚至经常引起一些女性的抗议。同时，减肥及相关产业的影响也不容小觑，所有软硬广告似乎都在传递一种信息，即瘦才是美，瘦才是健康。这使整个社会对男性和女性的理想身材产生了一种总体偏好和评价，这种文化刻板印象迫使女性把体形保持在很窄的范围内。另一个因素是社会经济地位。戈德布拉特等（Goldblatt et al.，1965）发现，越是经济地位高的人，其保持苗条身材的压力就越大。摩尔等（Moore et al.，1962）和戈德布拉特等（Goldblatt et al.，1965）在美国进行的一项大型调查发现，社会经济地位与肥胖率之间存在惊人的负相关关系，特别是在女性中。其中，处于较低社会经济地位的女性中有 30%的人肥胖，处于中等地位的女性中只有 16%的人肥胖，而处于较高社会经济地位的女性中肥胖的人则不超过 5%。在其他国家也有类似的发现。

社会对女性身材的期待，使女性备感压力，尤其是社会对肥胖和超重的人的刻板印象非常负面，他们经常被污名化，被认为具有身体、心理、道德、外貌方面的缺陷。有研究发现，儿童和成年人对超重儿童的贬低甚至超过对其他身体残疾儿童的贬低。因此，女性追求瘦身和对减肥的痴迷令人震惊地增长。

然而，似乎对苗条身材的崇尚与社会经济发展水平和文化有一定的关系。研究发现，在亚洲的菲律宾、中国、印度等国家以及在拉丁美洲和美国的印第安人中，生活水平和平均体重都成正比，家庭收入越高、社会经济地位越高，体重就越高，这一趋势与美国等国家的趋势恰好相反。因此，也许对身材的知觉和审美具有文化相对性，美丽的标准并非普遍一致。

基于以上分析，可以提出下面的问题：社会所期待的女性理想身材到底是什么样的？不同文化中，女性心目中的理想身材有差别吗？如果有差别，这种差别是什么因素导致的呢？伦敦大学学院心理学系的弗恩海姆对这一问题很感兴趣。在弗恩海姆于 20 世纪 80 年代刚刚进入伦敦大学学院工作时，还没有实证研究回答以上问题，于是弗恩海姆跟同事纳兹宁·阿里拜一起进行了一项研究，并于1983年发表了《女性体形知觉的跨文化差异》一文。他们的研究目的是：调查来自不同文化但具有相似社会经济背景的女性对体形的知觉，具体来说，考察的是社会经济地位匹配的亚裔肯尼亚女性（以下称肯尼亚女性）、英国白人女性（以下称英国女性）、移民到英国并居住了至少4年的亚裔肯尼亚女性（以下称英国肯尼亚女性）这三个群体如何解释自己和他人的体形。

12.2 研究假设

弗恩海姆和阿里拜提出了两个假设。

1）肯尼亚女性比英国女性更倾向于认为体形较大、较胖的女性比体形较小、较瘦的女性更具有社交吸引力。

2）英国肯尼亚女性与英国女性对女性身材的看法的相似程度超过肯尼亚女性与英国女性对身材的看法的相似程度。

12.3 研究方法与结果

12.3.1 研究方法

12.3.1.1 被试

弗恩海姆和阿里拜从肯尼亚和英国招募了三组被试参加了实验，每组15名女性。该研究是与体形有关的，因而对被试的身高、体重进行了一定的控制。第一组被试为15名出生并居住在肯尼亚的肯尼亚女性，她们的平均年龄为24岁，平均体重为64.8千克，平均身高为1.64米。第二组被试为15名出生在肯尼亚但目前居住在英国，且居住至少4年的肯尼亚女性，她们的平均年龄为23.4岁，平均体重为55.5千克，平均身高为1.60米。第三组被试为15名英国女性，既出生于英国也居住在英国，她们的平均年龄为22.5岁，平均体重为57.8千克，平均身高为1.66米。

12.3.1.2 材料与程序

弗恩海姆和阿里拜使用12幅裸体女性体形草图作为实验材料，这些女性的体形从极瘦到极胖不同，依次标为A～L。以凯利的方格技术为基础（Kelly，1955），对被试进行访谈。在访谈过程中，实验者向被试展示女性体形的草图，一次一幅随机呈现，另外还提供了第 13 种选择，即“我现在的体形”，标为 M。实验材料如图 12-1 所示。

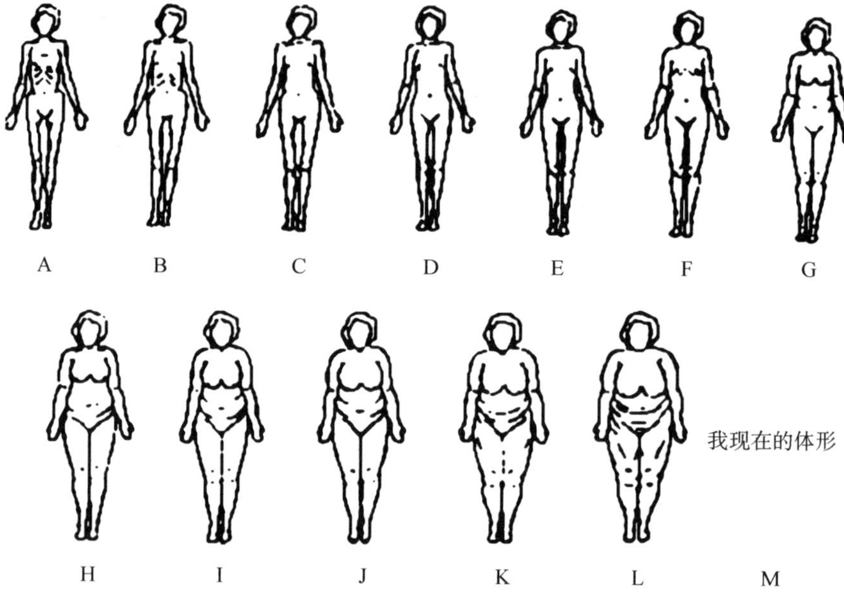

图 12-1　13 个实验元素

资料来源：Furnham，A.，& Alibhai，N.（1983）. Cross-cultural differences in the perception of female body shapes. *Psychological Medicine*，*13*（4），829-837.

对于每一幅体形图，要求被试在 13 个两极建构上进行七点评价，这 13 个建构分别是深情-无情、坚定-不坚定、有吸引力-无吸引力、自信-不自信、情绪化-非情绪化、女性化-男性化、友好-不友好、快乐-不快乐、受欢迎-不受欢迎、安全-不安全、合群-不合群、紧张-放松、温暖-冷漠。

12.3.2　研究结果

三组被试的年龄和身高没有差异，但体重有差异，肯尼亚女性组的体重比另外两组被试更重。然而，对于“跟我现在一样”的 M 体形在 13 个建构上的评价，只有在两个建构上的评价显示出被试间差异，即肯尼亚女性对自己体形的评价在友好和热情两个建构上超过英国肯尼亚女性和英国女性对自己体形的评价，而在其他建构上，三组被试对自己体形的评价没有差别。因此，他们对其他体形的评价的任何差异都不能看作是由对自己体形看法的差异导致的。

13 个体形图中的 8 个表现出组间差异，这 8 个里面的 C 和 D 是偏瘦的女性体形，其余 6 个，即 G、H、I、J、K、L 是偏胖的女性体形。三组被试对 A、B、C 三种偏瘦体形的评价有一些差异，但总体来说评价是负面的，而对 D、E、F 三种体形的评价总体上是积极的，其中对 E 和 F 两种正常体形的评价没有差异。

12.3.2.1 对偏瘦体形的评价

弗恩海姆和阿里拜对三组被试在 13 个方面对偏瘦体形 C 和 D 的评价进行了比较，结果发现，英国肯尼亚女性和英国女性比肯尼亚女性更倾向于认为体形 C 更少情绪化、更加友好和合群，同样，也认为体形 D 更加友好和放松。可以看出，英国肯尼亚女性和英国女性比肯尼亚女性对 C 和 D 这类偏瘦体形的评价更加积极。

12.3.2.2 对偏胖体形的评价

随着女性体形逐渐从正常范围上升到肥胖范围（从体形 G 到 L），英国肯尼亚女性和英国女性与肯尼亚女性对其的评价的差异增大了，在 6 种体形上的知觉都出现了显著差异。总体来说，英国肯尼亚女性和英国女性的评价没有差异，都是对肥胖体形给予否定评价，但肯尼亚女性与这两个群体则很容易区分，这些肯尼亚女性不喜欢偏瘦体形，而是表现出对肥胖体形的认可。

具体来看，三组被试对体形 G 的评分有显著差异，肯尼亚女性比另外两组被试认为体形 G 更有吸引力、更少情绪化、更放松、更合群、更受欢迎、更女性化。三组被试对体形 H 的评价的差异较小，但肯尼亚女性认为体形 H 更有吸引力、更女性化。三组被试对 I 和 J 的评价也出现了显著差异，肯尼亚女性认为体形 I 和 J 更有吸引力、更自信、更快乐、更受欢迎、更女性化，另外还认为体形 I 更少情绪化、更友好。

三组被试对最胖的两种体形 K 和 L 的评价表现出显著差异。具体来说，肯尼亚女性对体形 K 的评价在 13 个维度上有 11 个都是评价更为积极，认为体形 K 更有吸引力、更自信、更少情绪化、更友好、更快乐、更安全、更受欢迎、更深情、更温暖、更坚定、更女性化。对于体形 L，肯尼亚女性在 13 个维度中有 10 个维度上的评价都更为积极，认为这种体形更有吸引力、更自信、更友好、更快乐、更安全、更合群、更受欢迎、更深情、更温暖、更女性化。英国肯尼亚女性和英国女性对两种最胖体形的评价都比肯尼亚女性的评价更负面，特别是英国肯尼亚女性对两种体形的负面评价更加极端。

12.3.2.3 总体比较

总体来看，与英国肯尼亚女性和英国女性相比，肯尼亚女性对偏瘦体形（A～E）的评价更加负面，对偏胖体形（H～L）的评价更加积极。三组被试对自己体形的评价介于两种“正常”体形 F 和 G 之间。有意思的是，英国肯尼亚女性的评价并非介于肯尼亚女性和英国女性之间，而是更接近英国女性，与肯尼亚女性有很大差异，这可以理解为在英国居住时间较久的这些肯尼亚人通过对英国文化的不断接触而接受了居住国的文化价值，并使其拒绝了自己的文化价值。

12.4 讨　论

弗恩海姆和阿里拜进行的这项研究有几个方面的发现：第一，各组被试都对极瘦身体做出了负面评价，对正常刺激范围的体形做出了正面评价，对自己体形的评价也比较积极，三组没有差异，表现出跨文化的一致性。第二，对于偏瘦身材，英国肯尼亚女性和英国女性的评价比肯尼亚女性的评价更积极，对偏胖体形的评价模式则相反，英国肯尼亚女性和英国女性对偏胖体形的评价消极，肯尼亚女性对偏胖体形的评价较积极。第三，英国肯尼亚女性和英国女性对各种体形的总体评价很相似，但与肯尼亚女性的评价差别较大。

这些差异无法用社会经济条件和自身的体形来解释，而只能用文化差异来解释。尤其是生活在英国文化中的英国肯尼亚女性对体形的解释与英国女性非常相似，却与生活在肯尼亚的女性有明显差异，更进一步说明了共同的文化才是对体形评价一致性的基础。当然，具有相似文化特征的其他西方女性的反应与英国肯尼亚女性和英国女性的反应也是相似的。在这样的文化中，影视界人物、广告中的女性、时装模特甚至是时髦的服装本身，都反映出了到底哪种女性体形才是诱人的、令人向往的。此外，在西方，食品变得越来越容易获得，而那些收入高的人有能力购买高价蛋白质食品、水果、蔬菜等，身材肥胖已经不再像过去那样是社会地位和经济安全的象征。加之女性对营养和热量的了解也越来越多，并有足够的收入根据营养和热量进食，因此，她们有条件回应社会的要求，并对自己的体形进行管理。英国肯尼亚女性生活在英国，接触的是英国文化，一方面，她们放弃了本国的文化；另一方面，还更加极端地反对自己的文化价值观，因而在不同于本国文化方面走得更远，表现为对肥胖体形的评价更为消极。

与弗恩海姆和阿里拜的预测一致，肯尼亚女性一贯对瘦弱身材做出负面评价，对肥胖的身材做出正面评价。尽管她们通过电影和杂志而在某种程度上受到西方文化的影响，但仍然对超重体形给予积极评价，这说明尽管受到西方偏好的影响，但几乎没有意愿改变本国文化所定义的规范。然而，正如英国肯尼亚女性的表现所显示的，只有移民到另一种文化并长期生活，才会使文化规范产生改变。

摩尔等（Moore et al.，1962）发现，妇女的家庭在美国居住的时间越长，妇女肥胖的可能性就越小。在他们的研究中，第四代受访者中只有 5%的人肥胖，而第一代受访者中却有 24%的人肥胖。相比之下，弗恩海姆和阿里拜研究的时间跨度很有限，使用了在英国居住 4 年作为最低标准。尽管时间跨度很短，但英国肯尼亚女性和肯尼亚女性之间还是出现了很大差异，这表明二者对于可接受的女性体形的观点相去甚远，在这么短的时间内就出现了态度上的显著差异，可能是西方社会对拥有苗条、诱人身材的压力增加所致。

当然，弗恩海姆和阿里拜的这项研究是有局限性的。第一，很多被试都不喜欢称体重，因此样本很小，是否能代表各自的文化，无法保证，因此，将这些结论推广到整个人口中是否可行仍存有疑问。第二，弗恩海姆和阿里拜在研究中用亚裔肯尼亚女性代表肯尼亚文化中的女性，但亚裔肯尼亚女性在肯尼亚属于少数群体，与大多数肯尼亚人相比，她们具有不同的文化背景，并且具有较高的社会经济地位。因此，这些非常明确的结果可能并不适用于所有“第三世界”国家/地区的人。尽管存在这样的局限性，这些结果与先前在诸如瑞典、印度和菲律宾等不同国家进行的所有研究都是一致的，因此这项研究的结论大体上是可信的。

12.5 该研究在跨文化心理学中的重要性及长期影响

对于本章开头关于自由女神像纪念币不同版本中自由女神的体形问题，现在看起来就很好理解了。由于社会文化的变化，人们对于什么是好的体形的看法已经发生了变化。使用自由女神形象的纪念币自然要适应大众的审美观，把自由女神的造型做得略瘦一点，自然也是为了让人们一如既往地喜欢自由女神。人们关于好的体形的看法的变化，以及弗恩海姆和阿里拜的研究中所发现的不同文化对各种不同体形的评价，都可以用著名跨文化心理学家约翰·贝里（Berry，1976）的生态-文化框架理论来解释，即一个群体的行为是适应该群体所在的生态文化的结果。

在西方社会，追求苗条的身材已经成为整个社会的追求。这主要是因为人们的生活相对富足，获得营养丰富的食品早就不是一个社会问题，反而从健康的角度保持比较瘦的身材成为人们的追求。另外，媒体和商家的推波助澜也是这种风潮的重要推手。然而，并非所有社会的人都那样富足。肯尼亚共和国就不是一个富裕的国家。现在的肯尼亚虽然是撒哈拉以南非洲经济基础较好的国家之一，但自古至今，肯尼亚人的生活从未达到富足，在生活中没有足够丰富、多样化、富有营养的食品，因而其实只有少数人能够因为食品丰富而成为肥胖的人。在这样的社会中，肥胖即使不是特权，也是只有富人才能做到的事，因而很容易产生“肥胖是富裕的象征”这样的社会观念。不管来自哪种文化的人生活在这样的环境中，都很容易受到这种观念的影响。

弗恩海姆和阿里拜证明了肯尼亚文化中的女性与英国文化中的女性对肥胖体形和苗条体形都有截然不同的认识，而这些认识及伴随的行为其实都是适应环境的结果。尽管西方文化跟肯尼亚文化有巨大差异，对体形有着截然不同的看法，但考察该问题的研究非常少。弗恩海姆和阿里拜的研究较好地填补了这一空白，其理论意义主要在于，对体形的看法受社会环境的影响，这些看法是适应于当地文化的，可以用生态-文化框架来解释。该研究对于在不同文化中理解人们的自我观念、身体形象、减肥行为等同样具有重要的启示意义。

弗恩海姆和阿里拜的研究发表后受到了较多关注。截至 2019 年 11 月，用谷歌学术搜索可以查到近 400 条引用，引用该研究的论文都关注了弗恩海姆和阿里拜的研究中文化对体形知觉的影响。下面试举两例。

哥伦比亚大学的凯瑟琳·派克和普林斯顿大学的艾米·博罗瓦（Pike & Borovoy，2004）专门考察了日本的饮食障碍现象，认为日本的饮食障碍与第二次世界大战后工业化、城市化进程的加剧以及传统家庭形式的减少有关，并指出了特定的文化和历史因素对形成进食障碍的重要性。派克和博罗瓦的研究重点关注了当代日本文化中影响饮食障碍的两个方面：一是性别发展和对成年女性的性别角色期望；二是美容理想以及对体重和身材的关注。这项研究显然受到了弗恩海姆和阿里拜的研究的影响，他们在文章中引用了这项关于体形知觉的研究，指出文化因素能对体形的知觉产生重大影响，从而使日本女性处于饮食障碍的风险中。

在另一项研究中，霍尔兹沃思等（Holdsworth et al.，2004）考察了以塞内加尔首都达喀尔为代表的城市妇女心目中理想的体形，并估算了达喀尔市区附近女性肥胖率的变化。在研究中，他们使用了弗恩海姆和阿里拜的研究中所使用的项目，并对受访者进行访谈。结果发现，达喀尔附近的塞内加尔妇女的肥胖率急剧上升，尽管从健康角度来看肥胖并不可取，且与糖尿病和心脏病有关，但这些妇女认为这才是她们所希望的。霍尔兹沃思等的这一发现对制定公共卫生政策具有重要的启示意义。这项研究所使用的研究方法和论述过程都受到了弗恩海姆和阿里拜的研究的影响。

参考文献

Berry, J. W.(1976). *Human Ecology and Cognitive Style*. New York: Halsted Press(Wiley).

Furnham, A., & Alibhai, N. (1983). Cross-cultural differences in the perception of female body shapes. *Psychological Medicine, 13* (4), 829-837.

Goldblatt, P. B., Moore, M. E. & Stunkard, A. J. (1965). Social factors in obesity. *Journal of the American Medical Society, 192* (12), 1039-1044.

Holdsworth, M., Gartner, A., Landais, E., Maire, B., Delpeuch, F. (2004). Perceptions of healthy and desirable body size in urban Senegalese women. *International Journal of Obesity and Related Metabolic Disorders, 28*, 1561-1568.

Kelly, G. A.(1955). *The Psychology of Personal Constructs*.Vols. 1 & 2. Norton: New York.

Moore, M. E., Stunkard, A. J. & Srole, L.(1962). Obesity, social class and mental illness. *Journal of the American Medical Association, 181* (11), 962-966.

Pike, K. M., & Borovoy, A. (2004). The rise of eating disorders in Japan: Issues of culture and limitations of the model of "Westernization". *Culture Medicine and Psychiatry, 28* (4), 493-531.

13 跨语言语调表情识别

本章评述的是丹尼尔·阿尔巴斯等于 1976 年发表于《跨文化心理学杂志》（*Journal of Cross-Cultural Psychology*）的研究报告《言语中情绪内容的知觉：对两个加拿大群体的比较》（Perception of the emotional content of speech：A comparison of two Canadian groups）[①]。

丹尼尔·阿尔巴斯
（Daniel Albas）

加拿大心理学家，于 1976 年在加拿大科罗拉多大学获得博士学位，之后一直在加拿大马尼托巴大学社会学系工作，现在是该校教授，主要从事社会心理学研究。本章所介绍的文章于 1976 年发表时，阿尔巴斯在马尼托巴大学工作。

① Albas，D. C.，McCluskey，K. W.，& Albas，C. A.（1976）. Perception of the emotional content of speech：A comparison of two Canadian groups. *Journal of Cross-Cultural Psychology*，7（4），481-490.

13.1 背景介绍

13.1.1 人际沟通与情绪表情

《千谎百计》(*Lie to Me*)是美国福克斯广播公司在2009—2010年播出的电视剧，该剧的灵感来源于心理学家保罗·艾克曼(Paul Ekman)的真实研究以及畅销书《说谎》(*Telling Lies*)。在电视剧中，主人公卡尔·莱特曼(Cal Lightman)博士通过对人的面部表情和身体动作的观察，就可以探测人们是不是在撒谎，从而还原事件的真相。从20世纪60年代开始，心理学家艾克曼就研究了不同文化中人们如何通过面部表情表达情绪和识别情绪。根据多年的研究，艾克曼发现在各不相同的文化中，人们都以同样的方式表达情绪和传递信息，只要掌握了人们的面部表情(尤其是微表情)与情绪之间关系的规律，就可以轻易识别他人的情绪。

人际沟通的目的是传递信息，传递信息的手段不但包括语言、文字等常规渠道，还包括手势、肢体动作、距离、眼神接触、表情等。沟通的内容中，除了语言内容外，情绪也是信息传递的重要内容。艾克曼的研究主要涉及表情与情绪的关系。

情绪是以个体的愿望和需要为中介所产生的对客观事物的态度体验及相应的行为反应，是进化而来的对个体具有重要生存价值的基础性的心理与行为活动。情绪发生时总是会有一定的外部表现，通常称为表情，它是情绪和情感状态发生时身体各个部分的动作量化形式，包括面部表情、姿态表情和语调表情。通过表情，人类可以精细地表达不同性质的情绪，是鉴别情绪的主要标志，同样，人们也经常会根据他人的表情来判断其内心的情绪体验，从而实现社会适应。表情动作所提供的线索往往非常明显，面部表情和身体动作等强烈的身体变化会清晰地传达内心体验的变化，而小小的眼神、视线的变化、语调的微弱变化等也会暴露人们内心的情绪体验。因此，表情具有交换信息、传递情感的重要作用，是人际交往的重要工具。

在同一种文化内，表情的信息传递功能得到心理学家的一致认可，然而，不同文化间是否具有同样的情绪以及表达情绪的方式呢?

达尔文用进化的观点来解释表情，认为人类的面部表情是祖先表情动作的遗迹，是进化的结果。据此可以推测，具有同样进化过程的各个国家、民族的人的面部表情应该是一致的，而且所反映的情绪也应该是一致的。艾克曼对情绪和文化关系的研究是最早的和最系统的，其中艾克曼和弗里森在 1969 年发表的一项经典研究（Ekman & Friesen，1969）影响深远。在该研究中，他们向阿根廷、巴西、智利、日本、美国的被试呈现表现 6 种情绪的照片，要求被试回答这些照片表现的是哪种情绪。结果发现，5 个国家的被试对情绪照片的正确识别率非常高，而且当对 6 种情绪照片识别的结果进行综合分析时，发现各国被试对照片的识别没有差异。该研究使用的是美国人的面部表情照片，这些照片之所以能被其他国家的被试识别，也可能是因为这些国家的被试以各种形式接触过美国人。因此，艾克曼和弗里森（Ekman & Friesen，1971）又以巴布亚新几内亚境内几乎与世隔绝、从未接触西方现代文化的福尔人（Fore）为被试进行了研究。在第一个实验中，给被试讲述一个令人悲伤的关于孩子死亡的故事、一个有关攻击事件引起愤怒的故事、一个有人独自待在小屋里遭遇野猪引起恐惧的故事，让他们从照片中选出与故事所引发的情绪一致的表情照片。结果发现，福尔人被试除了对恐惧和惊奇出现较多混淆，对这些面部表情的识别率都相当高。在第二个实验中，研究者给被试说一个表现某种情绪的故事，让他们做出符合故事内容的六种情绪的表情，结果发现，他们的面部肌肉运动模式与西方的被试没有差别。

13.1.2 语调表情与跨文化语调表情识别

除了面部表情，说话者的语音、语调也是人际沟通的重要因素，在一定程度上，“怎么说”比“说什么”更重要。对于语气在传递情绪中的作用，相关的研究一般假定语言有两个传递信息的渠道，一是“言语”（verbal）渠道，包括产生音节、单词、词组、句子以及其他语言学形式的声音模式；二是“发声”（vocal）渠道，包括音调变化、声音品质等其他声音特征。前者携带语义信息，后者传递情感信息。然而，发声渠道总是跟言语渠道紧密结合在一起，而要单独研究语调表情在传递情绪中的作用，必须把发声渠道分离出来。斯塔克韦瑟（Starkweather，1956）使用了一种电子过滤技术，可以把语义信息过滤掉，从而把发声渠道分离出来。这种技术的好处是：虽然语义信息被过滤掉了，但发音人正常表达情绪的、非人造的“发声”渠道信息被保留下来。用这一技术进行的研究结果是清晰和一致的，即不管是否过滤掉语义信息，成年人总是能识别言语中包含的情绪信息，儿童也能在一定程度上识别这些信息，而且这种能力随着年龄的增长而不断提高。

面部表情情绪的含义具有普遍性且在不同文化间能够相互识别，已经在很多研究中得到考察和验证。语调表情与面部表情一样，其变化也标志着情绪体验的变化。但是，不同文化中的人能够相互识别语言中“发声”渠道所携带的情绪信息吗？1976 年，加拿大马尼托巴大学社会学系助理教授丹尼尔·阿尔巴斯与同事发表了《言语中情绪内容的知觉：对两个加拿大群体的比较》，对这一问题进行了考察。他们认为，尽管成年人能够识别自己语言中的情绪信息，甚至儿童也能在一定程度上识别，但不同语言间“发声”渠道所携带的情绪信息又另当别论。实际上，已经有研究发现，不但不同的语言本身的结构存在差异，超语言的语调信息也存在一定的差异。不同语言、不同文化在音调、音强等方面存在差异，从而可能会在跨族群的情绪表达、跨文化沟通方面出现障碍。例如，麦克罗斯基等（McCluskey et al.，1975）发现，在识别过滤掉语义信息的两种语言中的情绪信息时，墨西哥儿童比加拿大儿童更敏感，而且两国儿童识别墨西哥语中的情绪信息比识别英语中的情绪信息更准确，这就使两国儿童对同一语言出现了不同的理解。有研究发现，美洲印第安人学校的儿童经常觉得他们的白人老师刻薄、易怒，实际上这些老师并非真的刻薄、易怒，而是因为这些老师说话比印第安文化中人们在日常生活中说话的声音大。20 世纪 70 年代，加拿大社会中白人和印第安人之间缺乏沟通已经成为一个社会问题，而且这种沟通困难的部分原因是双方对语调信息中情绪内容的判断存在差异。因此，阿尔巴斯等认为，急需从跨文化角度研究语言中“发声”渠道所传达的情绪信息，具体来说，要研究白人和印第安人如何知觉自己和对方语言中语调信息所包含的情绪内容。

13.2 理论假设

阿尔巴斯等假设，加拿大的成年白人和印第安人在听到双方的语言时，对语言中的情绪内容会表现出不同的敏感性。

13.3 研究方法与结果

13.3.1 研究方法

13.3.1.1 被试

阿尔巴斯等在马尼托巴省（Manitoba）温尼伯市（Winnipeg）周围的小型农村社区招募了 40 名讲英语的工人阶级成年白人男性，以及在马尼托巴省岛湖（Island Lake）

的社会中招募了说克里语（Cree）的40名成年印第安男性作为被试参加了研究。

13.3.1.2 实验材料

阿尔巴斯等让另外6名成年白人用母语英语模拟表达快乐、悲伤、爱、愤怒等4种情绪，让另外6名成年印第安人用母语克里语模拟表达这4种情绪，每种情绪都用表达者的母语说出想到的任意两个句子，并进行录音，每种语言形成24段表达，总共形成48段表达。用电子过滤装置对句子进行加工，使句子在保留了语调特点的前提下变得无法理解。同时，通过表达者有意传达特定情绪的意图来界定每个言语样本的特定情绪内容。

13.3.1.3 程序

将40名白人被试随机平均分为两组，一组被试听白人录制的24段表达，另一组被试听印第安人录制的24段表达，要求被试尽量识别24段表达所传达的情绪，并在“快乐”“悲伤”“爱”“愤怒”这4个词中选择一个代表所听到的情绪。同样，印第安被试也被分为两组进行同样的任务。

13.3.2 研究结果

阿尔巴斯等对每个被试的正确反应进行统计，进行2（英语表达、克里语表达）×2（白人被试、印第安人被试）的方差分析。结果发现，当听到的是白人用英语表达的过滤掉语义信息的句子时，白人被试对情绪内容的正确判断次数（19.1）比印第安人被试的正确判断次数（14.0）更多；而当听到的是印第安人用克里语表达的过滤掉语义信息的句子时，印第安人被试（18.9）比白人被试（13.8）判断得更准确。这些结果可以总结为两条：第一，总体来说，白人被试和印第安人被试都能识别两种语言所要表达的大部分情绪，正确率远高于随机水平；第二，两个群体的被试对自己母语的语调表情的判断成绩要好于对另一种语言的语调表情的判断成绩。

错误的出现模式与以往的研究比较一致，即被试容易错误地识别那些在活跃性（activity dimension）维度上相似的情绪。例如，白人被试和印第安人被试都容易混淆快乐和愤怒这两种活跃的情绪，混淆悲伤和爱这两种不活跃的情绪，这些混淆都超出了随机水平。

13.4 讨 论

艾克曼的研究已经充分显示，面部表情在不同文化间是可以相互识别的，这一方面说明情绪本身及情绪表情具有跨文化的普遍性，另一方面也可以把面部表情识别作为人际沟通的重要工具。因此，根据有限的规律，通过识别他人的面部表情和语调表情，像《千谎百计》中的莱特曼博士一样了解人的内部情绪，是完全有可能的。

同时，跨越文化和语言的口语交流对双方的沟通至关重要，但当沟通双方无法理解对方语言中的语义信息时，能够传递情绪信息的语调就成为了解对方意图的重要渠道。如果排除了语义信息，我们还能通过觉察对方语言的语调信息来判断对方的情绪吗？阿尔巴斯等的研究发现，一方面，两组被试都能识别母语及另外一种语言所要传递的大部分情绪，这说明用语调表情表达情绪的方式具有跨语言的一致性；另一方面，在同一族群或文化内进行语言沟通时，通过语调识别情绪信息都毫无困难，但是，一旦跨越了文化和语言，比如，印第安人听白人说话，在根据语调表情判断情绪方面就会出现困难。“谁向谁沟通”对沟通过程来说是一个重要变量，也就是说，由于沟通是一个双向过程，语言交流是否流畅，主要取决于双方语言和文化的匹配情况。阿尔巴斯的这项研究的重要发现是，当说话者和听话者的语言和文化互相匹配时，则交流的过程就会顺畅，而一旦跨越了文化或语言，仅仅非言语的发声渠道就会对沟通过程产生阻碍。正如以往研究所发现的，如果进行交流的过程是语言交流和非语言交流过程同时进行，则效果就会更好。

不同语言之间的识别不如本语言内的识别，似乎说明语言结构的不同导致了跨语言交流的障碍。但是，在该研究中不同语言的被试具有不同的文化，因此这种跨语言的效应究竟是语言不同还是被试的文化不同所导致的，其实很难判断，因为在很大程度上语言和文化是不可分离的。当然，同一个国家的不同群体讲同一种语言却具有不同的文化，这是完全可能的。因此，阿尔巴斯认为，如果让具有不同文化但使用同一种语言的群体之间互相识别语调表情，估计也会出现跨语言效应，也就是识别本文化本语言的语调表情的准确率会高于识别语言相同但文化不同的语言的语调表情。只有对另一种语言及其文化有充分的了解，才能准确判断该语言所包含的情绪意义。为了更有效地进行跨文化沟通，对白人和印第安人来说，有必要进入彼此的情绪参照框架，熟悉对方用语调表达情绪的模式，只有这样才能更好地理解对方的语言所传递的情绪。

13.5 该研究在跨文化心理学中的重要性及长期影响

艾克曼所进行的研究在 20 世纪 60 年代末和 70 年代初刚刚发表时并未引起足

够的重视，甚至曾引起一些心理学家的嘲笑，但艾克曼并未放弃，长期的研究已经使跨文化面部表情识别成为一个重要的研究领域，并具有重要的理论意义和实践价值。另外，身体表情的识别早就成为跨文化沟通的重要内容，得到大量研究。然而，阿尔巴斯开启了语调表情跨文化识别的研究，发现被试能在一定程度上理解其他语言所包含的语调表情，但对母语的语调表情还是更加熟悉。这一方面开辟了跨文化情绪识别研究的新领域，另一方面又为跨文化沟通提供了新的视角，为跨文化心理学研究做出了贡献。

阿尔巴斯等的这项研究于 1976 年发表在《跨文化心理学杂志》之后，并未引起广泛的关注。联想到艾克曼的研究最初也未获得很多关注，这类研究不受重视的原因可能是当时认知心理学刚刚成为所有心理学家关注的焦点，情绪的研究也正在深入到生理机制，因此这类行为层面的情绪研究不容易受到重视。虽然阿尔巴斯等的研究被引用得不太多，但有意思的是，进入 21 世纪后引用该研究的学者多了起来，不少研究以阿尔巴斯等的研究作为基础，来考察情绪识别与跨文化沟通问题。下面试举两例。

加拿大麦吉尔大学的马克·佩尔和维拉·斯科鲁普（Pell & Skorup，2008）用幸福、悲伤或中性韵律的阿拉伯语“假”句作为幸福、悲伤面部或“假”面部目标的启动刺激，然后让英语学习者判断目标面部表情是否代表一种情感。结果发现，作为启动刺激的声音的情绪与目标面部的情绪一致时，能促进对目标面部情绪的判断，说明英语学习者会自动检测用外语表达的韵律的情感意义。当然，与听母语相比，激活外语中的情感含义可能需要更多的韵律信息。在这项研究中，佩尔和斯科鲁普把阿尔巴斯等的研究作为该领域最早进行的研究引用，并作为提出问题的基础进行了更加精细的研究，其研究方法也采用了阿尔巴斯等所开创的用失去语义的语言进行跨语言识别研究的方法，反映了阿尔巴斯等的研究的持久影响力。

西尔克·保尔曼和艾斯·乌斯库（Paulmann & Uskul，2014）引用了阿尔巴斯等的研究，进一步验证了人们识别本语言中包含的情绪信息更加准确的观点。他们要求具有中国和英国背景的被试识别由中文母语者和英语母语者所说出的“假”句，这些句子表现出 7 种情绪之一，分别是愤怒、厌恶、恐惧、快乐、中性语气、悲伤和惊奇。结果表明，情感展示的识别率高于概率水平，同时，每个文化群体的成员在识别自己文化群体成员表达的情绪时更加准确。保尔曼和乌斯库认为，进行跨文化的情感韵律识别有一些普遍的规律，同时特定的文化特征也会产生影响，这种观点跟阿尔巴斯等提出的观点是一致的。他们认为，特定文化特征的影响可能有两个来源。第一，当从非本地刺激中识别出情感信息时，可能会误用来自本地文化特有的情感相关规则，从而导致错误地识别其他语言中的情绪。第二，母语和非母语之间与情感无关的因素，例如，语调的单位大小会影响跨文化的情感识别。因此，识别熟悉语言中的情绪信息时犯错就会少一些。这一结论与阿尔巴斯等所得出的结论也是一致的。

尽管阿尔巴斯的研究被引用的次数并不是太多，但从最近十几年的进展来看，很多心理学家重新对跨文化语调情绪识别产生了兴趣，并进行了很多深入的研究。我们认为，阿尔巴斯所开创的研究传统以及所得出的基本结论将会具有长久的生命力，对理解跨文化语言沟通也具有重要的启示意义。

参考文献

Albas, D. C., McCluskey, K. W., & Albas, C. A.(1976). Perception of the emotional content of speech：A comparison of two Canadian groups. *Journal of Cross-Cultural Psychology, 7*(4), 481-490.

Ekman，P.，& Friesen，W. V. (1969). The repertoire of nonverbal behavior：Categories，origins，usage，and coding. *Semiotica*，1，49-98.

Ekman，P.，& Friesen，W. V. (1971). Constants across cultures in the face and emotion. *Journal of Personality and Social Psychology，17*（2），124-129.

McCluskey，K. W.，Albas，D. C.，Niemi，R. R.，& Cuevas，C. (1975). Cross-cultural differences in the perception of the emotional content of speech：A study of the development of sensitivity in Canadian and Mexican children. *Developmental Psychology，11*（5），551-555.

Paulmann，S.，& Uskul，A. K.（2014）. Cross-cultural emotional prosody recognition：Evidence from Chinese and British listeners. *Cognition and Emotion，28*（2），230-244.

Pell，M. D.，& Skorup，V.（2008）. Implicit processing of emotional prosody in a foreign versus native language. *Speech Communication，50*（6），519-530.

Starkweather，J. A.（1956）. Content-free speech as a source of information about the speaker. *The Journal of Abnormal and Social Psychology，52*（3），394-402.

14 日本人和美国人的自我知觉

本章评述的是史蒂文·考辛斯于 1989 年发表于《人格与社会心理学杂志》（*Journal of Personality and Social Psychology*）的研究报告《文化与日本人和美国人的自我知觉》（Culture and self-perception in Japan and the United States）[①]。

史蒂文·考辛斯（Steven Cousins）于 1978 年在普林斯顿大学获得学士学位，于 1984 年在耶鲁大学获得硕士学位，于 1990 年在密歇根大学获得博士学位。从 1990 年起，在日本立教大学任教，主要从事社会认知的跨文化研究。本章所介绍的文章于 1989 年发表时，考辛斯在密歇根大学攻读博士学位。

---

① Cousins，S. D.（1989）. Culture and self-perception in Japan and the United States. *Journal of Personality and Social Psychology*，*56*（1），124-131.

14.1 背景介绍

14.1.1 具体性认知与认知发展

心理学家曾经假设了下面的场景。

主人邀请了一个朋友到家里吃午饭，主人决定给朋友做三明治。对话可能是这样的：

主人：汤姆，你希望三明治里面放什么？有火鸡肉、意大利腊肠和奶酪。

汤姆：我想要火鸡肉。

在这里，主人让朋友做出选择，因为主人假定朋友即使没有义务的话，也是有权做出自己的选择的。朋友做出了选择，就是因为他也有同样的假定。这个脚本是“自然的”，然而并非在所有的文化环境中都是自然的。

如果朋友来自日本会怎么样呢？

如果主人说“富夫，你希望三明治里面放什么？有火鸡肉、意大利腊肠和奶酪”，客人会表现出困惑，他不会表明态度，而是说出类似于“我不知道”这样的话。之所以这样，是因为在日本的文化背景中，客人认为主人有责任“读出”朋友的心理，并提供主人认为对朋友来说最好的选择。然而，客人的责任则是接受好意，并准备在不久的将来回馈主人的好意。

因此，日本文化环境中的脚本应该是：

主人：富夫，我记得上星期你说火鸡肉和牛肉相比，你更喜欢火鸡肉，所以今天我给你做了火鸡肉三明治。

富夫：谢谢您，我确实喜欢火鸡肉。

在这个故事里，主人因为了解汤姆和富夫对他们自己以及对他们与周围环境的关系有不同的认识，因而需要为他们提供不同的选择。汤姆对于主人所提供的选择机会欣然接受，而富夫对于主人代为决定的午餐也乐享其成。这两个不同的故事反映的其实是不同文化中人们自我知觉的差异。本章介绍的是密歇根大学考辛斯对日本人和美国人的自我知觉的跨文化研究。

自古以来，人们就希望了解和认识自己。古希腊德尔斐的阿波罗神庙入口处刻着三句箴言，其中最有名的一句是：“认识你自己。”心理学家认为，世界各地的人都有可能发展出对自己的认识，认为他们自己在身体上是与众不同且可以与他人分离的。除了身体或生态上的自我意识之外，每个人都可能对内部活动以及连续不断的思想流和感觉流有某种意识，这些意识和感觉是私人的，无法被他人直接了解。这种非共享经验的认识将使人产生一种内在的、私人的自我感觉，这就是自我认识。那么，我们认识自己吗？如果问“你是谁？”“你是一个怎样的人？”你会如何回答呢？也许你会提及自己显著的人格特征，如诚实、友善，也许你会提及自己在生活中扮演的角色，如学生、志愿者等。当然，你也可能提及自己的道德观念、政治倾向等。我们对自己的认识和理解叫作自我知觉，属于自我意识的范畴。心理学家在研究一个人知觉他人的心理过程时，发现西方文化中的人能够脱离具体的情境而抽象出人的人格特质，说明西方人具有抽象思维的能力。鲁利亚（Luria，1976）发现，非西方文化中人们对人的知觉是“具体性”（concrete）的，也就是局限于日常情境行为（“我们没有钱的时候，他借钱给我们”；“他拜访我们时，给了我们礼物”），而不能脱离具体情境而抽象出行为特征（例如，“他很慷慨”）。非西方文化中人们知觉他人过程所表现出的这种具体性，被认为意味着他们没有能力从不同情境中概括出行为的连贯性，这是思维发展水平较低的表现，是不需要抽象思维的前现代社会的特征。

从情境中区分出人格特征需要具有抽象思维能力，是随着人的生理发育，根据认知发展的普遍规律而逐渐获得的。根据皮亚杰的认知发展理论，人的认知发展分为感觉运动阶段、前运算阶段、具体运算阶段和形式运算阶段。西方的成年人可以发展到形式运算阶段，因而可以抽象出人格特征。有的跨文化研究（Dasen，1972）认为，上述在人的知觉过程中表现出具体性特征的前文字社会的人处在皮亚杰提出的认知发展的具体运算阶段。同时也有一些研究（Goody，1977）认为，社会发展的现代化包括教育和城市化，能提高人的抽象思维能力。

然而，皮亚杰的认知发展阶段理论本身也受到了质疑。已经有一些研究发现，人们的思维并不是固定在特定的发展阶段上，而且抽象思维过程在不同任务中的表现有很大差别，甚至在特定任务下，3 岁儿童也能表现出抽象思维能力，而教育和城市化的影响仅仅局限于现代社会所需要的技能上面。

14.1.2 具体认知与文化

斯韦德和伯恩（Shweder & Bourne，1984）要求印度和美国的被试描述熟识的人，发现印度人的描述比美国人的描述更具体，更倾向于在情境中描述熟人。同样，米勒（Miller，1984）比较了美国人和印度人的归因特点，发现成年美国人比印度人更倾向于将行为归因于性格，而印度人更倾向于将行为归因于情境。通过对被试进行单独的抽象思维测试，两项研究认为印度人的表现并非因为认知缺陷，而是因为两种文化中关于人的概念影响了人们描述和解释人的行为的方式。他们区分出两种观念：一种是以美国社会为代表的个人主义的观念；另一种是以印度社会为代表的以社会为中心的观念。个人主义观念还强调自治、自我提高和个人不受侵犯，认为人是独立于情境的，因而行为具有跨情境的规律性。以社会为中心的观念则强调个人与他人的根本性联系，强调同理心，并愿意根据情况调整自己的行为。因此，印度人之所以专注于人际关系和实际行为，其原因是以社会为中心的观念，而不是缺乏抽象思维技能。

那么具体到对自我的知觉，会不会出现类似的文化差异呢？

尽管民族志提供了许多关于非西方文化中如何看待自我的详细说明，但是系统的实证研究很少。鲁利亚（Luria，1976）发现，中亚的农民在描述自己的优点和缺点时，倾向于参考日常的生活事件，而不是把自己的优点和缺点抽象出来。鲁利亚认为，这是因为这些农民的认知发展水平不高，没有能力分析自己的心理特征，只能通过描述外部行为的具体表现来代替内在品质。如果是在现代化的国家，人们就一定具备抽象思维能力，在描述个人特征的时候就能摆脱具体情境而抽象出人的一般心理特征吗？

日本在当今世界各国中是一个非常特殊的国家。日本在历史上受到中国文化的巨大影响，但在 19 世纪 60 年代末期开始明治维新之后，迅速发展成为非西方国家中唯一一个可以跟西方发达国家相提并论的现代化国家。即使在第二次世界大战中失败，仍然能够迅速崛起，其工业和科学成就可与美国相媲美，人们的识字率超过 99%，并且在 20 世纪后期的很长时间内，是仅次于美国的世界第二大经济体。

在日本这样一个现代化国家，人们的思维模式是抽象思维还是具体形象思维呢？如果说现代化能够提高人们的抽象思维能力的话，日本人能否摆脱具体情境而抽象出人的特质呢？

如果社会发展的现代化意味着抽象思维水平的提高，那么可以预测，日本人应该表现出西方文化中典型的抽象思维。实际上，日本人的思维方式表现是具体性的。例如，一些研究发现，日本人关注即时、具体的生活细节，并习惯性地避免将单独的事实汇总成关于事物整体类别的广泛陈述。还有研究发现，日本人在进行自我感知时，反应中出现了较多个人事实，而心理属性类的反应很少，这表明他们倾向于不通过抽象的行为特征来描述自我。日语中有大量关于情感和人格特质的词汇，因此上述表现也并非因为语言中缺乏此类词汇，而是他们不用。这种具体性的倾向是不是因为日本成为一个现代国家的时间比较晚，因而某些抽象技能的变化尚未赶上西方现代国家呢？这种解释也没有说服力，因为日本学生在科学和数学方面表现出的抽象思维能力远远超过了美国同龄人。

那么，人们对自己的知觉会受到文化的影响吗？日本人表现出高度的抽象思维能力，在人际知觉、自我知觉方面却表现出具体性思维，这种悖论有可能用文化差异来解释吗？

1989 年，正在美国密歇根大学心理学系临床心理学专业攻读博士学位的考辛斯在《人格与社会心理学杂志》发表了《文化与日本人和美国人的自我知觉》，阐述了文化意义系统对日本人和美国人自我知觉的影响。考辛斯把前面提到的个人主义和以社会为中心的观点作为起点。个人主义前提促使人们寻找跨情境的行为规律，而以社会为中心的前提把注意力指向直接经历了这种相互关系的具体的社会环境。因此，以社会为中心的观念可能会导致即使不存在认知或经验的缺陷，也会出现自我知觉的具体性倾向。

为了考察日本人和美国人的自我知觉，考辛斯使用了 20 项自我陈述测验。该测验是由曼弗雷德·库恩和托马斯·麦克帕特兰（Kuhn & McPartland，1954）提出的,是用于测量自我概念的标准化工具。通过要求被试连续回答 20 次“我是谁？”或“我是……”，对受测者的自我概念进行测量。然而，由于社会环境对日本人的自我具有重要影响，在测验中是否提供情境线索，可能会影响自我的表达。20 项自我陈述测验要求被试回答“我是谁？”，这种测试方法把自我与社会联系隔离开来，有可能阻止了日本人对性格的描述。因此，也许要提供一种语境，日本人才会使用丰富的日语人格特质描述自我。

因此，考辛斯使用了两种测验来考察日本人和美国人的自我知觉。第一种测验是“我是谁”20 项陈述测验，不给被试提供具体环境。第二种测验是情境化的自由回答问卷，要求被试在家庭或学校等特定环境中描述自我。

14.2 理论假设

考辛斯假设社会文化环境会影响日本人的自我，给被试提供情境线索和不提供情境线索时，他们表达自我的方式会有显著差异。

14.3 研究方法与结果

14.3.1 研究方法

14.3.1.1 被试

考辛斯从日本东京的庆应大学招募了 159 名大学生，从日本神户的兵库教育大学招募了 63 名大学生，从美国密歇根大学招募了 111 名美国大学生作为被试。三所大学被试的受教育水平和社会经济地位大致相当。

14.3.1.2 研究工具

该研究用 20 项陈述测验作为研究工具。指导语如下：

> 请在下面的 20 个空白处写出 20 个不同的陈述来回答一个简单的问题(写给自己)“我是谁？”，就像是给自己答案而不是给别人答案一样向自己回答。按照你想到的答案的顺序写下你的答案。不要担心逻辑或重要性。要快点完成。

指导语后面是 20 条空白线条，每条空白线条开始处写着“我是……”

情境化的自由回答问卷要求被试“在下列情境中描述自己”，后面是一系列情境，分别是“在家”“在学校”“跟好朋友在一起”。

先给被试呈现 20 项陈述测验，完成该测验后，要求被试选出其认为他们的回答中对自己来说最重要的 5 个，然后呈现情境化的自由回答问卷。

14.3.1.3 编码方案

（1）20 项陈述测验编码方案

使用前人所设计的 A-B-C-D 四重法对被试的 20 项陈述测验回答进行编码，包括 4 种基本的自我概念类别，分别代表不同的抽象层次。

A. 身体特征，指自我的可观察的身体特征，如年龄、身高等。

B. 社会特征，指社会角色、机构成员资格或其他由社会所界定的身份，如“大学生”“芭蕾舞女演员”等。

C. 定语特征，指脱离情境的自我，表现为行动、感情和思维的个人风格，如“友好”“情绪多变”“野心勃勃”等。

C1. 偏好、兴趣。

C2. 愿望、志向。

C3. 活动、习惯。

C4. 有条件心理特征，指与他人、时间、地点有关的心理特征，如“我在教室里很健谈”。

C5. 纯粹心理特征，指脱离情境的心理特征，如“我很诚实”。

D. 总体特征，过于全面或模糊的自我，超越了社会角色和社会互动，因此不能体现其个人特征，如“人类”“有机形式”等。

D1. 存在-个性化特征，高度私人化地把自我表述为独特的和个人化的，如“我自己”“独特产物”等。

D2. 普遍特征，把个人看作普遍的、不分化的类，如“哺乳动物”“环境的产物”等。

其他。

其他 1. 修饰的身体特征，如“太矮”。

其他 2. 修饰的社会特征，如“平庸的学生”。

其他 3. 归咎于他人的自我判断，如“别人认为我擅长运动”。

其他 4. 无意义回答，如“企鹅”。

其他 5. 即时情境，如“我饿了”。

（2）情境化的自由回答测验编码方案

对 A-B-C-D 四重法进行少许修改，用于对情境化自由回答测验的回答进行编码，修改主要有两处，第一处是删除了“A. 身体特征”和“D2. 普遍特征”；第二处是增加了一项“O. 对象”，指与自我无关的他人或对象，如“我的钢琴不合时宜”。

问卷的分析单元是独立的从句，由不超过一个动-宾、动词-谓语主格或动词-谓语的形容词序列组成。例如：

“I am usually friendly and affectionate，but can be mean to certain people.”这就是三个分析单元。

“I like playing cards with my friend，because I always win.”这就是两个分析单元。

14.3.2 研究结果

对于 20 项陈述测验，针对完整形式以及被试认为对自己来说最重要的 5 种反应进行了测量。最重要的 5 种反应的结果与完整形式的反应相似，只是大多数观察到的文化差异被略微夸大了。结果显示，美国被试比日本被试更常提及纯粹的心理属性（C5，如“我很随和”），而日本被试则更倾向于提及身体特征（A，如“我身高是 167 厘米”）、社会特征（B，如“我在体操俱乐部”）、偏好（Cl，如“喜欢动物的人”）、愿望（C2，如“希望得到驾照”）以及日常活动（C3，如“经常游泳的人”）。

情境化的自由回答测验结果与 20 项陈述测验结果有部分逆转，其中日本人对纯粹心理特征（C5，如“我很勤奋”）的回答超过美国人，而美国人对条件心理特征（C4，如“我在家经常很懒”）的回答则超过日本人。此外，美国被试在情境化格式中比日本被试更频繁地提到偏好（C1）和愿望（C2）。

为了检验文化和测验类型之间的交互作用，考辛斯对结果进行了 2×2（文化×问卷）的方差分析。结果发现，在很多变量上出现了显著的文化因素和测验类型的交互作用，这说明对于美国和日本的被试来说，在用非情境化和情境化的测试进行自我知觉测试时，出现了抽象-具体倾向的反转。也就是说，当脱离情境时，美国被试比日本被试更多地知觉到自己跨情境的纯粹心理特质和更多类似特质的描述，当联系到具体情境时，日本被试也能知觉到自己更多高层次的抽象特征，而美国被试则强调，自己在该环境中的行为仅代表在此环境中是这样的，在其他环境中则未必如此。

这些证据表明，其实日本人并不缺乏抽象思维，但是在进行自我知觉时，受文化的影响，他们会把自我与周围的环境联系起来。

14.4 讨　论

日本是一个现代化的国家，具有先进的教育系统，取得了有目共睹的教育成效。然而，一些研究者认为日本人的思维方式是具体性的，在对自己进行知觉的时候，与美国被试的自我知觉有巨大差异，认为美国人能抽象出自己的心理特征，而日本人却无法抽象出摆脱具体情境的心理特征。

在该研究中，考辛斯用脱离情境的 20 项陈述测验测量自我概念，发现日本被试比美国被试更多地提到了个人与他人、个人与社会的关系，这与以往的研究是类似的。然而，这是不是说明日本人的思维水平尚停留在具体形象思维阶段呢？日本是一个现代化国家，因此，对于日本人在自我知觉中表现出的具体性，就不能用日本缺乏城市化或学校教育，因而没有抽象思维能力来解释了。同时，情境化的自由回答测试结果也表明，只要给出一个适当的概念框架，日本人很容易用心理特征或性格描述自己。这进一步说明，日本人并非缺乏抽象思维能力，而是需要一个适当的环境，日本人倾向于在环境中描述自己的心理特征。

如何用个人主义前提和以社会为中心的前提来解释两个问卷之间抽象趋势的反转呢？对于20项陈述测验，从个人主义的角度解释，这种测验缺乏语境暗示，它暗示了情境自由，并且很适合对自我进行表达。在20项陈述测验上，美国受访者的纯粹心理属性传达出脱离了环境和角色的自我的连贯性。但是，从以社会为中心的角度来看，“我是谁？”这一问题代表了人与社会环境的分离，所以必须补充社会环境信息。因此，进行20项陈述测验的日本人倾向于提及社会背景，或提及相对具体的属性和活动。而且，社会环境既可以是具体的，也可以是抽象的，因此日本人在20项陈述测验中的回答，既可能比美国人的回答更加具体（如社交B、活动C3），也可能更加抽象（如普遍特征D2），如“我是一个20世纪的人”，“我是人类”。

对于语境化格式的测验，由于提供了熟悉的日常生活环境，日本被试就不必填充其自我意识不可或缺的语境，这就为抽象的自我反思提供了余地，使他们更有可能用抽象的心理特征描述自己。日本人更关注人际关系而不是独立的自我，因此跨越情境的抽象行为特征远不如特定环境中的具体行为重要。但对于美国被试而言，对语境线索的反应是对自我的更具体的解释。当为心理特征提供了语境线索时，就使心理特征本来具有的脱离情境的意味减少了，特征词在这样的情境中减少了概括性的意义。这就使美国被试用更容易获得的信息来描述自我，如偏好（C1）或活动（C3），或者指代除了自我之外的其他人或事物（O）。当提到心理属性时，这些心理属性倾向于与某种形式的情境联系在一起，似乎是为了表明具有普遍性的“I”与特定情境中所描述的心理属性是不同的，前者大于后者。例如，在“在家”的环境下描述自己时，个人主义的自我可能会说：“我通常对我的兄弟开放。”但其隐含的未声明的信息是“但这不一定表明我在其他地方也这样”。通过强调特质描述的情境，保留了该特质术语脱离情境的内涵。美国被试在语境化格式中描述自己时倾向于更加具体化，这种趋势反映出他们在给定语境的条件下难以表达跨情境的自我。

14.5 该研究在跨文化心理学中的重要性及长期影响

自我认识的某些方面可能具有普遍性，但另外还有一些方面可能具有文化的特定性。考辛斯从个人主义-集体主义维度考察了自我认识的文化差异。个人主义和集体主义之间的区分是在 20 世纪 50 年代被引入现代组织理论中的，并区分出自我导向和集体导向。吉尔特·霍夫斯塔德（Hofstede，1980）等发起并历时多年的大型研究以实证方法证明个人主义-集体主义是一个两极一维的建构。这个维度作为一种有用的理念很快显示出极强的生命力，并被不同学科所接受。后来著名跨文化心理学家特里安迪斯等（Triandis et al.，1988）用实证方法对个人主义和集体主义的内涵进行了区分。

对于个人主义-集体主义维度两端的社会中的自我有什么差异，考辛斯的这项研究提供了新的证据，表明与美国人能够描述自己的纯粹心理特征不同的是，日本人在脱离情境的条件下更喜欢描述特定情境下的自己，而在提供情境的条件下则能描述自己的纯粹心理属性。这项研究为自我解释的跨文化研究提供了很好的基础，为个人主义-集体主义维度增加了新的内容。考辛斯的这项研究发表后引起了广泛重视。截至 2019 年，用谷歌学术搜索可以查到 800 多条引用，尤其是受到研究日本人的心理及日本文化的学者的重视。下面试举两例。

神奈川等（Kanagawa et al.，2001）以考辛斯的这项研究为基础，调查了在日本这种相互依赖的文化背景下所产生的自我概念是否比在美国这种独立的文化背景下所产生的自我概念对环境的变化相对更敏感。他们发现，美国人和日本人的自我描述内容、数量和范围有所不同，与美国人的自我描述相比，情境对日本被试的自我描述的影响更大，而且日本人的自我描述更加负面。这项研究引用和直接参考了考辛斯的研究，并对这一研究进行了延伸，其精神实质几乎完全相同，体现出了考辛斯的研究的影响力。

北山忍和乌斯库（Kitayama & Uskul，2011）在著名的学术期刊《心理学年鉴》（*Annual Review of Psychology*）上发表了一篇综述《文化、心理与脑：当前的证据与未来的方向》（Culture，mind，and the brain：Current evidence and future directions），提出了一种新的神经文化互动模型，这种模型假设，只要神经连接持续参与文化实践而得到改变，就可以在大脑中积累文化经验的影响，从而在世代相传的价值观和相关的行为模式之间建立起联系。在这篇文章中，其引用了考辛斯的研究作为基础，认为文化对自我的影响之一表现为在东方文化和西方文化中存在不同的自我，并以此为基础探讨了自我文化差异的神经机制问题。

回到本章开头关于招待客人吃三明治的故事。其实主人所面对的两位客人之所以有不同的期待，是因为他们对自己与他人的关系的看法是不同的。那些持有独立自我的人期待有机会做出选择，而那些把自我与他人联系在一起的人会认为主人一定会为自己做出正确的选择。

参考文献

Cousins，S. D.（1989）. Culture and self-perception in Japan and the United States. *Journal of Personality and Social Psychology*，*56*（1），124-131.

Dasen，P. R.（1972）. Cross-cultural Piagetian research：A summary. *Journal of Cross-Cultural Psychology*，*3*，23-29.

Goody，J.（1977）. *The Domestication of the Savage Mind*. New York：Cambridge University Press.

Hofstede，G.（1980）. *Culture's Consequences：International Differences in Work-related Values*. Beverly Hills：Sage.

Kanagawa，C.，Cross，S. E.，& Markus，H. R.（2001）. "Who am I?" The cultural psychology of the conceptual self. *Personality and Social Psychology Bulletin*，*27*（1），90-103.

Kitayama，S.，& Uskul，A. K.（2011）. Culture，mind，and the brain：Current evidence and future directions. *Annual Review of Psychology*，*62*，419-449.

Kuhn，M. H.，& McPartland，T. S.（1954）. An empirical investigation of self-attitudes. *American Sociological Review*，*19*，68-76.

Luria，A. R.（1976）. *Cognitive Development：Its Cultural and Social Foundations*. Cambridge：Harvard University Press.（Original work published 1974）

Miller，J. G.（1984）. Culture and the development of everyday social explanation. *Journal of Personality and Social Psychology*，*46*，961-978.

Shweder，R. A.，& Bourne，E. J.（1984）. Does the concept of the person vary cross-culturally? In R. A. Shweder & R. A. Le Vine（Eds.），*Culture Theory：Essays on Mind，Self，and Emotion*（pp. 158-199）. New York：Cambridge University Press.

Triandis，H. C.，Bontempo，R.，Villareal，M. J.，Asai，M.，& Lucca，N.（1988）. Individualism and collectivism：Cross-cultural perspectives on self-ingroup relationships. *Journal of Personality and Social Psychology*，*54*（2），323-338.

15 五因素人格模型的跨文化评估

本章评述的是罗伯特·麦克雷等于 1998 年发表于《跨文化心理学杂志》(*Journal of Cross-Cultural Psychology*)的研究报告《五因素模型的跨文化测评：修订的 NEO 人格测验》(Cross-cultural assessment of the five- factor model：The revised NEO personality inventory)[①]。

美国著名的人格心理学家，于 1949 年生于美国密苏里州，1971 年在密歇根州立大学获得学士学位，1976 在波士顿大学获得博士学位。麦克雷与其在美国国立卫生研究院国家老年化研究所人格与认知实验室的同事小保罗·科斯塔(Jr. Paul Costa)合作，一起对促进人格“五因素模型”的发展做出了很大贡献。本章所介绍的文章于 1998 年发表时，麦克雷在美国国立卫生研究院国家老年化研究所工作。

罗伯特·麦克雷
(Robert McCrae)

---

① McCrae，R. R.，Costa，P. T.，Jr del Pilar，G. H.，Rolland，J. P.，& Parker，W. D.(1998). Cross- cultural assessment of the five-factor model：The revised NEO personality inventory. *Journal of Cross-Cultural Psychology*，*29*(1)，171-188.

15.1 背景介绍

15.1.1 人格的特质理论

《纽伦堡纪事》(*Nuremberg Chronicle*)又名《编年史之书》(*Liber Chronicarum*),是由德国纽伦堡的医生、人道主义者和藏书家哈特曼·舍德尔(Hartmann Schedel)在15世纪用拉丁语编纂的一部插图化的关于《圣经》释义和世界历史的图书,记载了《圣经》中有关人类历史的故事,是文献记载最丰富的早期印刷书籍之一。这本书中有645块木板做出的1809幅木刻版画(图15-1),其中有一些是有关想象中的未探索世界的居民形象的,这些居民既有一些欧洲人的特征,也有着怪物一样的明显不同于欧洲人的特征,例如,有巨大的脚,没有头,脸长在胸膛上,只有一只位于额头中间的眼睛,等等。这些想象似乎有点荒谬,但想象一下,即使是现在,我们也经常会发现一些新认识的动物的样子很奇怪,也会不断认识一些新的奇怪的动物,那么,当我们对这个世界的所知并不多的时候,把未知世界的人想象成怪物也就不难理解了。当然,我们现在已经对世界各地的人长什么样有了充分的认识,但我们对那些生活在其他文化中的人的人格特征和人格结构又知道多少呢?

图15-1 《纽伦堡纪事》中的版画

资料来源:McCrae, R. R., Costa, P. T., Jr del Pilar, G. H., Rolland, J. P., & Parker, W. D.(1998). Cross-cultural assessment of the five-factor model: The revised NEO personality inventory. *Journal of Cross-Cultural Psychology*, *29*(1), 171-188.

心理学中的人格指的是人所具有的认知、情感和行为模式的特征集,是生物学因素和环境因素相互作用的结果。不同的人的人格总是有各种差异,用来解释人格差异的表现、这些差异的根源以及这些差异对人的影响的理论就是人格理论。20世纪前30年,很多心理学家以及一些普通人在谈到人格的时候,首先想到的就是弗洛伊德的理论，想到的是病态人格、童年经验对人格的影响、精神分析治疗等问题。美国心理学家戈登·奥尔波特（Gordon Allport）希望找出一条研究人格的新道路，并提出用特质作为测量人格的单元。他认为，特质是一种个人所具有的一般化的神经心理结构，它具有指挥个体行为的能力，使许多刺激所引起的反应具有跨情境的一致性，即不同刺激可能导致相似的行为。因此，实质上，特质是一种行为的特征，它作为一种一般化的、稳定而持久的行为倾向而起作用。奥尔波特把特质分为共同特质和个人特质，其中共同特质是同一文化形态下人们所具有的一般人格特质，而个人特质才能代表个人的独特人格。个人特质包括首要特质、中心特质和次要特质。要描述一个人完整统一的人格，就需要通过个案研究法去了解这个人的独特特质的组合。

要对人格差异进行描述，最好能找到一种既简单易懂又能保证精确性的方法。奥尔波特用特质的独特组合来描述各不相同的人格，如果找到能代表人的人格的若干特质维度，并且用容易理解、精确度高的数字表示某个人在这些特质维度上的位置，就能简单而又精确地描述人格差异了。奥尔波特的重大贡献就在于找到了这样的道路，但是到底哪些特质更能代表一个人，并能对不同的人进行区分，则是后来心理学家努力的方向。

在奥尔波特之后非常重要的一位特质理论家是美国心理学家雷蒙德·卡特尔（Raymond Cattell），他受自己早年学习化学的启发，就像探索化学元素周期表一样去探索人格的特质。卡特尔最早应用因素分析法研究人格，发现最能代表一个人的人格的是 16 种根源特质，并编制了《卡特尔 16 种人格因素测验》（简称 16PF）来测量人格。另一位非常著名的特质理论家是英国心理学家汉斯·艾森克（Hans Eysenck），其认为内外倾、神经质与精神质是三种主要的人格特质，强调三种人格特质的生物基础，并于 1975 年编制了测量这三种人格特质的艾森克人格问卷（Eysenck Personality Questionnaire，EPQ）。

15.1.2　五因素模型

受奥尔波特和卡特尔等的影响，很多人格心理学家都试图寻找能真正代表人的人格的特质，但不同的心理学家所找到的人格特质数量不同，名称、内涵也不一样。后来，越来越多的心理学家发现，在研究中有 5 个因素总是反复出现。其中塔佩斯和克里斯塔尔（Tupes & Christal，1961）最早明确提出这一问题。他们分析了在 8 个不同的样本中进行的人格评价的研究，发现有 5 个因素总是反复出现，而且这 5 个因素相对显著和稳定，他们把这些因素界定为外向性（surgency）、宜人性（agreeableness）、尽责性（dependability）、情绪稳定性（emotional stability）、文化（culture）。诺曼（Norman，1963）在两年后进行的研究验证了这5个因素，并且调整了这些因素的命名，这项研究也得到了更多人的注意。然而，在整个20世纪60—70年代，大多数人格心理学家仍然没有认识到这5个因素的重要性。到了20世纪80年代，才有越来越多来自不同研究传统的研究人员认为，这5个因素是人格的基本维度，存在于儿童、大学生和老年人的自我报告和评定中，存在于自然语言和基于理论的调查表中，存在于男性和女性样本中，也存在于英语、荷兰语、德语和日语的样本中，这就是五因素模型（Five-Factor Model，FFM）。这5个因素是：第一，人格的一般心理倾向，即外倾性（extraversion），高分个体表现出热情、社交、果断、活跃、冒险、乐观等特质；第二，人际关系性倾向，即宜人性（agreeableness），高分个体表现出信任、直率、利他、依从、谦虚、共情等特质，这样的人令人惬意；第三，对规则认同与遵循的倾向，即责任心（conscientiousness），高分个体表现出胜任、公正、条理、尽职、成就、自律、谨慎、克制等特质；第四，情绪反应性，即神经质或情绪稳定性（neuroticism），高分个体具有焦虑、敌对、压抑、自我意识、冲动、脆弱等特质；第五，智能性倾向，即对经验的开放性（openness to experience），高分个体表现出想象、审美、情感丰富、求异、创造、智能等特质。这5种特质的首字母构成了“OCEAN”（海洋）一词，因此一些研究者称之为“人格的海洋”。很多研究者认为，只需要这5个因素或维度，既不多也不少，就足以绘制出人格的大致图景。只要对人进行描述的题目足够广泛，且具有代表性，无论是用他人评定法还是自我报告法，均可证实这5个因素构成了人格总体。这5个维度（又称作“大五”）被认为是经得住考验的，是有生物学基础的，而且是随着人类的发展而形成的。后来大量研究发现，尽管偶尔有研究发现的特质与这5种特质不完全重合，但大体上是一致的，而且很多研究发现的特质与这5个因素完全一致，只是对开放性这个特质的命名偶尔有不同意见。

15.1.3 NEO-PI-R 及其跨文化验证

罗伯特·麦克雷（Robert McCrae）是美国国立卫生研究院国家老年化研究所人格与认知实验室的研究人员，他与这个实验室的同事小保罗·科斯塔（Jr Paul Costa）一起对人格的特质结构保持着长久的兴趣，他们进行了长期的合作研究，共同对“五因素模型”的发展做出了很大贡献。

科斯塔和麦克雷（Jr Costa & McCrae，1980）考察了大量研究后，在艾森克理论中神经质和内外向这两个特质的基础上增加了“开放性”，并在 1985 年开发了测量 NEO（即神经质、外向性、开放性）的人格量表（Jr Costa & McCrae，1985），后来又进行了修订，增加了“宜人性”和“责任心”两个维度，修订后的工具被称作 NEO-PI-R（Jr Costa & McCrae，1992）。这个量表得到了广泛应用。NEO-PI-R 测量的是人格的 5 个因素，每个因素有 6 个特质分量表，每个特质分量表由 8 个题目进行测量，加上效度项目 3 个，共有 243 个项目。每个项目包含一个描述人格的形容词，要求被试用五点量表评价每个题目是否适合描述自己。尽管“大五”以及 NEO-PI-R 的结构得到了大量重复，被广泛认可，但这些认可主要还是在欧洲和美国的范围内。其他文化中的人的人格是否也可以用这 5 个特质来描述呢？科斯塔和麦克雷没有停止探索，他们在其他文化中进行了测试，发现了“大五”在不同文化中的普遍性。

心理学家对特质的数量和内涵的看法达成比较一致意见的时间尚且不久，因此对于用 NEO-PI-R 早期翻译版本在其他语言中的应用充满了怀疑，认为在不同的文化和不同的语言中不太可能产生 5 种特质，所产生的特质的内涵也不会相同。然而，通过 NEO-PI-R 翻译版本在不同文化和语言中去探索人格因素，结果经常会发现类似五因素的结构，这意味着人格在某些方面是一种普遍的人性，而不是一种文化建构。

特质结构的跨文化研究可以有多种方式。如果把用于描述人格的形容词进行翻译，然后寻找结构，可能会比较困难，因为很多时候在另一种语言中很难找到完全对等的词。然而，NEO-PI-R 中的每一个特质分量表都有 8 个项目进行测量，这样不但能使翻译者更好地传递出想要表达的结构，而且多个项目的加成也有更好的效度。从这些方面来说，NEO-PI-R 非常适合进行人格结构的跨文化研究。其实已经有一些研究考察了 NEO-PI-R 所包含的因素，其中艾森克在很多文化中发现了神经质因素和外倾性因素，在德语、荷兰语、法语中也发现了类似于大五人格因素的结构。有研究用早期的大五因素模型对日本、中国和菲律宾的被试样本进行了测试，也发现了类似的因素。但是，这些研究并没有把修改版本的 NEO-PI-R 翻译成当地语言来测试其结构。于是，麦克雷和科斯塔与菲律宾和法国的合作者一起，把 NEO-PI-R 翻译成菲律宾语和法语，研究了该测量工具的因素效度，并于 1998 年发表了研究报告《五因素模型的跨文化测评：修订的 NEO 人格测验》。从语言上来说，菲律宾语和英语属于不同的语系，而法语和英语则属于相同的语系；从地理位置上来说，菲律宾和美国是位于不同洲的距离较远的两个国家，在文化方面有巨大的差异，而法国和美国距离较近，文化方面的差异较小。如果文化或语言对人格特质结构的影响较大，那么菲律宾人的人格结构将会与美国人的人格结构有较大的差异，而法国人的人格结构将会与美国人的人格结构接近。

15.2 理论假设

麦克雷和科斯塔等提出的假设是，大五人格因素模型具有跨文化的普遍性，5个因素在菲律宾和法国被试中都能得到验证，从而可以证明5个因素代表的是人类机能的基本倾向。

15.3 研究方法与结果

15.3.1 NEO-PI-R的菲律宾语翻译版本及其测试结果

菲律宾语属于马来-波利尼西亚语系（Malayo-Polynesian）或南岛语系（Austronesian family），是菲律宾指定的官方语言之一，也是菲律宾近1/3人口的母语。虽然菲律宾语从英语中借用了一些词汇，但还是与英语保持了相当的距离，因此不可能对NEO-PI-R进行词对词的直接翻译。在这个菲律宾语翻译版本中，NEO-PI-R的项目中有4个项目不适合菲律宾文化，所以用符合菲律宾文化且不改变要测量的特质内涵的项目替代。

麦克雷和科斯塔等从菲律宾的两所大学招募了696名15～32岁的大学生进行了测试，其中665名大学生的年龄为17～25岁。

麦克雷和科斯塔等按照常规的统计方法进行正交旋转，发现所有5个因素都可以识别，其中神经质（N）、开放性（O）和责任心（C）因素清晰地被复制在了美国样本中所发现的结构中，但外倾性（E）和宜人性（A）两个因素则不太清晰，但形成了标为E/L和A/S的两个因素。根据用来界定这两个因素的具体项目，E/L因素可以被解释为外倾性/爱，而A/S因素可以被解释为宜人性/顺从性。

以上结果似乎意味着人格的因素结构在不同文化之间有显著差异，但正交旋转方法一般是用来优化简单结构的，用来分析像外倾性（E）和宜人性（A）这种表现出圆环顺序的变量并不一定合适。因此，麦克雷和科斯塔等又用正交普氏旋转分析把因素进行旋转，以最大限度地发现所要重复的结构。这是一种验证性因素分析，旋转是在理论的指导下进行的。用这种方法对来自菲律宾的测量数据进行分析，结果发现，所有 5 个因素都得到完美呈现。这表明，菲律宾的人格结构与标准的五因素模型是完全匹配的。

15.3.2 NEO-PI-R 的法语翻译版本及测试结果

科斯塔和麦克雷对 NEO-PI-R 的法语翻译版本进行了少量修改后，对 447 名大学生进行了测试。进行正交旋转后，他们发现因素结构与在美国成人被试中得到的结果非常相似。来自法国被试的数据所得出的因素结构与来自菲律宾被试的数据所得出的因素结构高度一致。正交普氏旋转后，法国和美国的因素结构依然非常一致，所有变量的一致性都显著。最后，通过正交普氏旋转，使法国和菲律宾因素结构与美国标准结构保持一致，结果发现所有的 30 个变量的一致性都是显著的。从因素的数量和性质来看，美国成人、法国和菲律宾的学生样本的因素结构都是完全一致的。

另外，还有研究者把 NEO-PI-R 翻译成西班牙语、葡萄牙语、意大利语、荷兰语、德语、克罗地亚语、俄语、希伯来语、日语、韩语、汉语，都比较重现 NEO-PI-R 的因素结构。五因素模型作为一种人类的普遍特征，似乎已经得到了反复验证，并且未被证伪。

15.4 讨　　论

就像本章开头提到的《纽伦堡纪事》一样，我们往往理所当然地认为，那些与我们不在同一文化中的人与自己的差别很大，对他们的了解也极为困难。如果通过严格控制的研究，真的无法在非西方文化中发现在西方文化中普遍存在的 5 个人格因素，那将证明人格的特质结构是文化通过某种机制建构的结果。如果在其他文化中发现了其他因素，则需要在这种新的文化中解释该因素的意义，并重新在每一种文化中探讨文化与人格特质结构之间的关系，在应用这些理论的时候也会遇到极大困难。尽管这样的发现是有意义的，但也会给心理学家探讨人格结构带来很大的困难。

幸运的是，麦克雷和科斯塔等在本章所介绍的研究中把 NEO 人格量表翻译成当地语言在法国和菲律宾进行了测验，结果发现，在法国和菲律宾都出现了与美国相似的“大五”因素结构。在菲律宾进行的另外一项研究也发现了一些普遍性的规律：①“大五”的每个领域在菲律宾调查量表中都有体现；②没有发现任何不能被“大五”维度包容的本土维度；③在菲律宾背景下，看上去非常明显的维度，在具体表现方面存在跨文化差异。这说明，不但在不同语言中，而且在来自完全不同语系的语言中的人格特质结构都是一致的，“五因素模型”的确具有很大程度的跨文化一致性。尽管我们发现同样的因素结构只是跨文化验证的第一步，但也是重要的一步，下一步的研究就可以考察5个因素在不同文化中的具体表现，以及在各种文化中考察这些因素与其他心理品质的关系。

人格因素结构的普遍性的重要价值在于，根据在一种文化中的发现，可以在其他文化中合理地提出很多假设并进行验证。例如，人格因素结构的普遍性使我们怀疑，人格的发展也具有跨文化一致性，已经有一些研究证明了这一点。例如，有研究发现，美国人从青少年到中年期，神经质、外倾性、经验的开放性的平均水平系统性地下降，而宜人性和责任心的平均水平则系统性地上升，其他国家也表现出类似的模式。还有一个问题，即人格的因素与其他心理特征的关系是否具有跨文化的一致性呢？例如，有研究发现，在美国和西班牙都发现了责任心因素能预测工作表现，那么在其他文化中是不是也可以进行这样的预测呢？另外，荷兰有研究发现神经质水平与心理健康水平呈负相关，那么在其他文化中是否也具有这样的相关呢？既然麦克雷和科斯塔等发现人格的因素结构是普遍的，那么做出这样的预测至少是合理的，得到验证的可能性也很大。

需要注意的是，即使一种人格特质在每种不同文化中都出现了，但其内涵也可能是不同的。例如，有研究发现，中国的学生更喜欢尊敬和依赖那些责任心因素得分高的人，而澳大利亚人更尊敬和依赖外倾性得分高的人。因此，对于在西方社会进行的研究所发现的人格特质与某些变量之间的关系，还需要在其他文化中进行验证。

人类的行为固然纷繁复杂，但人格结构的普遍性却为我们理解人类行为提供了一把钥匙。人类在特定历史时期和特定文化中形成了某种行为模式，不同的社会文化也鼓励和支持不同的行为，但这些行为总是在人格五因素中的某一因素的某个水平上。因此，可以说似乎人类本性对行为的影响比想象的要大。来自行为遗传学和分子生物学的研究越来越清晰地显示，人格特质具有明显的生物学基础，这种基础是我们人类作为一个物种所共同具有的东西。当然，五因素模型的生物学基础是否意味着文化对人格就没有影响了呢？一个群体在人格特质上的平均水平会受到文化的影响，这是因为人格特质在各种具体的心理层面，如思维、情感、行为等方面的具体表达，会受到文化的影响。

15.5　该研究在跨文化心理学中的重要性及长期影响

理解人类人格有多种理论取向，20 世纪 30 年代以前，主要是精神分析取向，但在后来，特质理论逐渐占据了核心地位。在那之后，尽管人格的行为主义理论、认知理论、生物学理论、人本主义理论等都曾在一定范围内产生过影响，但特质流派依然是最重要的人格理论。在人格理论中，五因素模型是最受信任的一种理论。如果这 5 个因素在不同文化中都能得到验证，无疑将对理解人类行为的普遍规律有所帮助。

麦克雷和科斯塔等把 NEO-PI-R 翻译成菲律宾语和法语，在菲律宾和法国进行了验证，发现说两种语言的人中具有与西方社会完全相同的人格结构，这大大促进了我们对不同文化中人格结构的理解。他们的研究后来又得到了进一步的验证。在一篇综述中，索西耶和戈德伯格（Saucier & Goldberg，2001）总结了在英语和 12 种其他语言中进行研究的结果。在这些研究中，形成最初材料的是当地人格词语，这些词语主要是从词典中收集的。在绝大多数研究中，所有“大五”因素都得到了较好的重复。用其他语言进行的研究，例如，东欧语和朝鲜语，支持证据不太可靠，但如果不采用严格的相似标准，并假定有 3 个而不是 5 个因素，那么一致性会更好。

麦克雷和科斯塔等的这项研究发表后，得到了较多关注。截至 2019 年，用谷歌学术搜索可以查到 400 多条引用记录。后来，在引用麦克雷和科斯塔等研究的文献中，大多数研究者都承认或默认了该项研究的可靠性，并作为自己研究的基础。其最大的贡献是，更多的研究者因为这项研究而相信，即使在部分文化中得不到同样的因素结构，但多数文化中的人格因素结构同西方社会是类似的。也正是因为因素结构得到了跨文化验证，才使更多研究者信任五因素模型，并在各种不同的条件下使用，考察 5 个因素与各种心理特征之间的关系。

尽管大量研究表明普遍存在 5 个因素，但并不等于五因素模型就是对人的人格结构的完美描述。当然，五因素结构在有些研究中没有得到重复验证，这可能是因为一些特殊的文化因素的影响，但同时也有一些个体差异还不能用大五因素模型所假定的 5 个因素来解释，这说明在 5 因素之外，也许还有一些其他因素。例如，有些研究者发现了本土的人格因素，这些因素与五因素模型中的因素仅有少量重叠。在某种程度上而言，超越文化的五因素模型与 5 个因素之外的本土人格因素之间到底是什么关系，还需要心理学家进一步探索。

参 考 文 献

Jr Costa，P. T.，& McCrae，R. R.（1980）. Still stable after all these years：Personality as a key to some issues in adulthood and old age. In P. B. Baltes & O. G. Jr Brim（Eds.），*Life Span Development and Behavior*（Vol. 3，pp. 65-102）. New York：Academic Press.

Jr Costa，P. T.，& McCrae，R. R.（1985）. *The NEO Personality Inventory Manual.* Odessa：Psychological Assessment Resources.

Jr Costa，P. T.，& McCrae，R. R.（1992）. *Revised NEO Personality Inventory（NEO-PI-R）and NEO Five-Factor Inventory（NEO-FFI）：Professional Manual.* Odessa：Psychological Assessment Resources.

McCrae，R. R.，Costa，P. T.，Jr del Pilar，G. H.，Rolland，J. P.，& Parker，W. D.（1998）. Cross-cultural assessment of the five-factor model：The Revised NEO Personality Inventory. *Journal of Cross-Cultural Psychology，29*（1），171-188.

Norman，W. T.（1963）. Toward an adequate taxonomy of personality attributes：Replicated factor structure in peer nomination personality ratings. *The Journal of Abnormal and Social Psychology，66*（6），574-583.

Saucier，G.，& Goldberg，L. R.（2001）. Lexical studies of indigenous personality factors：Premises，products，and prospects. *Journal of Personality，69*，847-879.

Tupes，E. C.，& Christal，R. E.（1961）. Recurrent personality factors based on trait ratings. *Journal of Personality*，*60*（2），225-251.

社 会 心 理

16 集体主义社会的社会懈怠

本章评述的是克里斯托弗·厄利于 1989 年发表于《行政科学季刊》(*Administrative Science Quarterly*)的研究报告《社会懈怠与集体主义：对美国与中国的比较》(Social loafing and collectivism: A comparison of the United States and the People's Republic of China)[①]。

克里斯托弗·厄利
(P. Christopher Earley)

美国心理学家，于 1980 年在诺克斯学院获得学士学位，1981 年和 1984 年分别在伊利诺伊大学厄巴纳-香槟分校获得硕士学位和博士学位。曾在亚利桑那大学、明尼苏达大学、加利福尼亚大学欧文分校、普渡大学等任职，主要从事组织行为与文化的关系的相关心理学研究。本章所介绍的文章于 1989 年发表时，厄利在明尼苏达大学工作。

① Earley, P. C. (1989). Social loafing and collectivism: A comparison of the United States and the People's Republic of China. *Administrative Science Quarterly*, *34* (4), 565-581.

16.1 背景介绍

16.1.1 社会懈怠效应

美国经济学家和社会学家曼瑟尔·奥尔森（Mancur Olson）在1965年出版了一本书——《集体行动的逻辑——公共物品与集团理论》，产生了广泛影响。在这本书中，他提出了“搭便车”问题（free rider problem），这是一种发生在公共财产上的问题，是指一些人需要某种公共财产，但事先宣称自己并不需要，也不会付出代价去争取，但在别人付出代价取得后，他们就不劳而获地享受成果。这反映了一种可能相当普遍的问题，即当一个人处在集体中时，往往会利用集体提供的便利而不付出任何代价。中国也有“一个和尚挑水喝，两个和尚抬水喝，三个和尚没水喝”的故事，反映了集体工作中的特有心理现象。

马克西米利安·林格曼（Maximilien Ringelman）是法国国立农业学院（National School of Agriculture）的农业工程和农艺学教授，他兴趣广泛，曾对农业工程和农艺学做出了较大贡献。1882—1887年，他断断续续进行了一些有趣的实验，实验结果直到1913年才发表出来。这些实验大同小异，其中的一个版本是在实验中要求学生尽力拉绳子，并测量拉力。这些学生被试有时是自己一个人独自拉绳，有时是3个人一组拉绳，有时是8个人一组拉绳。结果发现，个人独自拉绳的平均拉力为63千克；3人一组拉绳的总拉力为160千克，人均约为53千克；8人一组拉绳的总拉力为248千克，人均只有31千克，仅约等于单人拉绳时拉力的一半。这个实验的设计虽然不完美，但这个有趣的结果很容易让人联想到，当很多人一起工作的时候，也许并非会取得我们平时所说的“人多力量大”的效果。

当有别人跟我们一起的时候，我们的效率到底是会提高还是降低呢？曾经有很多研究者观察到，不论是人还是动物，当有其他同类在场时，工作或任务的效率就会提高，即使这个同类实际上只是作为一个被动的观众或共事者存在，他既没有竞争性，也不会实施奖励或惩罚，这种现象就是社会助长（social facilitation）。也有研究者观察到，有同类在场的话，有时也会导致工作效率下降。后来，扎荣茨和萨莱斯（Zajonc & Sales，1966）发现，这是因为其他同类在场会导致个体产生唤起，从而增强优势反应，即导致简单的任务变得更加简单，从而使困难的任务变得更加困难。

著名的社会助长效应其实是其他同类在场但不合作的时候才出现的。如果人们在工作或活动中与他人合作，与独自工作相比，每个人的动机、努力程度和工作绩效却都下降了，这就是社会懈怠（social loafing）。上述林格曼的拉绳实验中出现的就是社会懈怠效应。在典型的社会懈怠实验中，要求被试进行一项任务，或者是自己单独进行，或者是被试跟别人一起进行（在严格控制的实验中，研究者会想办法让被试以为自己跟别人一起进行任务，但实际上被试只是一个人），结果发现，被试（以为）所在群体的规模越大，平均成绩就会越差。后来，又有大量研究证实了这种现象。已经被证明能够产生社会懈怠效应的任务包括声音产生、拉绳、头脑风暴、判断任务等，在这些任务中，小组成绩通常低于单个小组成员的累加成绩。实验中的所有人都同意发生了懈怠，但没有一个人承认是自己制造了懈怠。

研究者认为，出现社会懈怠效应的原因可能有以下三个。

第一，减少对社会评价的顾忌。在群体情况下，工作绩效的测量结果是整个群体的工作成绩，个体的工作和努力无法测量，他被评价的意识就必然会减弱，就会受到“搭便车”的诱惑，为工作所付出的努力也就减弱了。因此，如果被试知道自己的任务是可以单独评价的，就不会出现社会懈怠。对于其产生原因，也存在争议，例如，有研究（Weldon & Mustari，1988）发现，匿名并不总是使人懈怠，如果匿名者觉得自己对团体的成绩不可或缺，他们就会表现良好。

第二，社会认知偏差。社会懈怠还受个人对他人行为期望的影响，也就是说，个体可能会认为群体内的其他成员的行为会确保集体利益的实现，自己的努力是可有可无的，或者预期其他成员会出现懈怠，所以自己也就开始偷懒，从而使努力程度下降。

第三，社会作用力。在群体作业的情况下，每一个成员都是整个群体中的一员，与其他成员一起接受外来的压力去努力工作，但当群体成员增多时，每一个成员所接受的外来压力就会被分散，这时个体的责任感分散了，个体所付出的努力就降低了。

16.1.2 社会懈怠效应的跨文化研究

社会懈怠效应被认为在西方社会普遍存在，是不是意味着在其他国家和地区也会普遍存在呢？社会中的相互作用过程受社会规范的影响很大，而社会规范在不同文化中并不相同。社会懈怠涉及个人和集体的关系，而不同文化中个人和集体的关系并不一致，因此一个合理的推测是，也许个人主义社会和集体主义社会的个体在社会懈怠方面的表现有所不同。

加布里尼亚等（Gabrenya et al.，1983）以来自中国台湾的学生为被试，要求他们在各种条件下通过拍手或叫喊制造声音，结果发现，台湾学生所表现出的社会懈怠跟美国的这一现象类似。不过他们后来的一项研究（Gabrenya et al.，1985）认为，以前的研究之所以没有出现预期的结果，可能与任务有关。如果被试认为集体所进行的任务的结果不会得到评价，则会出现社会懈怠效应，如果认为其会得到评价，则会出现其他结果。在新的研究中，他们以中国台湾和美国6～9年级的学生为被试，进行听觉跟踪任务。结果发现，美国的学生出现了社会懈怠现象，而中国台湾的学生出现了相反的模式，即社会助长效应，也就是说，当被试两两组对进行任务时，他们的成绩反而更好。加布里尼亚等认为，这一研究结果说明，社会懈怠现象并不是一种跨文化的普遍现象，在不同的文化中，社会懈怠的表现会有一定的差别。研究中之所以会出现差别，是因为两种文化中人们所持的价值观分别是集体主义价值观和个人主义价值观，因而看待个人努力和其他人努力的方式会有不同。在中国这样的集体主义文化中，人们作为群体成员进行活动时非常重视群体得到的评价，因而不但不会懈怠，反而会更加努力地工作。

以往关于社会懈怠的研究所使用的任务往往与现实的集体任务有所不同，所以其研究结果能否被运用到现实生活中，尚有疑问。亚利桑那大学的厄利对集体主义的中国和个人主义的美国的成人被试进行了研究，并于1989年发表了《社会懈怠与集体主义：对美国与中国的比较》一文。与以往研究中的小组是临时小组不同，他在研究中使用的样本由参加培训计划的人员组成，这些小组成员彼此比较熟悉。这表明社会懈怠并非一种普遍的社会心理现象，而是与社会文化有密切的联系。本章所介绍的就是厄利的这项研究。

厄利认为，个人主义文化中的个体为自己的成就感到自豪并从中获得满足感，而集体主义文化中的个体则从团队成就中获得快乐和满足。个人主义-集体主义还在某种程度上决定了个人所感受到的不必要性（dispensability）和对他人行为的期望。集体主义者强调实现群体结果，个人利益要服从群体利益以确保实现群体成果。每个群体成员都认识到个人对集体的成功负有责任，并愿意为群体做贡献，而不会担心其他团体成员会推卸责任，而个人主义者的动机是自身利益和个人目标的实现。如果个人主义者对集体的贡献不被注意，他将依靠他人的努力获得集体利益，从而追求个人利益的最大化。中国是典型的集体主义文化，群体成员非常重视集体的成就及个人对集体成就的贡献，其个人利益会服从于集体利益，因此，也许在与其他人合作工作时，中国人的社会懈怠会表现出不同的模式。

16.2 理论假设

厄利假设，文化会对社会懈怠产生调节作用。个人主义文化中会出现以往研究所出现的社会懈怠，因为社会懈怠能使个人利益最大化。但集体主义社会中应该不会出现社会懈怠，因为个人的动机是内群体目标而非自身的利益。集体主义者将努力追求群体的利益，无论他人是否会觉察到他们的投入，他们将自己的行为视为团队实现目标至关重要的组成部分。因此，厄利假设，关于个人主义-集体主义的文化信仰会调节共同责任和问责对个人表现的交互作用，使得只有具有高度个人主义信念的个体才会产生社会懈怠，而具有高度集体主义信念的个体则不会。厄利在高度个人主义的美国和高度集体主义的中国进行了此项研究，以验证该假设。

16.3 研究方法与结果

16.3.1 研究方法

16.3.1.1 被试

厄利在美国和中国各招募了 48 名制造业和服务业的入门级管理职位受训人员参加了实验，并根据年龄、工作任期、受教育水平、性别、工作职责和职业抱负等对两国样本进行了匹配。两国样本的被试都在参与各自的计划，已与同小组中的其他成员相识。

16.3.1.2 研究设计与程序

被试的实验任务是可以加成、部分联合的任务，高共同责任条件下的小组目标必须由小组共同实现。所有被试独立完成任务，把每个人的成绩相加。实验任务是公文筐模拟任务，与被试正在进行的培训计划有关，而且与两国的管理人员的日常工作也是基本对应的。这些任务由 40 项单独的项目组成，例如，撰写备忘录、对客户面谈进行优先排序、填写请购单（requisitionform）等。

每个项目花费的时间大致相同，约为 2～5 分钟。经过试测，发现两组被试的绩效没有差异，对两组被试来说，任务难度相当，要求所有被试按相同的项目顺序进行工作。被试完成每个项目后，要把材料放到盒子里，由助手协助让盒子在被试之间传递，这样能保证助手无法准确评估每个被试对工作的具体贡献。以被试在 60 分钟内完成的项目数作为任务成绩。

研究设计为 2（国家）×2（问责）×2（共同责任）的三因素实验设计。第一个因素是受训者的国家，包括美国和中国两种条件；第二个因素为问责水平，包括低问责水平和高问责水平；第三个因素为共同责任，包括个人责任条件和团体责任条件。厄利把两个国家的被试分别随机分配到 4 种实验条件中，每一种实验条件都单独进行。通过指导语将公文筐任务描述为管理者的正常工作活动的模拟，要求被试尽力而为，在 60 分钟内完成至少 20 项任务，且不要跳过任何项目，要持续努力工作直到时间被用完。完成一个项目后，指示被试将其放入由助手传递的盒子中。

问责水平因素的操纵方法是：在高问责条件下，要求受训人员在他们完成的每个项目上贴上姓名和地址标签，告诉他们稍后可能会与他们联系并要求其讨论并证明自己对各个项目的回答；而在低问责条件下，未要求被试在完成的项目上贴上其姓名和地址标签。

共同责任因素的操纵方法是：在高共同责任条件下，给团体增加额外的小组绩效目标，也就是要求整个小组在一小时内至少完成 200 个项目，且只考虑小组所有成员完成的项目总数，不考虑每个成员的绩效。在低共同责任条件下，不提及小组目标，但告诉每名被试他们要在 60 分钟内至少完成 20 个项目，而且由于他们是自己一个人工作，因此只有他们自己的表现能决定其是否完成了目标。

16.3.1.3 因素核查

在完成任务后，受训人员完成了一系列简短的问卷调查，核查 2 个实验操作是否有效，以及两组被试的集体主义信念是否有差异。

第一，问责操作。通过两种方法核查问责操作的有效性。一是要求被试用五点量表对“研究者要指出你完成的工作内容的难度有多大？”这个问题进行评估，其中 1 代表“非常容易”，5 代表“非常困难”。分析结果显示，高、低问责条件下的结果有显著差异。二是实验者问被试其认为以后研究者是否能联系到他们以确认他们的回答，结果发现，高问责条件下的被试都回答“是”，而低问责条件下的被试都回答“否”。这表明，问责条件的操纵是成功的。

第二，共同责任水平操作。要求被试用“没有”或“许多其他人”来回答“有多少受训人员对实现您的绩效目标负责？”这一问题，结果发现，高共同责任条件下的被试更可能说他们与许多其他人一起实现绩效目标，表明共同责任因素的操作是有效的。

第三，集体主义信念。根据埃雷兹和厄利（Erez & Earley，1987）改编的4个调查项目测量集体主义：①与团队合作比单独工作要好；②一个人应该尽可能地独立于其他人生活（反向计分）；③个人对工作团队的成败负有责任；④每个人都对公司的成果负有责任。用五点量表计分，1分表示“强烈不同意”，5分表示“强烈同意”。对测试得分进行2（国家）×2（问责）×2（共同责任）的三因素方差分析，发现中国被试的集体主义得分显著高于美国被试，但在其他因素上没有差异，这表明两个国家被试的集体主义信念的确有差异。

16.3.2　研究结果

厄利发现，高度个人主义的样本在较低共同责任条件下的成绩好于较高共同责任条件下的成绩，其中在高共同责任且低问责条件下的表现最差。这说明，个人主义者在集体环境中的表现不如他们独自工作时的表现，出现了社会懈怠。此外，随着对行为问责水平的提高，这种社会懈怠效应减少了。然而，高度集体主义的样本在较高共同责任条件下比在较低共同责任条件下表现更好，不管问责水平如何，集体主义者都不会出现社会懈怠。这说明高度集体主义的样本在集体中的表现似乎比独自工作要好，他们没有出现社会懈怠。

另外，厄利在每个国家内对不同集体主义水平的被试进行了比较，结果发现，虽然美国人总体上社会懈怠水平较高，但集体主义水平较高的美国人的社会懈怠水平较低。同时，虽然中国人总体上社会懈怠水平较低，但集体主义水平较低的中国人的社会懈怠水平较高。

16.4　讨　　论

生活中很多重要任务只能由工作小组集体完成，需要小组成员做出个人贡献，通过努力共同完成同一产品。集体工作环境如此普遍且不可或缺，因此需要确定在这些集体环境中哪些因素会影响个人的表现。虽然直觉告诉我们与他人合作能激发个人发挥能力并努力工作，但对社会懈怠的研究表明，个人在集体任务上比在个人任务上的投入少。厄利的这项研究主要考察了文化对社会懈怠的影响，研究结果为假设提供了比较一致的支持，西方研究中普遍存在的社会懈怠似乎并非在所有文化背景下都会发生。

为什么传统的社会懈怠效应会在美国这样的个人主义文化中发生，却不在中国这样的集体主义文化中发生呢？厄利认为，这可能与个人主义者和集体主义者的动机有关。作为个人主义者的美国人强调的是个人成就和以个人成就为基础而获得的回报。他们期望集体根据个人的贡献进行奖励，否则为实现集体利益所做的贡献与个人的利益动机就是不一致的。如果对集体做出的贡献不为人知，个体也就不必担心懈怠会受到惩罚，他们也就没有动机去为集体做出贡献了。结果，个人主义者会把努力从实现公共利益方面转移到最大限度地提高个人利益。这种动机及行为模式在人类行为中非常普遍，美国大多数与动机、工作设计、领导能力和绩效评估模型有关的管理理论都是以自我利益动机的假设为基础的。然而，这种动机及行为模式不一定普遍存在于各种文化中。

厄利根据这项研究的结果提出，作为集体主义者的中国人的动机倾向使他们将团体目标和集体行动置于自身利益之前，这种社会动机增强了追求团体目标以使团体受益的渴望。集体主义者把自己的个人行为看作对群体福祉的重要贡献，同时他们从小组取得的成果中获得满足感和成就感。另外，作为集体主义者的小组成员对他人抱有积极的期望，他们认为其他团体成员将为小组的成绩做出贡献，作为回报，他们自己也会这样做。

厄利的这项研究并不认为个人主义社会注定会表现出懈怠，集体主义社会则不会出现懈怠，而是认为每种社会都可能会出现懈怠，只是不同文化中出现懈怠的条件有所不同。问题的关键在于，工作安排是否符合其价值观，而价值观在不同文化中是有差异的。对于个人主义社会中的集体工作，如果承担的是共同责任，或者无法问责，或者既承担共同责任又无法问责，则必然会出现懈怠；如果承担的是个人责任，或者虽然承担共同责任，但每个人的绩效可以单独评估，则不会出现懈怠。然而，对于集体主义社会中的集体工作，如果承担的是共同责任，则不会出现懈怠。

厄利认为，对于多元文化组织中的管理工作，如果能考虑到社会懈怠的表现形式及出现条件在不同文化中的差异，则有可能避免工作效率的下降。在集体主义文化中工作的个人主义外籍管理人员可能会强调个人收获，而轻视小组活动，但根据厄利的这项研究，这种方法不会优化员工绩效，相反，强调共同责任才有利于提高绩效。同样，适用于集体主义文化的强调集体利益的管理技术，在个人主义文化中同样也是不适用的。

16.5 该研究在跨文化心理学中的重要性及长期影响

社会懈怠是一种重要的社会心理现象，对于理解集体工作环境下人们的互动方式具有重要意义。在西方个人主义价值观的背景下，人们追求个人利益的最大化，因而在无法体现个人贡献并因此获得利益的集体工作中，就容易出现社会懈怠，这一现象已经在西方社会得到了普遍验证。然而，在不同于西方的集体主义社会中，是否会出现类似的效应呢？这是跨文化心理学的重要研究课题。

厄利的研究证明了在集体主义的中国，社会懈怠表现出了不同的模式。这项研究的重要意义在于，在更加接近真实工作的环境中，那些更加重视集体利益以及重视个人与集体之间联系的个体不会出现社会懈怠。这一研究并未否定社会懈怠在实践中的存在，也并未从理论上证明社会懈怠是非理性的，而是更进一步证明了价值观和个体行为之间的关系，从而使我们在更深层的机制和更普遍的意义上理解了环境与个体行为的关系，这也是跨文化心理学的追求之一。

厄利的研究成果发表后，受到广泛重视。截至 2019 年，用谷歌学术搜索可以查到 1200 多条引用该研究的文献。除了作为社会心理学、跨文化心理学、管理心理学、组织行为学等领域的教科书和著作的基础文献外，很多实证研究也以该研究为基础进行了研究。在这些文献中，绝大多数研究都认可了厄利的观点，并有大量研究以此为基础考察组织管理工作中的工作效率问题，试图在社会懈怠与文化价值观、共同责任、问责水平之间关系的基础上，在不同的任务环境中设计更加合理的管理机制。下面试举两例。

维克森林大学的弗林和萨拉丁（Flynn & Saladin，2006）对波多里奇国家质量奖（Baldrige National Quality Award，BNQA）这种广受赞誉的奖励体系的跨文化适用性进行了分析。他们发现，民族文化在波多里奇国家质量奖的有效性中起着重要作用，文中引用了厄利的观点，即在个人主义社会和集体主义社会中的社会懈怠效应表现出差异。其通过进一步研究发现，这种效应会影响奖励体系的有效性，是文化影响奖励体系跨文化适用性的重要机制，这对各国制定针对其本国文化的奖项和质量奖励机制具有重要参考价值。

南加利福尼亚大学的保罗·阿德勒和克拉拉·陈（Adler & Chen，2011）针对管理控制系统（management control system，MCS）所受到的质疑，在因果关系感知轨迹理论和自我解释理论的基础上，开发出一个综合模型，这个模型总结了 15 个命题。阿德勒和陈认为，在大型协作创造活动（large-scale collaborative creativity，LSCC）中，个人既要展示创造力，又要接受协调其个人与他人创造活动的正式控制，承受了双重挑战，这就需要个体一方面同时激活个人内在的动机和确定的（结果导向的）动机形式，另一方面又要同时进行独立的自我解释和相互依存的自我解释，二者可以同时实现。这是无法用以往的动机理论解释的，而厄利所发现的集体主义社会中并不一定出现社会懈怠的结果，则契合了这一理论，并对阿德勒和陈所开发的这一综合模型有重要启示。

回到本章开头的“搭便车”问题，其实这种现象具有一定的普遍性，但根据厄利所发现的不同文化背景中社会懈怠的出现条件，可以设计合理的机制来规避这种影响集体利益的社会问题。

参考文献

Adler, P. S., Chen, C. X.(2011). Combining creativity and control: Understanding individual motivation in large-scale collaborative creativity. *Accounting, Organizations and Society, 36*, 63-85.

Earley, P. C.(1989). Social loafing and collectivism: A comparison of the United States and the People's Republic of China. *Administrative Science Quarterly, 34*(4), 565-581.

Erez, M., & Earley, P. C.(1987). Comparative analysis of goal-setting strategies across cultures. *Journal of Applied Psychology, 72*(4), 658-665.

Flynn, B. B., Saladin, B.(2006). Relevance of Baldrige constructs in an international context: A study of national culture. *Journal of Operations Management, 24*(5), 583-603.

Gabrenya, W. K., Latané, B., & Wang, Y. E.(1983). Social loafing in cross-cultural perspective: Chinese on Taiwan. *Journal of Cross-Cultural Psychology, 14*(3), 368-384.

Gabrenya, W. K., Wang, Y. E., & Latané, B.(1985). Social loafing on an optimizing task: Cross-cultural differences among Chinese and Americans. *Journal of Cross-Cultural Psychology, 16*(2), 223-242.

Weldon, E., & Mustari, E. L.(1988). Felt dispensability in groups of coactors: The effects of shared responsibility and explicit anonymity on cognitive effort. *Organizational Behavior and Human Decision Processes, 41*, 330-351.

Zajonc, R. B., & Sales, S. M.(1966). Social facilitation of dominant and subordinate responses. *Journal of Experimental Social Psychology, 2*, 160-168.

17 集体主义与个人主义社会的从众

本章评述的是金姬廷和马库斯于 1999 年发表于《人格与社会心理学杂志》（*Journal of Personality and Social Psychology*）的研究报告《偏离还是独特性，和谐还是从众？一项文化分析》（Deviance or uniqueness，harmony or conformity? A cultural analysis）[①]。

金姬廷（Heejung Kim）

美国加利福尼亚大学圣巴巴拉分校心理学与脑科学系教授，在南加利福尼亚大学获得学士学位，于 2001 年在斯坦福大学获得博士学位。主要研究文化心理学，特别是文化影响人的社会心理过程的机制问题。本章介绍的文章于 1999 年发表时，金姬廷在斯坦福大学攻读博士学位。

① Kim，H.，& Markus，H. R.（1999）. Deviance or uniqueness，harmony or conformity? A cultural analysis. *Journal of Personality and Social Psychology*，77（4），785-800.

17.1 背景介绍

17.1.1 从众研究

1957年，美国上映了一部由亨利·方达（Henry Fonda）担任制片并主演的电影《十二怒汉》（*12 Angry Men*）。影片讲述了一个在贫民窟中长大的男孩被指控谋杀生父，在案件结案前，担任此案陪审团的12个人要在陪审团休息室讨论男孩是否有罪，而讨论结果必须一致通过才能正式结案。似乎一切证据都显示男孩有罪，除了亨利·方达扮演的8号陪审员之外，其余的人都对这个案子不屑一顾，他们在还未进行讨论之前就早早认定男孩就是杀人凶手。由于8号陪审员坚持认为男孩无罪，第一次的表决结果是11∶1，认为男孩有罪，但由于不是一致通过，无法作为结论被法庭采纳。在8号陪审员的坚持和说服下，赞成无罪的氛围开始在其他11个陪审员之间扩散，最终所有陪审员都负责任地给出了无罪的意见。在这部柏林国际电影节金熊奖获奖电影所展现出的理性、正义感和人性光辉带给观众深深的震撼之外，电影中8号陪审员在重重压力下坚持自己的独立性，并最终说服其他人也赞成男孩无罪，从而捍卫了法律的严肃性，同样令人印象深刻。

在某些场合，当一个人的意见或行为与他人不同的时候，坚持自己的独立性可能是正确的。但是，与他人保持一致，就一定是错的吗？其实，多数人的意见有时固然是错的，但也有很多时候是正确的。实际上，正是因为我们多数时候与他人保持了一致，才使社会规范得到了维护。我们生活在一个有着各种规则的社会中，这些规则包含一些期望，告诉我们从社会角度看哪些态度和行为是适当的，这些期望就是社会规范。生活在群体中的人总是会在某种程度上采纳多数人的意见，服从社会期望，遵从社会规范，这就是从众。本章就介绍金姬廷和马库斯关于从众与独立性的跨文化研究。

20世纪30年代，美国社会心理学家穆扎弗·谢里夫（Muzafer Sherif）进行了著名的光点实验（Sherif，1936），揭示了从众行为是如何发生的以及群体规范是如何形成的。在实验中，一组被试被关在一间完全黑暗的房间里，墙上投射出一个光点，要求被试判断光点移动的距离。实际上，光点是静止的，但由于缺少参照而看上去像是在运动。刚开始，被试的判断五花八门。接下来，谢里夫把被试召集在一起，让每个人大声说出自己的判断，并允许被试进行再次判断。经过几次这样的实验后，被试对光点移动方向和距离的判断越来越接近。谢里夫的实验表明，人之所以会出现从众，其实并非简单地盲从，而是与缺乏必要的信息有关。在没有其他参照信息时，处在群体中的个人就把别人的观点当成了参照，于是众人的观点会逐渐趋同，群体规范或者主流意见就产生了。

1951 年，美国社会心理学家所罗门·阿希（Solomon Asch）进行了一个著名的三垂线实验（Asch，1952）。他以一群大学生为被试，将每 7 名被试组成一个小组，要求被试比较第一张卡片上的标准线段 X 与第二张卡片上的线段 a、b、c 中的哪一条等长。在这个小群体中，除了被安排坐在最后一名并最后回答问题的那个人是不知情的真正被试外，前面的 6 名被试其实都是事先安排好的实验助手。所有实验助手都根据事先安排故意给出一致但明显错误的回答，观察最后一名真正的被试是否会附和大家的答案。结果表明，全部答案中从众答案的比例平均高达 35%以上。很多时候被试明知只有自己是对的，但还是给出了与其他人一致但明显错误的答案。

类似这样的从众研究有很多，大多证明了人在群体的压力下会做出从众行为。但这些在西方社会所进行的研究或多或少传递出一种观念，即从众就等于放弃了自己的独特性，遵从了多数人的错误立场。这种观念是与西方社会个人主义的价值观一致的。所以，实际上，美国人遵循了一种规范，这种规范就是“不遵循规范”。然而，在其他文化中，从众也会被认为是好的行为，因为多数人的立场在很多时候的确是对的，或者在无所谓对错的情境中，从众能带来和谐、一致等被某些文化所珍视的价值观。

17.1.2 东西方文化中的从众与独立性

在既有规范的条件下，遵守规范或拒绝遵守规范并不必然就是好的或是不好的，而是由文化背景决定的。虽然拒绝遵守规范在美国被视为追求独特性，是好的，但在其他文化中也可能具有不同的意义。

例如，有这样一个例子，如果有人在美国费城的一家星巴克咖啡店点了一杯含脱脂牛奶的脱咖啡因卡布奇诺咖啡，他可能为此深感满意，因为尽管这是一种不同寻常的偏好，但咖啡店满足了他的要求，服务员送来咖啡时也没有评论或提出质疑。在美国文化中，这种独特性令人惬意。但是，如果有人在韩国首尔的一家咖啡店也点了一份含脱脂牛奶的脱咖啡因卡布奇诺咖啡，他会觉得只有自己有这种不太寻常的偏好，其他人会觉得他是一个与群体格格不入的人，服务员也可能会对这种要求感到恼火。最终，服务员会告诉他咖啡店无法单独为他做出这种怪异的饮料，从而使他自惭形秽。在美国，适合自己并与他人的口味不同的口味被认为是好的，而在韩国，标准、正常和传统的口味才被认为是好的。

在东亚文化背景下，从哲学、意识形态到构成日常生活的人际交往，都反复强调了整合的价值。在这种情况下，人们被教导要忠于自己的传统，而不必强调与社会背景分离的私人自我。在许多东亚文化背景下，遵循规范是促进群体和谐和遵循集体文化传统的核心文化目标。东亚文化背景下的大多数人能积极、公开地遵守规范，并不因此而感到羞愧或困扰。他们并不把服从规范视为承受社会压力的结果，而是将其视为与他人建立联系的方式，是负责任、成熟的人的责任和道德义务。对于东亚人来说，遵循规范可以证明自己是一个好人，因此，实际上人们遵循的是“遵循规范”的规范。

在美国的个人主义文化背景下，自由和个人的权利是美国最重要的文化价值观。人们认为态度、感觉和行为应由自我决定，而不应受任何外部因素的控制。独特性意味着个性的张扬和自我价值的坚持，而从众则被认为是屈从于集体的压力，违反了核心的文化理想。尽管人们普遍认为建立和遵守规范是维持社会的必要整合机制，尤其是在态度形成和社会化方面应有一定的标准，但美国社会心理学中关于从众以及群体影响的理论通常基于这样的假设：群体行为会损害个人行为。很多时候，美国人把遵守群体规范与放弃自主权、受控制、受摆布联系在一起。在美国，人们经常会听到这样的信息：他们不应该服从，而应该走自己的路。因此，实际上人们遵循的是“不遵循规范”的规范。

17.1.3 从众与独特性的跨文化研究

传统的从众研究主要关注一致、从众的一面，而金姬廷和马库斯的研究同时关注了从众和对独特性的追求在美国和东亚文化中的表现。美国和东亚具有不同的文化规范和价值观，因而需要考察对从众和独特性的追求是如何受到两种文化的影响的。

为了证明东亚的从众倾向不仅仅是面对群体压力时的个人顺从，金姬廷和马库斯于1999年进行研究并发表了《偏离还是独特性，和谐还是从众？一项文化分析》。在该研究中，金姬廷和马库斯专门设计了看似琐碎的任务，在这些任务中，规范并不会对个体产生明显的社会压力，个体对规范的响应也不会立即显现。他们选取了一系列情境活动作为社会活动的样本，以研究关于美国文化背景下的独立性和东亚文化背景下的相互依赖性这类核心文化观念和价值观如何在日常公共信息、社交互动和个人喜好中表达。

在研究一和研究二中，金姬廷和马库斯创建了一组抽象图形，研究美国人和东亚人对独特性和一致性的偏好。在研究三中，其创建了一个社会情境，要求个人必须在两个目标中做出选择，考察两种文化中的个体对独特性和一致性的偏好。在研究四中，其比较了美国和韩国杂志广告中出现的信息，并分析了这些广告中出现的从众和独特性主题。

17.2 理论假设

金姬廷和马库斯预计，与各自文化的价值观和实践相一致，东亚人会表现出对从众的偏好，而美国人会表现出对独特性的偏好。

17.3 研究一

17.3.1 研究假设

金姬廷和马库斯向华裔美国高中生和欧裔美国高中生呈现抽象图形作为实验刺激，每个图形都由若干子图组成，这些子图中有一个或多个与其他子图不同。金姬廷和马库斯测量了被试对这些子图的喜欢程度，以在抽象水平上衡量个人对从众和独特性的偏好。金姬廷和马库斯假设，美国被试将比东亚被试更喜欢独特的图形，这反映了美国人和东亚人从众观念和独特性观念的文化差异。

17.3.2 研究方法

金姬廷和马库斯招募了 52 名欧裔美国高中生和 31 名华裔美国高中生参加实验。实验材料为包含 35 个抽象图形的问卷，每个图形由 9 个子图组成。要求被试按照喜欢程度对每个图形的 9 个子图进行排序，从 1（最喜欢）到 9（最不喜欢）进行评分。问卷中，这 35 个图形被分为两类：第一类图形有 20 个，每个图形包括 8 个相同的子图，另外 1 个子图在形状、方向或位置方面与其余 8 个子图不同，这种子图称为唯一子图[如图 17-1（a）左上角的正方形]。第二类图形有 15 个，每个图形包括 7 个、6 个或 5 个相同的子图，这种子图称为多数子图[图 17-1（b）中的圆形]，另外的 2 个、3 个或 4 个子图与多数子图不同，这种子图称为非唯一子图[图 17-1（b）中的三角形]。

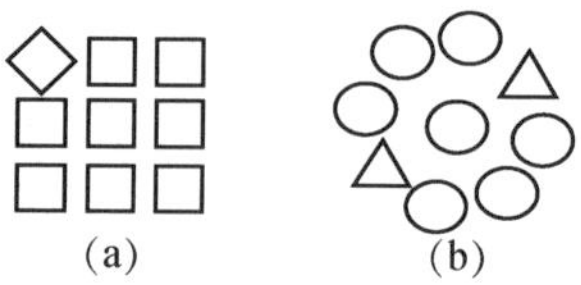

图 17-1　研究一的实验材料

资料来源：Kim，H.，& Markus，H. R.（1999）. Deviance or uniqueness，harmony or conformity? A cultural analysis. *Journal of Personality and Social Psychology*，*77*（4），785-800.

17.3.3　研究结果

金姬廷和马库斯计算了被试对 20 个图形的唯一子图和 15 个非唯一子图的偏好得分平均数。结果发现，欧裔美国人和华裔美国人的偏好出现了差异，主要表现在：与华裔美国人相比，欧裔美国人更喜欢唯一子图，但当一个图形中有多个非唯一子图时，二者的偏好没有差异。欧裔美国人对唯一子图的喜好程度大于中点（5 分），也大于对其他子图的喜好程度，但华裔美国人对唯一子图的喜好程度与中点无异。这说明，对图形的喜好来说，美国人更喜欢独特的图形，而中国人则没有这种偏好。

17.4　研　究　二

17.4.1　研究方法

研究二是在更广泛的东亚人群中对研究一进行重复。来自斯坦福大学的 38 名欧裔美国学生和来自韩国的崇实大学的 38 名韩国学生填写了问卷。该问卷与研究一中的问卷完全一样，只是缩减到 30 个图形，两类图形各半。

17.4.2　研究结果

金姬廷和马库斯假设，欧美被试比韩国被试更喜欢唯一子图，这一假设得到了证实。结果发现，与研究一不同，对于唯一子图和非唯一子图，两国被试的喜欢程度都存在巨大差异，尤其是对唯一子图。欧裔美国被试比韩国被试更喜欢唯一子图，欧裔美国被试也比韩国被试更喜欢非唯一子图，但程度略低。金姬廷和马库斯将喜好得分的平均数与中点进行比较，发现欧裔美国人对唯一子图的喜欢程度大于中点，而韩国人对唯一子图的喜欢程度低于中点。这说明欧洲人和东亚人的偏好判断受其对一致性和独特性的文化观点的影响很大。对美国人来说，唯一子图象征着独特性，而对韩国人来说，唯一子图象征着对和谐的扰乱。尽管未受到明显压力，但被试还是表现出与其文化价值观相符合的偏好模式。

17.5 研 究 三

17.5.1 概述与假设

在研究三中，金姬廷和马库斯设计了一个社会事件，以测试如何通过个体表达偏好的选择行为来体现人们对从众和独特性的偏好。在研究中，金姬廷和马库斯要求被试从 5 支钢笔中任选 1 支，目的是测试一个物体的外观属于多数或是少数时，是否会影响来自美国或东亚文化背景中人们的选择模式。他们假设，美国人将会选择独特的事物，而东亚人将从多个相同的事物中选择其一，从而表现出从众和独特性偏好的文化差异。

17.5.2 研究方法

金姬廷和马库斯招募了 27 名欧裔美国成年被试和 29 名东亚地区的成年被试（13 名中国人和 16 名韩国人）参加了实验。研究助手准备了橙色和浅绿色的钢笔，要求被试填写一份简短的问卷，被试完成问卷后，研究助手随手拿出 5 支钢笔，要求被试任选 1 支作为礼物，研究助手记录被试的选择。这 5 支钢笔的颜色可能有三种情况：第一，5 支颜色相同；第二，4 支颜色相同，另一支不同；第三，3 支颜色相同，另 2 支是另一种颜色。当出现第一种情况时，研究助手就放下 1 支并拿起 1 支其他颜色的笔。因此，实际上被试见到的是后两种情况之一，这两种情况形成了两种实验条件。

17.5.3 研究结果

金姬廷和马库斯发现，总体来看，钢笔的颜色是常见颜色还是不常见颜色，对被试的选择偏好有明显影响；在这两种条件下，美国人（74%）比东亚人（24%）更常选择颜色较不常见的钢笔。

如果给被试拿出的 5 支钢笔中有 1 支具有不同的颜色，美国人选择该独特颜色的比例为 77%，而东亚人选择该独特颜色的比例仅为 31%。如果拿出的 5 支钢笔中两种颜色的笔分别是 2 支和 3 支，美国人选择 2 支中的 1 支的比例为 71%，而东亚人做出同样选择的比例仅为 15%。似乎如果被试选择的钢笔的颜色属于少数，则这种颜色是一般少数还是极少数，就不再重要了。如果选择的颜色属于多数，也是如此。这说明每种文化的价值观与个人选择的价值观是一致的。美国文化强调独特性，所以美国人选择某种颜色，只是因为这种颜色属于少数，而与这种颜色是什么无关；而韩国文化强调共性，所以韩国人选择某种颜色，只是因为这种颜色属于多数，与颜色是什么也无关。

人的行动表达了文化价值。人们做出适应于文化的选择，意味着接受了文化价值观作为自己的价值观。接受了文化价值观的人，反过来又会去维护文化价值观及其制度。没有共享价值观并按照价值观行事的个人，文化观念和制度就无法持久。

17.6 研 究 四

17.6.1 概述与研究假设

金姬廷和马库斯认为，大众媒体中的信息通常是某些信念的社会表征形式，而广告构成了两种文化中人们生活的很大一部分，并且直接反映了文化所重视和强调的内容。因此，广告是集体价值观和个人偏好之间的桥梁。基于这样的分析，金姬廷和马库斯在研究四中研究了美国和韩国杂志中的广告，专门分析和比较了两国杂志广告更偏爱表达一致性主题还是独特性主题。他们假设，韩国的杂志广告主题将关注一致性的诉求，而美国的杂志广告将关注独特性的诉求。

17.6.2 研究方法

金姬廷和马库斯对在韩国发行的韩国流行杂志和在美国发行的美国流行杂志的广告进行了编码。在每个国家选择了 4 类杂志（商业、社会评论、女性、流行文化/青年），以覆盖针对不同受众群体的大量广告，并且从每个类别中收集了一本杂志，所有杂志均于 1997 年 4 月发行。其共分析了 157 份韩国广告和 136 份美国广告。

金姬廷和马库斯构建了一套编码方案，以涵盖与从众或独特性相关的广告中各种形式的诉求。编码人员进行是与否的二元评级，以表明每份广告的信息和图像中是否具有某些特征。他们将这些特征分为 7 个主题，其中 3 个主题属于从众类别，分别是尊重集体价值观和信念、与团体规范的和谐、遵循趋势，另外 4 个主题属于独特性类别，分别是反对集体价值观和信念、自由、选择、个人唯一性。

他们让来自每种文化背景的编码人员仅对其各自文化的广告进行编码。

17.6.3 研究结果

金姬廷和马库斯发现，两国广告中使用的主题与其各自的文化价值相一致。具体来说，95%的韩国广告出现了从众主题，而只有65%的美国广告是这样；89%的美国广告出现了独特性主题，而只有49%的韩国广告是这样。这表明，韩国广告比美国广告更多地使用从众主题，而美国广告比韩国广告更多地使用独特性主题。另外，文化内的比较表明，美国广告使用独特性主题的次数多于从众主题，而韩国广告使用从众主题的次数多于独特性主题。韩国广告中重视的从众主题与强调群体和谐、规范的韩国文化价值观非常吻合，而美国广告中受到青睐的独特性主题与重视个人权利和个性的美国文化观念高度一致。

17.7 讨　　论

一个人如何决定并知道点什么咖啡或选择哪种颜色的笔？是个人喜好问题，还是基于物体的固有品质，还是其他因素？金姬廷和马库斯的研究表明，即使最简单、最平凡的偏好也会受到文化的巨大影响，无论是人们日常生活中的选择还是媒体的公共信息，都体现了文化的价值和规范。遵从规范在所有文化中都是普遍的，只不过不同文化中遵从的是不同的规范。美国人虽然可以点不同于别人的咖啡，但其点的毕竟是大家普遍在喝的咖啡，如果其在咖啡店要一杯中国人喜欢喝的豆浆，尽管非常独特，但也会被认为不合时宜。

金姬廷和马库斯的这项研究发现，美国人和东亚人遵循不同的价值和规范。美国人更注重独特性，喜欢不同于他人，而东亚人更注重一致性，喜欢与他人保持一致。他们认为，人们的偏好差异可能与东西方的认知风格的差异有关。东亚人倾向于以整体方式思考，而美国人和欧洲人倾向于以分析方式思考(Fiske et al., 1998)。在研究一和研究二中，当东亚人看到一个由子图组成的图形时，他们更倾向于将整个图形视为一个基本单位，而不是将每个子图视为一个独立的基本单位，这种知觉模式使他们认为唯一子图破坏了整体的结构。但是，当美国人面对同样的图形时，他们更有可能将子图视为独立的基本单位并加以关注，这使他们较少关注唯一子图是否破坏了整体的结构，因此，他们偏爱不同于其他子图的唯一子图，而不是那些形状一样的子图。在研究三中，东亚人可能认为笔的独特颜色破坏了这组笔的整体性，这种感知影响了他们的审美判断力，因此独特的颜色看上去不像其他笔那么吸引人和受欢迎。然而，对于美国人，他们可能更注重每支笔的独特特征，而不是套装的共性，因此，他们认为独特的笔更具吸引力。大多数文化成员认可并共享的这些文化偏好被广告设计者所利用，从而在杂志广告中体现出文化的价值。

17.8　该研究在跨文化心理学中的重要性及长期影响

较早由谢里夫和阿希所关注的从众问题，后来被很多心理学家认为是普遍现象。当人们受到情境压力或者缺乏信息时，就会与别人保持一致，通过从众降低自己的焦虑感。但从其他方面来说，人们的行为又受社会行为规范和价值观的影响，从而表现出跨文化差异。贝里（Berry，1967）用阿希的线段判断任务考察了生存经济与从众的关系，发现在儿童受到坚持训练的“松”的社会中，从众的水平较低，而在儿童受到顺从训练的“紧”的社会中，从众的水平较高。萨塞克斯大学的鲁德·邦德和彼得·史密斯（Bond & Smith，1996）对有关工业社会中的从众现象的研究进行了综合分析，总的来说，在持保守主义、集体主义价值观和偏爱归属地位的社会中，人们的从众程度较高；而在重视自主、个人主义和获取地位的社会中，人们的从众程度较低。金姬廷和马库斯另辟蹊径，设计了更加自然的任务，同时研究了从众和追求独特在东亚和美国两种文化中的表现，发现文化对这两类行为确实有影响。这项研究丰富了社会心理学和跨文化心理学的研究，为跨文化心理学的理论创新，以及跨文化沟通、跨文化管理的社会实践提供了重要的启示。这项研究于 1999 年发表后，受到广泛重视。截至 2019 年，用谷歌学术搜索可以查到 1000 多条引用。近年来，依然有不少研究在引用金姬廷和马库斯的这项研究，说明该研究对后来的理论和实践还在持续产生影响。下面试举两例。

香港中文大学的滨村武（Hamamura，2012）考察了日本和美国文化是否正在变得更加个人主义。根据现代化理论，经济增长会导致个人主义的兴起。金姬廷和马库斯的研究曾经发现，媒体广告与社会价值观有复杂的关系，媒体广告既反映了社会价值观，又加强了社会价值观。滨村武的研究引用了金姬廷和马库斯的文章，认为媒体中的广告是现代化对社会价值观产生影响的重要方式。美国广告倾向于更多地关注追求独特性的主题，而韩国广告则更多地关注追求社会和谐的主题，这使两种不同文化中的广告对各自社会价值观的塑造产生了影响。

另外，香港理工大学的詹凌静和复旦大学的何雁群（Zhan & He，2012）考察了中国人的奢侈品消费。金姬廷和马库斯的研究表明，东亚文化中的人更加追求与他人的一致性，而不追求独特性。詹凌静和何雁群引用了金姬廷和马库斯的研究，认为中国作为东亚文化的中心，在奢侈品消费方面与美国不同的是，中国人更倾向于追求与其他人的一致性，这种对规范的敏感性是中国消费者与西方消费者在涉及奢侈品消费方面的三个不同的心理特征之一。

回到本章开头关于电影《十二怒汉》的介绍，通过分析不同文化对一致性和独特性追求的差异，我们可以更深刻地认识到，当某人的观点不同于群体中其他人一致的观点时，实际上其面临了很大的压力。根据金姬廷和马库斯的研究可以推测，如果《十二怒汉》的故事发生在中国，持不同观点的故事主人公面临的压力可能还要更大。

参 考 文 献

Asch，S. E.（1952）. Effects of group pressures upon the modification and distortion of judgments. In G. E. Swanson，T. M. Newcomb，& E. L. Hartley（Eds.），*Readings in Social Psychology*（pp. 393-401）. New York：Holt，Reinhart & Winston.

Berry，J. W.（1967）. Independence and conformity in subsistence-level societies. *Journal of Personality and Social Psychology*，*7*，415-418.

Bond，R，& Smith，P. B.（1996）. Culture and conformity：A meta-analysis of studies using Asch's（1952b，1956）line judgment task. *Psychological Bulletin*，*119*（1），111-137.

Fiske，A.，Kitayama，S.，Markus，H. R.，& Nisbett，R. E.（1998）. The cultural matrix of social psychology. In D. T. Gilbert，S. T. Fiske，& G. Lindzey（Eds.），*The Handbook of Social Psychology*（pp. 915-981）. New York：McGraw-Hill.

Hamamura，T.（2012）. Are cultures becoming individualistic? A cross-temporal comparison of individualism-collectivism in the United States and Japan. *Personality and Social Psychology Review*，*16*（1），3-24.

Kim，H.，& Markus，H. R.（1999）. Deviance or uniqueness，harmony or conformity? A cultural analysis. *Journal of Personality and Social Psychology*，*77*（4），785-800.

Sherif，M.（1936）. *The Psychology of Social Norms*. New York：Harper.

Zhan，L. J.，& He，Y. Q.（2012）. Understanding luxury consumption in China：Consumer perceptions of best-known brands. *Journal of Business Research*，*65*（10），1452-1460 .

18 中国人与美国人对社会事件的归因

本章评述的是迈克尔·莫里斯和彭凯平于1994年发表于《人格与社会心理学杂志》(*Journal of Personality and Social Psychology*)的研究报告《文化与原因：美国人和中国人对社会事件和物理事件的归因》(Culture and cause：American and Chinese attributions for social and physical events)[①]。

迈克尔·莫里斯
(Michael Morris)

美国心理学家，于1986年在布朗大学获得学士学位，1993年在密歇根大学获得博士学位，曾经在斯坦福大学商学院和心理学系担任教授，现为哥伦比亚商学院讲座教授和哥伦比亚大学心理学系教授。早期从事文化心理学研究，现主要进行个人决策、人际影响力和社交网络等方面的研究。本章所介绍的文章于1994年发表时，莫里斯在斯坦福大学商科研究生院担任教授。

① Morris，M. W.，& Peng，K. P.（1994）. Culture and cause：American and Chinese attributions for social and physical events. *Journal of Personality and Social Psychology*，*67*（6），949-971.

18.1 背景介绍

1991年11月1日，万圣节，下午3点半左右，刚刚通过毕业论文答辩获得博士学位的美国艾奥瓦大学物理与天文学系学生卢刚进入了正在举办专题研讨的艾奥瓦大学凡·艾伦大楼，开枪射杀了他的博士研究生导师克里斯托弗·戈尔咨（Christoph Goertz）教授、博士研究生导师助理罗伯特·史密斯（Robert Smith）副教授、中国留学生山林华博士、系主任德怀特·尼克森（Dwight Nicholson）教授、副校长安妮·克黎利（T. Anne Cleary），并射伤秘书米娅·茜尔森（Miya Sioson），然后饮弹自尽。这就是震惊美国的卢刚事件。

该事件发生后，在美国和中国引起广泛讨论，其中大家关注的一个重要问题是卢刚到底为什么杀人？而不同立场、不同文化中的人则给出了不同的答案，这里涉及一个归因及其跨文化差异的问题。

所谓归因，就是人们主观上对事件发生的原因进行解释的心理过程。人们进行归因的事件大致可以分为两类：一类是物理事件；另一类是社会事件。早期的格式塔心理学家认为，有些因果判断是由先天机制对特定模式的感知产生的，例如，米肖特（Michotte，1952）提出，物体A和物体B运动的因果关系，可以直接从二者的运动轨迹来感知，而不一定必须感受到二者在时间上的相继关系。米肖特还总结出了两种引起因果关系印象的现象：第一，带动，如A与静止的B碰撞，然后二者一起移动；第二，发动，如A与静止的B碰撞，然后只有B单独移动。斯图尔特（Stewart，1984）发现，当物体的运动符合物理定律的约束（主要是牛顿运动定律）时，被试将会把该物体运动视为由外部的情境力量所引起，而当物体的运动偏离这些约束时，被试将会把该物体运动理解为由内部的倾向所引起。

海德和西梅尔（Heider & Simmel，1944）是最早对社会事件，也就是人的行为进行归因研究的心理学家。他们认为，人们试图全面地理解社会存在，所以会不断对行为做出因果归因。后来，海德提出了系统的归因理论，认为对行为发生原因的归因一般有两种：一是情境归因（situational attribution）；二是性格归因（dispositional attribution）。他的早期研究是用图形的移动作为事件的，有意思的是，被试竟然把形状的移动归因为性格因素，如意图、动机和特质。然而，社会行为因果关系归因的模式由于受到可用性启发式、代表性启发式、一致性启发式的影响，总是表现出一定的倾向性。

例如，我们约了一个朋友 5 点见面，但时间已经过去了一个小时朋友还没有来。我们一般会怎么解释呢？

解释一：他没有按时到肯定是因为遇到了特别重要的事情。

解释二：这家伙总是迟到，他骨子里就是爱迟到。

根据海德的理论，我们可能像第一种解释一样将其归因于情境，也可能像第二种解释一样将其归因于人的性格。但西方的研究表明，多数情况下，人们更愿意选择第二种原因，即性格归因。而且，这种归因倾向非常强烈，因此心理学家罗斯（Ross, 1977）把这种归因倾向称作基本归因错误（fundamental attribution error, FAE），也就是人们在对某些行为或后果进行归因时，往往高估性格因素而低估情境因素的双重倾向。

另外，在很多时候，人们在归因时还会出现另外一种倾向。例如，还是上面的情境，但迟到的是我们自己，我们一般会怎么解释呢？

解释一：我没有按时到是因为遇到了特别重要的事情。

解释二：我总是迟到，我骨子里就是爱迟到。

显然，我们很容易原谅自己，更倾向于选择第一种解释，也就是情境归因。然而，如果我们做了积极的事情，我们就倾向于对自己的行为进行性格归因了。心理学家佩蒂格鲁（Pettigrew, 1979）把这种归因倾向称为终极归因错误（ultimate attribution error, UAE），也就是对内群体的积极行为进行内部归因，对其消极行为进行外部归因，而对外群体的积极行为进行外部归因，对其消极行为进行内部归因。一般来说，任何人都可能发生终极归因错误，但对外群体有负面偏见和刻板印象的人最有可能发生终极归因错误。基本归因错误和终极归因错误已经得到了很多研究的证实，但这些研究并未考虑文化可能产生的影响。

密歇根大学著名的跨文化心理学家理查德·尼斯比特指导的一位博士研究生迈克尔·莫里斯与他的同门师弟，即来自中国的博士生彭凯平合作，对归因与文化的关系进行了系统的研究，其博士论文也是以此为题，并在莫里斯刚到斯坦福大学工作的 1994 年，在《人格与社会心理学杂志》上发表了《文化与原因：美国人和中国人对社会事件和物理事件的归因》这篇经典的社会心理学论文。

莫里斯和彭凯平发现，已经有不少研究证明，在美国个人主义文化以外的那些非西方国家，人们进行归因时并不总是归因于性格。例如，尽管中国人和美国人对事件归因时找到的原因类型是一样的，但中国人更多归因于社会性质或涉及社会关系的情境；美国人在描述熟人时，更喜欢描述那些脱离情境的、一般的、跨情境的倾向，而印度人在描述熟人时，更多描述在特定时间、地点和社会关系中的人；在某些非西方社会中，人们对谋杀这种罕见的不正常行为，都是根据行为者的社会情境来进行解释的。因此，莫里斯和彭凯平准备对中国人和美国人的归因进行系统的跨文化比较。

莫里斯和彭凯平提出，社会事件归因中的基本归因错误反映的是一种人们关于社会行为的内隐理论，而由于个人主义-集体主义作为一个维度很好地概括了民族文化差异，因此认为内隐社会理论的分布在该维度两极的文化之间是不同的，可能表现为个人主义文化中出现的基本归因错误比集体主义文化中更为普遍。在诸如美国这样的个人主义社会中，人们的社会观念是以人为中心，个人可以随意离开团体，在社会化过程中学会根据个人的喜好行事；在诸如中国这样的高度集体主义的文化中，人首先是群体的成员，个体不能自由离开群体，他们在社会化过程中学会根据群体规范、角色期望行事。

基于这样的考虑，莫里斯和彭凯平假设，美国人和中国人的归因将表现出广泛的差异。很多研究发现，分类和推理的规则是根据具有相同因果性质的事物的领域进行组织的，如物理事件、动画事件、心理事件、社会事件等，因此莫里斯和彭凯平主要研究了美国人和中国人对物理事件和社会事件的归因，特别是对陌生人和外群体成员的行为的归因。

18.2 理论假设

基于以上分析，莫里斯和彭凯平认为，相对于美国人，中国人较少犯“基本归因错误”和“终极归因错误”，也就是说中国人更多地把行为归因为环境因素而不是性格因素，较少将内群体成员的消极行为归因为环境因素。在对被解释为社会事件的动物行为的归因中，也会出现这种归因模式的文化差异，但在物理事件的归因中不会出现这种文化差异。

为了验证这些假设，莫里斯和彭凯平进行了三项研究：研究一考察了美国人和中国人对用动画展示的物理事件和社会事件的归因；研究二比较了中美报纸记者对同一杀人事件的归因；研究三比较了美国人和中国人对各种归因解释的评价。

18.3 研 究 一

18.3.1 研究假设

研究一做了两次，第一次的被试为高中生，第二次的被试为研究生。莫里斯和彭凯平在研究中让美国被试和中国被试观看有关物理事件和社会事件的动画展示，并报告知觉到的因果关系。物理事件是物体在足球场上移动，社会事件是一群鱼在湖中游泳。他们预测，对物理事件的归因不会出现文化差异，即美国人和中国人具有相同的内隐理论，他们都认为物体运动受外部因素影响而遵循特定轨迹，而偏离则是因为受到内部因素的约束。

对社会事件的归因将表现出文化差异：①美国人更多地把鱼离开其他鱼归因于鱼的内部倾向，而中国人更多地将其归因于外部的情境。②对于与中国的社会相互作用方式相似的鱼的行为，中国人将会进行更多社会化（拟人化）解释，而对于与美国的社会相互作用方式相似的鱼的行为，美国人则会进行更多社会化（拟人化）解释。具体表现为：第一，对于鱼通过顺从或从众来迫使其他鱼移动，中国人更可能把结果理解为形成了和谐的联结，而美国人则把该结果理解为导致不和谐的分裂；第二，当一条鱼改变了与群体之间的关系时，中国人更有可能将事件理解为个体和群体建立了联系，而美国人则更有可能将其理解为双方的分离；第三，对于群体对群体外成员的反应，中国人更可能将其理解为散开，而美国人更可能将其理解为融合。

18.3.2 研究方法

18.3.2.1 被试

在第一次实验中，100 名中国高中生和 95 名美国高中生参加了实验。其中美国被试中除了少量亚裔外，其余大概一半是欧裔美国人，另一半是非裔美国人。

在第二次实验中，中国和美国各 22 名研究生参加了实验。

18.3.2.2 实验材料

莫里斯和彭凯平设计了一系列物理事件和社会事件的动画展示。物理事件动画包括两组，每组有 5 个动画。第一组，碰撞，一个圆圈刚开始处于静止状态，被一个矩形碰撞后开始移动。5 个动画分别是：①圆圈随着移动的矩形持续接触移动（entraining）；②圆圈受到矩形撞击后立即移动（launching）；③圆圈被矩形撞击后移动了 500 毫秒（time gap）；④矩形向圆圈移动，当移动至距离圆圈 2 厘米（space gap）但尚未撞击时，圆圈开始移动；⑤圆圈移动，没有矩形出现（starting）。第二组，加速，圆圈总是从左边缘外进入，然后穿过屏幕。5 个动画分别是：①慢慢减速，就像受到摩擦（减速）；②保持速度不变（恒定）；③突然停止（停止）；④慢慢加速（加速）；⑤突然停止、启动、停止并再次启动（停止并启动）。

社会事件动画中包含一系列大小相当、特征和游动方式相同、只有颜色不同的鱼参与的事件。动画有三组，第一组为强迫（compulsion），蓝鱼和鱼群之间发生冲突，一方接近另一方并迫使其移动，包括两种条件：①和谐带动，有两种形式，一是鱼群主动接触蓝鱼，然后双方一起游动，二是蓝鱼主动接触鱼群，然后双方一起游动；②不和谐发动，有两种形式，一是鱼群主动接触蓝鱼，然后双方各自不同步游动，二是蓝鱼主动接触鱼群，然后双方各自不同步游动。第二组为连接（connection），蓝鱼或鱼群的移动导致蓝鱼和鱼群的连接或分离，包括两种条件：①连接，有两种形式，一是鱼群加入蓝鱼，二是蓝鱼加入鱼群；②分离，有两种形式，一是鱼群离开蓝鱼，二是蓝鱼离开鱼群。第三组为聚集（collection），在蓝鱼在场的条件下鱼群聚集或分散，包括两种条件：①鱼群聚集，有两种形式，一是蓝鱼在鱼群中心游动，二是蓝鱼在鱼群周边游动；②鱼群分散，有两种形式，一是蓝鱼在鱼群中心游动，二是蓝鱼在鱼群周边游动。

18.3.2.3 程序

对于物理事件，要求被试观看物体运动的动画展示，熟悉完材料后在五点量表上回答以下三个问题：这个黑色的事物看起来像足球还是动物？事物的运动在多大程度上受到内部因素的影响？事物的运动在多大程度上受到外部因素的影响？

对于社会事件，要求被试观看鱼在湖里游动的动画展示，熟悉这些动画并在五点量表上回答以下问题：蓝鱼看上去是该群体的重要成员吗？蓝鱼的运动在多大程度上受内部因素的影响？蓝鱼的运动在多大程度上受其他鱼的影响？其他鱼的运动在多大程度上受蓝鱼运动的影响？

18.3.3 研究结果

莫里斯和彭凯平发现，对物理事件的归因没有出现文化差异。与预测一致，如果物体的运动遵循特定轨迹，被试就认为该运动受到外部因素的影响；如果该物体的运动偏离了自然的轨迹，则认为该运动受到内部因素的影响。在物理事件第一组 5 个碰撞展示中，圆圈偏离静止的程度越大，也就是运动轨迹越偏离自然的轨迹，被试就越多地进行内部归因。在第二组的 5 个加速展示中，圆圈的运动越偏离自然的轨迹，被试同样越多地进行内部归因。

对于社会事件，高中生被试的结果证实了预测：美国人认为内部因素对蓝鱼运动的影响更大，而中国人认为外部因素对蓝鱼运动的影响更大。在强迫、连接和聚集三组展示中，美国被试比中国被试进行了更多的内部归因，中国被试比美国被试进行了更多的外部归因，但研究生被试没有出现相应的结果。

研究还预测了文化与轨迹之间的相互作用。第一组强迫展示包括两种条件，一种条件是最终蓝鱼和鱼群一起游动的和谐带动，另一种条件是最终双方各自不同步游动的不和谐发动。结果发现，中国被试更多地对和谐事件进行拟人化理解，而美国被试更多地对不和谐事件进行拟人化理解。第二组连接展示包括两种条件，第一种条件是连接的两种情况，即鱼群加入蓝鱼或蓝鱼加入鱼群，第二种是分离的两种情况，即鱼群离开蓝鱼或蓝鱼离开鱼群。高中生和研究生被试的结果都显示，中国被试更可能对导致连接的事件进行拟人化理解，而美国被试更可能对导致分离的事件进行拟人化理解。第三组聚集展示包括两种条件，第一种条件是蓝鱼在场的条件下鱼群聚集，第二种是蓝鱼在场的条件下鱼群分散。高中生和研究生被试的结果显示，在外来者在场的情况下，中国人更多对群体分歧的事件进行拟人化理解，而美国人会对群体趋同的事件进行拟人化理解。这说明当这些事件的轨迹与熟悉的社会相互作用轨迹类似时，被试倾向于把这些事件解释为社会关系事件。

18.4 研 究 二

18.4.1 研究假设

研究二比较了代表美国文化和代表中国文化的报纸对凶杀事件的归因。莫里斯和彭凯平提出如下两个假设。

第一，美国人将表现出更多“基本归因错误”倾向，也就是说，对于给定的谋杀案，美国记者更多将其归因于凶手的个人性格，而中国记者更多将其归因于凶手受到的情境压力。

第二，记者的文化将与凶手的文化产生相互作用，美国的记者而不是中国的记者将表现出“终极归因错误”的模式。也就是说，如果谋杀者是外群体成员，美国记者将更多把谋杀归因于个人倾向而不是情境压力，而中国记者主要将其归因于情境因素，而且无论凶手是内群体成员还是外群体成员都是一样的。

18.4.2　研究方法

18.4.2.1　研究材料

研究材料为来自一种重要的英语报纸《纽约时报》和一种重要的中文报纸《世界日报》上有关谋杀的文章，这些文章涉及的是 1991 年秋季由中国和美国的凶手犯下的两宗类似的犯罪事件。

第一宗事件为本章开头提到的卢刚事件。第二宗事件涉及一位名叫托马斯·麦基尔文（Thomas Mcllvane）的爱尔兰裔美国邮政工人，他失业了，对联合会的决定未能提出上诉，也未能找到专职替代工作。1991 年 11 月 14 日，他进入密歇根州皇家橡树邮局，开枪打死了他的上司、处理上诉的人、几个同事和旁观者，然后自杀了。

莫里斯和彭凯平复印了 1991 年 11 月 1 日至 1991 年 12 月 31 日之间在两种报纸上登载的关于这两起谋杀案的所有文章，按每个句子一个单元，把文章分为若干单元。关于卢刚谋杀案的英文文章有 3 篇，总计 206 个单元，关于麦基尔文谋杀案的英文文章有 1 篇，总计 84 个单元；有关卢刚谋杀案的中文文章有 17 篇，总计 1099 个单元，有关麦基尔文谋杀案的中文文章有 1 篇，总计 41 个单元。

18.4.2.2　程序

莫里斯和彭凯平让 5 名密歇根大学的研究生使用一个事先拟订的编码方案对所有单元进行编码，所有单元都被编码为对凶手个人性格的归因、对情境因素的归因或两者都不是，并对每一种归因方式进行清晰的界定。

18.4.3　研究结果

莫里斯和彭凯平发现结果证实了预测。对于卢刚杀人案，美国记者比中国记者更多地把杀人归因于卢刚的个人性格，强调其杀人的原因是人格特质、态度和心理问题。中国记者则比美国记者更多地把杀人归因于卢刚面临的情境因素，认为其杀人的原因是人际关系、中国社会的压力以及美国社会的很多方面。对于麦基尔文杀人案，美国记者也比中国记者更多地把杀人归因于麦基尔文的个人性格，而两国记者对情境因素的强调则相当。总体来看，文化因素的作用非常显著，中文报纸更多地强调情境的作用，而较少表现出“基本归因错误”。此外，美国记者表现出“终极归因错误”的模式，而中国记者则没有，同样证实了预测。莫里斯和彭凯平比较了每种报纸的内群体归因与外群体归因，发现相比于内群体的麦基尔文，美国记者对外群体的卢刚进行了更多的内部归因，而进行了较少的外部归因，但中国记者并没有对外群体的麦基尔文进行更多的内部归因。

18.5 研 究 三

18.5.1 研究假设

研究三对美国研究生和中国研究生进行了谋杀归因调查。莫里斯和彭凯平假设，如果所提供的场景中的个人性格发生了变化，美国人将认为谋杀发生的可能性会降低；如果所提供的场景中的情境压力发生了变化，中国人将认为谋杀发生的可能性会降低。

18.5.2 研究方法

18.5.2.1 被试

莫里斯和彭凯平向密歇根大学物理专业的部分中国研究生和美国研究生发放调查问卷，每种文化的一半学生收到有关卢刚谋杀案的问卷，一半收到关于麦基尔文谋杀案的问卷。最后，11 名中国学生、14 名美国学生返回了关于卢刚案件的问卷；11 名中国学生、19 名美国学生返回了关于麦基尔文谋杀案的问卷。

18.5.2.2 材料与程序

原因判断：莫里斯和彭凯平向被试提供了有关最近一次谋杀案的媒体报道摘要，从媒体报道中为被试提供 28 种可能的枪杀原因，通过材料的改编，使两个案件可能的原因都有 9 个情境因素和 9 个性格因素。以随机顺序呈现这些原因，要求被试在七点量表上回答这些原因在多大程度上导致了枪杀。

反事实判断：莫里斯和彭凯平向被试提供一系列共 16 种反事实场景，每个情景与实际情景的不同之处都是有一个原因不同。16 个场景中的 10 个场景改变的是情境原因，6 个改变的是性格原因。要求被试在七点量表上判断在这种反事实情况下谋杀发生的可能性。也就是说，让被试判断如果只有某种情境因素不同，或只有某种性格因素不同，谋杀案发生的可能性有多大。

18.5.3 研究结果

18.5.3.1 原因判断

正如所预期的，美国被试总体上比中国被试更重视个人性格的原因。对于卢刚谋杀案，美国被试比中国被试更加重视个人性格的原因，而对于麦基尔文谋杀案，美国被试和中国被试对个人性格原因的重视程度相当。另外，无论是对于卢刚谋杀案还是麦基尔文谋杀案，中国被试总体上比美国被试更重视外部情境的因素。莫里斯和彭凯平重点关注了那些引起最明显的文化差异的项目，发现美国被试对个人原因的关注特别强调与工作有关的慢性心理问题，而中国被试对环境因素的关注特别强调坏榜样和社会变革带来的混乱。他们通过比较对内群体的归因和对外群体的归因，检验了对“终极归因错误”的预测。正如所预期的，对于外群体杀人犯，美国被试更加重视性格因素，较不重视情境因素；中国被试对外群体和内群体杀人犯的个人性格因素归因和情境因素归因没有差异。

18.5.3.2 反事实判断

在改变谋杀者个人性格的反事实条件下，中国被试比美国被试更倾向于认为谋杀的可能性降低，没有证实假设。改变谋杀者面临的处境压力的反事实条件下的结果证实了预测：在情境因素发生变化的情况下，中国被试判定麦基尔文发生谋杀的可能性远低于美国被试的判断，中国被试判定卢刚发生谋杀的可能性也远低于美国被试的判断。

18.6 讨　　论

回到本章开头的卢刚事件，对于卢刚杀人，难以找到让所有人信服的原因，而莫里斯和彭凯平的这项研究却证明，中国人倾向于对社会事件进行外部归因，而美国人倾向于对社会事件进行内部归因，是文化因素让人们得出了不一样的结论。他们提供了多种形式的证据证明了这一结论。

如果给我们呈现关于卢刚杀人的案件以及中文报纸和英文报纸对这一事件的分析，分别认为卢刚杀人的主要原因是情境因素和个人性格因素，我们可能会认为中文报纸倾向于通过强调环境因素而袒护同为中国人的卢刚，而美国报纸倾向于贬低作为外国人的卢刚的性格，因此我们可能会认为这样的分析是不可靠的。但莫里斯和彭凯平还同时研究了两家报纸对爱尔兰裔美国人麦基尔文的案件的分析，结果出现了同样的趋势，即中文报纸强调的是麦基尔文的环境压力，而英文报纸强调的是麦基尔文个人性格的缺陷。因此，可以从实验设计上排除报纸立场的不同带来的归因差异。然而，毕竟报纸文章是特定的记者写的，在一定程度上代表的是记者个人的观点，很难说能代表一个文化中大多数人的意见。如果这也是一个疑点的话，莫里斯和彭凯平已经提前想到了这一问题。他们在实验三中选取两种文化的被试作为样本，并进行了原因判断和反事实判断，结果依然显示中国人倾向于对社会事件进行外部归因，而美国人倾向于对社会事件进行内部归因。如果说实际发生的事件多多少少会受到各种社会因素的影响，从而使人得出错误的结论的话，那么莫里斯和彭凯平使用了卡通鱼作为实验材料，依然发现了两种文化中人们对社会事件的归因差异。因此，我们可以信任该研究所得出的结论。

18.7 该研究在跨文化心理学中的重要性及长期影响

莫里斯和彭凯平的这项研究是密歇根大学的著名跨文化心理学家尼斯比特在“文化与认知”这一主题下宏伟研究计划的一部分。以往研究发现的基本归因错误和终极归因错误虽然有一定的普遍性，但主要还是局限于个人主义文化背景下，而该研究发现在集体主义文化背景下，人们更倾向于把社会事件的发生归因于环境因素，与个人主义社会的归因有明显差异，反映了人们的归因过程明显受到了文化的影响。该研究不但丰富和拓展了西方心理学家提出的归因理论，而且对反事实思维、问题解决、组织行为决策等领域都有很多启发。从另一方面来说，该研究进一步证明了人的社会心理过程受到文化的显著影响，从而扩展了跨文化心理学的研究领域，加深了人们对普遍心理过程的认识。

莫里斯和彭凯平的这项研究发表后，引起了广泛重视。截至 2019 年，用谷歌学术搜索可以查到超过 1800 条对该文的引用，可见该研究产生了巨大影响，已经成为文化与认知领域的重要研究文献，除了被社会心理学、社会认知、文化心理学、人格心理学、组织行为学等领域的教科书频繁引用外，还对这些领域的实证研究有重要启发。随着中国的国际影响持续扩大，以及中国心理学家队伍的壮大和研究水平的提高，将会有更多社会心理学家从事中国背景下的社会心理研究，莫里斯和彭凯平的这篇文章将会得到更多重视，并将产生更深远的影响。进入 21 世纪以后，依然有很多研究在引用莫里斯和彭凯平的研究，表现出该研究的持久影响力。下面试举两例。

首尔大学的崔仁哲等（Choi et al.，2003）对韩国人和美国人的因果关系推论进行了比较。在这项研究中，崔仁哲等引用了莫里斯和彭凯平的研究，并在该研究的基础上改进了实验程序。他们在实验一、实验三和实验四中所用的实验材料与莫里斯和彭凯平在研究三中用到的实验材料相似，但为了消除无关变量的影响，对实验材料进行了简化，只给出了描述杀人事件的最少信息。他们通过三个实验发现，当对越轨行为或亲社会行为进行归因时，代表东亚文化的韩国人比美国人考虑的信息量更大。他们在第四个实验中发现，韩国人比美国人进行了更多的外部归因，这是因为韩国人比美国人考虑了更多的信息。这项研究的结果也支持了莫里斯和彭凯平的研究结论。

克劳斯等（Kraus et al., 2012）在2012年的《心理学评论》（*Psychological Review*）上发表了一篇文章，探讨了阶级如何影响行为。该文提出了9种用于解释基于阶级的环境主义者和唯我论倾向如何塑造自我，如何塑造对社会环境的理解以及与其他人的关系。其中，在讨论第五个假设时，其引用了莫里斯和彭凯平的研究，对包括文化因素在内的各种归因影响因素进行了分析，以此为基础提出归因差异与社会分层的关系。他们认为，社会阶级将以系统的方式塑造因果关系的解释，与上层社会相比，下层社会的特征是资源减少、社会威胁增加、等级降低，因此预测低阶层将更有可能将个人结果和日常社交事件的原因归因于外部环境。这种理论假设与莫里斯和彭凯平的研究结合起来，可以帮助我们进一步思考文化、社会分层和归因三者之间的关系。

参考文献

Choi，I.，Dalal，R.，Kim-Prieto，C.，& Park，H.（2003）. Culture and judgement of causal relevance. *Journal of Personality and Social Psychology，84*（1），46-59.

Heider，F.，& Simmel，M.（1944）. An experimental study of apparent behavior. *American Journal of Psychology，57*，243-259.

Kraus，M. W.，Piff，P. K.，Mendoza-Denton，R.，Rheinschmidt，M. L.，& Keltner，D.（2012）. Social class，solipsism，and contextualism：How the rich are different from the poor. *Psychological Review，119*（3），546-572.

Michotte，A. E.（1952）. *The Perception of Causality*. New York：Basic Books.

Morris，M. W.，& Peng，K. P.（1994）. Culture and cause：American and Chinese attributions for social and physical events. *Journal of Personality and Social Psychology，67*（6），949-971.

Pettigrew，T. F.（1979）. The ultimate attribution error：Extending Allport's cognitive analysis of prejudice. *Personality and Social Psychology Bulletin，5*，461-476.

Ross，L. D.（1977）. The intuitive psychologist and his shortcomings：Distortions in the attribution process. In L. Berkowitz(Ed.), *Advances in Experimental Social Psychology*(Vol. 10, pp. 173-220). New York：Random House.

Stewart，J. (1984). *Object motion and the perception of animacy*. Paper presented at the meetings of the Psychonomic Society，San Antonio，Texas.

19 择偶偏好的跨文化普遍性

本章评述的是大卫·巴斯于1989年发表于《行为与脑科学》(*Behavioral and Brain Sciences*)杂志的研究报告《人类择偶偏好的性别差异：在37种文化中验证进化假设》(Sex differences in human mate preferences: Evolutionary hypotheses tested in 37 cultures)[①]。

大卫·巴斯(David Buss)

美国著名的进化心理学家，于1976年在得克萨斯大学奥斯汀分校获得学士学位，1981年在加利福尼亚大学伯克利分校获得博士学位。曾就职于哈佛大学和密歇根大学，1996年开始执教于得克萨斯大学奥斯汀分校。主要从进化视角研究人类的择偶行为、人格与个体差异、声誉和社会地位、社会情感等，是国际进化心理学研究领域的领军人物。本章所介绍的文章于1989年发表时，巴斯在密歇根大学任教授。

① Buss，D. M.（1989）. Sex differences in human mate preferences：Evolutionary hypotheses tested in 37 cultures. *Behavioral and Brain Sciences*，*12*，1-49.

19.1 背景介绍

19.1.1 性别与择偶

下面是两则在网上发布的征婚启事。

A：男，25 岁，大学毕业，供职于政府机关，收入稳定，一结婚即有房。急征有本地户口、年貌相当之女性。

B：女，江西人，芳龄 20 岁，灵秀开朗，活泼健康，现为在校大学生。欲觅一事业有成、身体健康、35 岁以下的广州籍男士为伴。本人大学毕业后即可与之共结连理（不能解决户口者免问）。

如果浏览一下杂志或者网上发布的征婚启事，我们也许会发现一个规律，男性在征婚启事中往往强调自己有较高的社会地位和经济收入，并希望女性年轻、美貌；而女性往往会强调自己健康、美貌，并期待对方身体健康，具有较高收入、较多财产或较高的社会地位。上述征婚启事其实也反映了这一规律。

男女择偶偏好的差异已经引发了大量研究，其中最引人注目的是进化心理学的研究。达尔文在 1859 年出版的《物种起源》这部经典著作中并未涉及人类起源问题，但在《物种起源》面世 12 年之后，他在《人类的由来及性选择》中惊世骇俗地宣告，人类并非神创，而是由类人猿进化而来。在这本书中，达尔文在自然选择的基础上提出了第二个进化理论，即性选择理论，认为性选择通过同性竞争和异性选择来实现。

男性和女性在择偶过程中分别关注对方的哪些品质？这个问题引起了进化理论家长久的重视。由于择偶偏好能有选择地把某些个体排除在选择对象之外，而另一些个体则被包括在选择对象之内，从而使那些在一定程度上可遗传的有利的配偶特征在后代中更频繁地表现出来，缺乏有利特征的人则倾向于没有后代（Thornhill R & Thornhill N W，1983）。当前的择偶偏好可能反映了进化过程中的选择压力，从而使我们有可能通过分析这种偏好，去了解人类这一物种的繁殖历史。优先交配会产生强大的生殖后果，因此可以合理地假设，择偶偏好并不是随机的，而是通过性选择形成的。达尔文首先提出的这一假设已被各种非人类物种的实证证据所证明。

尽管择偶偏好非常重要，但人们对于男性和女性在择偶时会重视潜在配偶的哪些特征却知之甚少，尤其缺乏可靠的跨文化数据。一些研究（Trivers，1972；Williams，1957；Symons，1979；Buss，1987）为最新理论工作提供了基础，可以从中推导出关于配偶偏好的特定进化假设。美国进化心理学的领军人物巴斯教授致力于从进化心理学的角度研究男女择偶偏好的问题。他于 1989 年发表了《人类择偶偏好的性别差异：在 37 种文化中验证进化假设》这篇经典论文，对前人的研究和理论进行了分析，并提出和验证了自己的假设。本章就介绍这篇经典论文。

19.1.2　亲代投资和性选择理论：女性对男性资源的重视

罗伯特·特里弗斯（Trivers，1972）提出了一个著名的亲代投资理论，认为性别选择部分由雄性和雌性对其后代的不同投资水平驱动。在某些条件下，性选择在两种性别的身上都可能出现。根据这一理论，亲代投资是指父母为增加其后代的生存机会、增强其繁殖能力而进行的任何投资，该投资的代价是牺牲了父母在其他子女身上投资的能力。对人类来说，女性在生殖过程中不但提供卵子，还包括受孕、怀孕和照顾子女，因而其投资明显多于男性。女性较大投资的代价是相对于精子来说卵子数量较少，并因怀孕而丧失其他择偶机会。男性的投资虽然较少，但可以提供食物、寻找或保卫领土、保卫女性免受侵犯、提供教育机会、转移权力和资源、帮助后代结成互惠同盟等，从而在一定程度上减少了男女的投资差异。男性和女性对生殖的投资差异越大，两性在择偶中的差别就越大。对于女性来说，其投资越多，在择偶时就越挑剔，因而只有那些能提供较多生存资源、注重承诺的男性才能吸引到女性。对于男性来说，由于投资较少，只有在择偶时较不挑剔，其收益才会最大化。

从理论上讲，可以预测女性在择偶时偏好什么样的伴侣品质呢？如果男性会投资，且男性在获取并提供资源的能力和意愿方面有较大差异的话，那么女性将倾向于选择有能力并愿意提供资源的男性。这些资源可以为女性及其后代提供直接的物质优势，通过物质优势提高后代的生殖优势。而且，如果导致资源获取的品质可以遗传，则这些品质可以为雌性及其后代提供遗传的生殖优势。对于人类而言，资源通常与挣钱能力有关，因此女性会重视潜在伴侣所具有的与挣钱能力相关的特征，如抱负和勤奋。

基于以上分析，巴斯尝试提出一个具体的预测：女性应该比男性更加重视潜在配偶的抱负、勤奋和赚钱能力等意味着拥有资源或可能获得资源的属性。

19.1.3 生育力和繁殖价值：男性对女性外表吸引力的重视

对于雄性，生殖所受到的限制仅仅是能否找到具有繁殖价值和生育力的配偶。繁殖价值就是给定年龄和性别的人平均对后代的贡献程度，生育力就是当前繁殖的可能性。对于女性来说，繁殖价值通常在十几岁达到顶峰，然后随着年龄的增长而下降，而生育力通常在刚过 20 岁时达到顶峰，然后随着年龄的增长而下降。例如，可以通过一名 13 岁女性和一名 23 岁女性来看繁殖价值和生育力的变化趋势。13 岁女性的繁殖价值要大于 23 岁女性，因为从精算的角度来看，她的未来生殖水平更高。相反，23 岁女性的生育力大于 13 岁女性，因为 23 岁女性的怀孕概率更高。尽管生育力和繁殖价值因文化而异，并受文化规范、避孕措施和特定年龄死亡率等因素的影响，但在所有文化中，女性的生育力和繁殖价值都受到了年龄的巨大影响（Williams，1957）。因此，年龄为女性繁殖价值提供了有力线索，而对于其年龄，可以通过身体和行为特征来了解。

男性应该优先考虑体现潜在配偶繁殖价值的属性还是体现生育力的属性呢？这取决于人类进化史上的男性倾向于寻找长期还是短期配偶。如果男性在进化史上倾向于寻求短期配偶，那么应该优先选择具有高生育力的 20 岁出头的女性。如果男性在进化史上倾向于寻求长期配偶，那么应该优先选择表现出高繁殖价值线索的十几岁的女性。对于该问题，西蒙斯（Symons，1979）预测，男性倾向于认为那些具有高繁殖价值的女性更具吸引力。威廉姆斯（Williams，1957）则预测，男性既有长期配偶约束，同时又有离婚和婚外情的可能性，因此会在繁殖价值与生育力之间表现出折中。与年轻有关的身体外观特征，如光滑的皮肤、紧致的肌肉、光泽的头发和丰满的嘴唇，以及与年轻有关的行为指标，如高能量水平和敏捷的步态，都是提示女性繁殖价值的强有力线索，因此，男性在进化过程中已经把上述特征看作女性具有性吸引力和美丽的标准。基于此可以预测，如果男性选择具有上述高繁殖价值线索的女性，平均来说将留下较多后代，而如果男性不喜欢具有这些高繁殖价值线索的女性，平均来说将留下较少的后代。当然，男性选择伴侣的偏好除了以上所讲的特征，可能还有一些文化或其他决定吸引力标准的因素，比如，身材、皮肤颜色、眼睛的特征、耳朵的特征、生殖器的特征等。

女性寻找配偶并繁殖成功与男性的标准有所不同，并不需要寻找生育力高的男性配偶。男性的生育力并不像女性那样随着年龄的变化而迅速变化，也很难通过外表准确评估，因此女性在选择配偶时不像男性那样重视对方的外表吸引力。

巴斯基于以上分析提出假设：尽管可能存在绝对年龄偏好方面的跨文化差异，

或者存在与繁殖能力无关的关于女性吸引力的文化特异性标准，但男性和女性在对年轻和身体吸引力方面的择偶偏好，有望超越文化差异和其他影响美丽标准的因素，出现系统的性别差异。其中，暗示年轻和健康并被认为具有吸引力的身体和行为线索，应该在所有文化中都与女性的繁殖价值联系在一起。

19.1.4 亲子关系概率：男性更加重视配偶的贞洁

在雄性投资的繁殖系统中，进化应该优先选择那些能确保其投资被用于自己的后代而不是其他雄性的后代的雄性。男性无法完全确保自己的投资对象是自己的后代，因而对潜在伴侣的贞洁进行评估的机制被进化出来，通过这种机制，男性可以在更大程度上确保其投资对象是自己的后代（Dickemann，1981）。假设人类的行为倾向有一定的时间稳定性，在使用现代避孕工具之前的时代，保持贞操的女性将更有可能在未来的婚姻中保持忠诚，确保男性和后代的亲子关系，从而提高男性投资于自己后代的概率。男性如果没有这种偏好，将加大浪费时间和精力进行求偶的风险，并有可能投资于其他男性的后代，降低繁殖成功率。因而，在进化过程中，与那些不在乎女性贞洁的男性相比，选择贞洁女性的男性繁殖成功率将更高。

然而，贞操与亲子可能性之间的联系存在男女差异。在进化过程中，不论男伴先前的性经历如何，女性都可以确定自己与孩子的关系，其母亲身份无可置疑。这种性别上的不对称性产生了一个具体的预测：男性比女性更看重潜在伴侣的贞洁。

19.2 研究假设

基于以上的理论分析和前人的研究，巴斯提出了五个假设。由于男性作为配偶的价值更多取决于其能提供的外部资源，而与获得资源有关的特征将受到女性的重视，因此，巴斯提出两个假设。

假设一：女性比男性更加重视潜在配偶良好的经济前景和赚钱能力。

假设二：女性比男性更重视潜在配偶的抱负水平和勤奋水平。

女性的配偶价值主要取决于其繁殖能力，而年轻和美貌是繁殖能力的最佳线索，因此，巴斯又提出了两个假设。

假设三：男性比女性更加重视潜在配偶是否年轻。

假设四：男性比女性更加重视对方的外表吸引力。

男性无法完全确保自己的投资对象是自己的后代，女性则可以保证自己与孩子的亲子关系，而女性的贞洁程度意味着对配偶的忠诚，因此，巴斯提出了第五个假设。

假设五：男性比女性更加重视潜在配偶的贞洁。

巴斯在37种文化中验证了这些假设。

19.3 研究方法与结果

19.3.1 研究方法

巴斯与合作者从位于六大洲和五个岛上共33个国家中选取了37个文化样本，共计10 047名被试。平均年龄最小的样本为新西兰样本，平均年龄为16.96岁，最大的是德国样本，平均年龄为28.71岁。37个样本中只有一个样本不足100人，所有样本平均为272人。这37个样本在生态系统、地理位置、社会文化、政治倾向、种族和族裔组成、宗教取向、经济状况、择偶系统的性质方面有巨大差异，有一定的代表性，是择偶偏好研究历史上最大的样本。

其使用了两个测量工具。工具一除了收集年龄、性别、宗教信仰、婚姻状况、兄弟人数和姐妹人数等人口学数据外，还收集两方面的数据：第一，要求受访者说出自己愿意在多大年龄结婚，希望自己与配偶之间有多大年龄差，更愿意自己的年龄较大还是配偶的年龄较大，希望有多少孩子。第二，要求被试用四点量表评价18个特征（如可靠性、社交性、贞操、智力等）对选择配偶的重要性。

在工具二中，其向被试列出了13项潜在伴侣的特征，如宗教、善良和理解、令人振奋的个性等，要求被试根据自己在择偶中想要这些特征的程度，对这13项特征进行排序。其实研究者主要关心的是混杂在这13项特征中的"良好的挣钱能力"和"身体吸引力"这两项特征。

19.3.2 研究结果

巴斯的这项研究主要有如下发现。

第一，调查对象对"良好的经济前景"和"抱负与勤奋"的重视。对于工具一中"良好的经济前景"这一特征的评价，不同样本出现了巨大差异。总体来看，尽管每个大陆的样本内部差别很大，但南美洲、北美洲、亚洲和非洲的样本比西欧的样本更重视这些特征。另外，在 37 个样本中有 36 个出现了性别差异，女性比男性更加重视这一特征，唯一的例外是西班牙样本。对于工具二中“良好的挣钱能力”，也是只有在西班牙样本中没有出现性别差异。“抱负与勤奋”也表现出类似的模式，37 个样本中有 34 个样本的结果与预测的方向一致，女性比男性更重视对方的“抱负与勤奋”，其中 29 个样本的性别差异达到了显著。哥伦比亚、西班牙和南非祖鲁人这 3 个样本显示出相反的性别差异，男性比女性更重视对方的“抱负与勤奋”，但仅有祖鲁人样本差异显著。这可能是因为祖鲁人认为建造房屋、取水和其他繁重的体力劳动是女性的工作，而男性通常离开农村的家到城市工作，这种地方性的分工可能是祖鲁人产生这种性别差异的原因。

第二，年龄差异。在所有 37 个样本中，男性平均希望自己的配偶比自己小 2.66 岁，而女性平均希望自己的配偶比自己大 3.42 岁，两种性别的平均优选年龄差异为 3.04 岁。男性希望自己 27.49 岁时结婚，如果减去希望自己的配偶比自己小的 2.66 岁，可以得到男性希望结婚对象在 24.83 岁时嫁给自己，这一年龄更接近生育力高峰期而不是繁殖价值高峰期。女性希望自己 25.39 岁时结婚，如果加上希望自己的配偶比自己大的 3.42 岁，可以得到女性希望自己嫁给 28.81 岁的配偶。在不同样本中，年龄差的差异非常大。在尼日利亚和赞比亚这两个仅有的实行一夫多妻制的国家，男性希望对方比自己小的岁数分别是 6.45 岁和 7.38 岁。在一夫多妻的婚配系统中，男性通常会比一夫一妻制的婚配系统中年龄更大。

第三，理想状况和实际状况的一致性。实际情况如何呢？巴斯主要分析了希望的最佳年龄差和实际的结婚年龄差。巴斯获得了 33 个国家中 27 个国家的结婚年龄数据，分析结果显示，在 27 个国家中，婚姻中男女之间的实际年龄差从爱尔兰的 2.17 岁到希腊的 4.92 岁，妻子均比丈夫年轻，各国丈夫和妻子之间的平均年龄差为 2.99 岁，这与前面计算出的两种性别的平均优选年龄差异 3.04 岁非常接近。因此，配偶之间的优选年龄差异确实反映在婚姻的实际年龄差异上。对于各国的男性和女性被试来说，他们希望的年龄差异与实际年龄差异之间呈显著正相关。男性希望自己的结婚年龄是 27.49 岁，女性希望自己嫁给 28.81 岁的配偶，而男性的实际结婚年龄为 28.2 岁，三者非常接近。女性希望自己的结婚年龄是 25.39 岁，男性希望结婚对象在 24.83 岁时嫁给自己，而女性的实际结婚年龄为 25.3 岁，三者同样非常接近。被试自我报告的结果与实际情况的这种一致性表明，明确的喜好的确反映在实际的择偶决策中。

第四，身体吸引力重要性的性别差异。对工具一中“长得好看”这一变量的评价，37 个样本中有 34 个样本表现出明显的性别差异，男性均比女性更加重视对方的这一特征。虽然印度、波兰和瑞典这三个样本中对“长得好看”的评价没有显著的性别差异，但在工具二中对 13 个特征进行排名时，“身体吸引力”这一特征的排名表现出显著的性别差异。这些结果证实了男性比女性更看重潜在配偶的身体吸引力这一假设。

第五，对贞操的重视。对于工具一中“贞操：过往无性交经历”这一变量的重视程度，出现了巨大的文化差异。中国、印度、印度尼西亚、伊朗和以色列的阿拉伯人对潜在伴侣的贞操表现出最大程度的重视，而瑞典、挪威、芬兰、荷兰、西德和法国的人则对其表现出最低程度的重视。甚至有几名被试书面表示，不希望潜在伴侣没有性交经历。与其他西欧样本不重视贞操不同的是，爱尔兰样本对贞操的重视程度较高。来自非洲、日本、波兰和爱沙尼亚的样本也显示出对贞操的中等评价。而且，37 个样本中只有 23 个样本表现出对贞操重视程度的性别差异，其余 14 个样本对贞操的重视程度没有明显的性别差异。这些结果仅为基于进化的亲子概率假设提供了中等程度的支持。值得注意的是，在 13 种特征的排名中，贞操表现出最大的跨文化差异。

19.4 讨　论

基于进化理论，巴斯对男性和女性的择偶偏好提出了 5 个假设，并在 33 个国家选取了 37 个文化样本进行了跨文化研究。这项研究的工作量是巨大的，在进行具体研究的过程中也遭遇很多困难，不得不进行一定程度的灵活处理。最终的结果是，在 5 个假设中，“女性比男性更加重视潜在配偶良好的经济前景和赚钱能力”，“男性比女性更加重视潜在配偶是否年轻”和“男性比女性更加重视对方的外表吸引力”这三个假设在各种文化中得到了完全证实，而“女性比男性更重视潜在配偶的抱负水平和勤奋”的预测仅在 29 个样本中得到验证，并且在祖鲁人中显示出明显的逆转。“男性比女性更加重视潜在配偶的贞洁”的预测得到的支持更少，在 37 个样本中只有 23 个样本表现出明显的性别差异。

另外，巴斯仅预测了男性会比较重视潜在配偶的年轻，但并未预测女性会希望潜在配偶比自己年龄大，但研究结果发现，所有 37 种文化中的女性都偏爱年龄较大的伴侣。以往研究发现，男性的年龄与收入之间呈正相关关系，表明女性似乎认为年龄较大的男性所拥有的资源更多，从而倾向于选择他们。这一结果间接证明了部分假设，即女性偏爱那些具有与资源相关的特征的伴侣。人们对贞操的偏爱差异很大，这表明文化差异、生态差异或择偶系统差异会对贞操的价值产生较大影响。

对于巴斯的这一研究，需要注意几个问题：首先，样本不能代表每个国家的所有人口，其中农村和受教育程度较低的人的代表较少。其次，尽管男性和女性的偏好均值有差异，但二者的偏好分布实际上有很大的重叠。最后，尽管择偶的特征偏好有很大的性别差异，但赚钱潜力和外表吸引力这两项特征都没有被两性列为最重要的特征。在所有样本中，男性和女性对“亲切-理解”和“智力”特征的评分都高于对赚钱潜力和外表吸引力的评分，这表明物种典型的择偶偏好可能比与性别相关的偏好的影响更大。

需要指出的是，进化生物学和进化心理学中所提到的人类择偶偏好，只是说在择偶中会遵循这样的原则和倾向性，并不意味着人类在择偶过程中能意识到潜在的进化逻辑。实际上，人类在择偶时一般并不会考虑亲代投资、繁殖价值这样的问题，甚至有时会有意否认这一点，但在进化过程中形成并通过基因传递的行为倾向却总是会影响人类的选择。

19.5 该研究在跨文化心理学中的重要性及长期影响

自 1859 年达尔文的《物种起源》出版以来的一个多世纪中，生物进化论已经取得了巨大成功，成为生物学理论的基石。以自然选择理论为基础，把现代心理学原则和进化生物学相结合，在 20 世纪 80 年代产生了进化心理学这一新的分支学科，其中巴斯是主要代表人物之一。进化心理学试图用进化的观点对人类心理的起源和本质以及一些社会现象进行深入探讨和研究，认为人类的心理就是一整套信息处理的装置，这些装置是通过自然选择形成的，其目的是处理我们祖先在进化过程中所遇到的适应问题。

作为进化心理学的重要研究课题，动物和人类的择偶行为受到广泛重视。巴斯认为，择偶偏好的跨文化研究可以帮助我们更好地理解行为背后的逻辑。巴斯的这项研究是典型的进化心理学研究，同时也是一项跨文化心理学研究，对于从跨文化心理学角度理解人类择偶行为，也具有重要的启示意义。如果人类的择偶行为是自然选择的结果，有利于繁殖成功的行为倾向将出现跨文化的一致性，表现为文化对这些行为倾向没有影响。但是，如果这些行为不是自然选择的结果，没有生物学基础，则可能受文化的影响较大，表现为不同文化中的行为差异较大。巴斯在 37 种文化中进行了考察，发现择偶偏好的男女差异具有跨文化的普遍性，为择偶行为的跨文化心理学研究增加了新的知识。

该文在《行为与脑科学》1989 年第 1 期上发表时，同期杂志还同时刊登了 27 篇对该文的评论，以及巴斯本人对这些评论的回应，可见该文在发表时已经受到高度重视。截至 2019 年，用谷歌学术搜索可以查到超过 5000 条对该文的引用，可见该文产生了长期、广泛、重大的影响，已经成为进化心理学、跨文化心理学的经典文献。进入 21 世纪，依然有很多研究继续引用巴斯的研究，甚至直接在该研究的基础上进行新的研究。下面试举两例。

美国西北大学的保罗·伊斯特威克和伊莱·芬克尔（Eastwick & Finkel，2008）反复引用了巴斯的研究及其他类似研究，认为虽然以往通过多种研究范式进行的研究都证明了男性在择偶过程中比女性更看重身体吸引力，而女性比男性更看重赚钱的前景，但不清楚的是，在现实生活中选择潜在伴侣时对对方特质的偏好是否还有这样的性别差异。伊斯特威克和芬克尔使用快速约会和纵向随访程序进行了探索，结果与巴斯及其他类似的研究一致，发现被试在陈述身体吸引力和挣钱前景重要性时表现出性别差异，但被试对快速约会中潜在伴侣的兴趣与这些潜在伴侣的吸引力之间，以及被试对这些潜在伴侣的兴趣与这些潜在伴侣的赚钱前景之间的关联，都没有性别差异。另外，快速约会活动之前所评估的理想择偶偏好，无法预测是什么激发了他们在约会活动中的实际愿望，这说明人们并不清楚是什么因素影响了自己的判断和行为，以及这些因素是如何产生影响的。

新加坡管理大学的李品正等（Li et al.，2011）引用了巴斯的研究，并在巴斯研究的基础上使用预算分配方法考察了美国和新加坡男性和女性的择偶偏好及其性别差异，结果发现，男性在择偶中优先考虑身体吸引力，而女性则将社会地位作为其考虑长期伴侣的必要条件。另外，其还发现，在寻找短期伴侣时，男女都倾向于将身体吸引力视为必需品。这项研究与巴斯的研究结果非常相似，为择偶偏好模型提供了新的跨文化证据。

回到本章开头关于征婚启事表现出的特点，这些征婚启事中男性和女性所关注的条件的差异，其实反映了一种跨文化的、普遍的规律，即男性比女性更加重视对方的外表吸引力，而女性比男性更加重视对方现实的或潜在的提供资源的能力，这种规律是进化机制的具体表现。

参考文献

Buss，D. M.（1987）. Sex differences in human mate selection criteria：An evolutionary perspective. In C. Crawford, M. Smith, & D. Krebs(Eds.), *Sociobiology and Psychology: Ideas, Issues and Application* (pp. 335-351). Hillsdale: Erlbaum.

Buss, D. M. (1989) . Sex differences in human mate preferences: Evolutionary hypotheses tested in 37 cultures. *Behavioral and Brain Sciences, 12*, 1-49.

Dickemann, M. (1981). Paternal confidence and dowry competition: A biocultural analysis of purdah. In: R. D. Alexander & D. W. Tinkle (Eds.), *Natural Selection and Social Behavior* (pp.439-475). Concord: Chiron Press.

Eastwick, P. W., & Finkel, E. J. (2008). Sex differences in mate preferences revisited: Do people know what they initially desire in a romantic partner? *Journal of Personality and Social Psychology, 94*, 245-264.

Li, N. P., Valentine, K. A., & Patel, L.(2011). Mate preferences in the U.S. and Singapore: A cross-cultural test of the mate preference priority model. *Personality and Individual Differences, 50*, 291-294.

Symons, D. (1979) . *The Evolution of Human Sexuality*. Oxford: Oxford University Press.

Thornhill, R., & Thornhill, N. W.(1983). Human rape: An evolutionary analysis. *Ethology and Sociobiology, 4*, 137-173.

Trivers, R. L. (1972) . Parental investment and sexual selection. In B. Campbell (Ed.), *Sexual Selection and the Descent of Man* (pp.136-179). Chicago: Aldine.

Williams, G. C. (1957) . Pleiotropy, natural selection and the evolution of senescence. *Evolution, 11*, 398-411.

20　社会责任知觉的跨文化差异

本章评述的是琼·米勒等于 1990 年发表于《人格与社会心理学杂志》(*Journal of Personality and Social Psychology*)的研究报告《印度人和美国人的社会责任知觉：道德义务还是个人选择？》(Perceptions of social responsibilities in India and the United States: Moral imperatives or personal decisions?)[①]。

琼·米勒(Joan Miller)

美国心理学家，于 1971 年在哥伦比亚大学获得学士学位，分别于 1976 年和 1982 年在芝加哥大学获得硕士学位和博士学位，曾经在耶鲁大学、密歇根大学工作，2003 年起在位于纽约的新学院大学工作，现在是该校新社会研究学院的心理学教授。主要从事文化心理学、文化与自我、文化与社会认知、文化与道德等方面的研究。本章所介绍的文章于 1990 年发表时，米勒在耶鲁大学任教授。

① Miller, J., Bersoff, D. M., & Harwood, R. L. (1990). Perceptions of social responsibilities in India and the United States: Moral imperatives or personal decisions? *Journal of Personality and Social Psychology*, *58*, 33-47.

20.1 背景介绍

20.1.1 社会责任的理论解释

下面是一个小故事。

> 艾米是一位30岁的女性，喜欢绘画。有一天，她听说一家倒闭的艺术品商店正在甩卖。艾米想去看看是否可以在那里买到合算的东西。这家商店在小镇另一边的班扬街上。艾米不知道班扬街在哪里，于是向她最好的朋友丽莎询问前往班扬街的路线。但丽莎正忙着读一本精彩的书，不想被打扰，就拒绝告诉艾米怎样去班扬街。结果当艾米终于到达艺术品商店时，那里几乎已经没什么艺术品了。

如果你是丽莎，你会告诉艾米怎样去班扬街吗？你认为丽莎拒绝告诉艾米怎样去班扬街是一个道德问题吗？其他文化中的人跟你的想法会一致吗？

这是美国心理学家琼·米勒、大卫·伯索夫和罗宾·哈伍德合作发表于1990年的一项研究中所使用的研究材料，这项研究考察的是印度人和美国人在助人情境下对社会责任的知觉。

假如有一个人需要我们的帮助，我们帮还是不帮呢？我们在决定是否提供帮助时，会考虑我们与这个人的关系吗？会考虑这个人是否曾经帮助过我们吗？会考虑这个人的需求的大小、性质吗？这是一个有关社会责任的问题。关于这一问题，心理学家提出了不同的观点。

第一种观点是柯尔伯格（Kohlberg，1981）提出的，认为只有当社会责任与维护正义和维护个人权利联系在一起时，才获得了完全的道德力量。例如，在海因茨两难困境的例子（见第 9 章）中，海因茨就具有维护妻子生命权的道德义务。而且这种道德义务适用于陌生人，而不仅仅是适用于主人公所认识或喜欢的人。但是，如果不是为了维护正义和个人的权利，满足他人的需求就是超越道德的，就不是完全必需的。

第二种观点是施瓦茨（Schwartz，1975）和其他社会心理学家提出的，认为助人规范或社会责任规范会引导个人的助人行为。这种社会规范要求我们帮助有需求的人，即使对方的生命权不受影响或者对方不认识我们。然而，即使这些规范会影响人的助人行为，个人是把这种规范看作客观义务，还是将其视为受合法管制（legitimate regulation）？

第三种观点是吉利根（Gilligan，1977）提出的，认为人际反应和关爱是一种独特的道德准则。与正义道德、助人规范、社会责任规范相反，这种道德规范是以人际关系为基础的。例如，妻子关注丈夫的福利，这种义务部分源于他们之间的关系。吉利根认为这种道德规范分布于特定的亚群体中，例如，女孩和成年女性比男孩和成年男性更倾向于持这种取向。

20.1.2 社会责任知觉的跨文化研究

米勒和卢塔尔（Miller & Luthar，1989）对美国和印度成年人对假设事件的反应进行了比较，假设事件中的主人公没有满足与他们有关系的其他人（比如，朋友）的需求。结果发现，印度被试倾向于将这种行为视为道德问题，但美国被试则倾向于将其视为个人选择问题。这表明，两种文化具有不同的道德规范，印度人的判断表明他们具有优先考虑社会责任的道德准则，而美国人的判断表明他们具有优先考虑个人权利的道德准则。

米勒等认为，尽管该研究发现了一些文化差异，但仍有一些问题尚未解决。第一，被试对这些问题的解释是因为考虑到他人的需求，还是考虑到双方的关系，还是两者都考虑了？第二，由于没有考察不同类型需求的影响以及双方不同关系的影响，所观察到的跨文化差异与哪个因素有关呢？第三，该研究仅仅根据行为是否受合法管制来区分道德取向和个人选择取向，可能没有发现美国人的社会责任概念的复杂性。尽管美国人在思考社会责任时强调个人的选择自由，但也包含某些道德方面，比如，义务的概念。

考虑到美国人和印度人的文化信仰和价值观有所不同，特别是美国文化强调个人自主权和选择自由，而印度文化强调人际依存和社会义务，这可能会影响他们在这一领域的态度，因此，米勒等在前人（Miller & Luthar，1989）的研究的基础上，在美国和印度选择了儿童和成人被试，进行了一项新的跨文化研究（Miller et al.，1990），考察被试在帮助情境下的态度。本章主要介绍这项研究。

米勒等在研究中向被试呈现若干假设的情境，情境中的主人公拒绝帮助一个需要帮助的人。自变量有 4 个：①需求水平，通过事件类型操纵该变量，包括极端需求、中等需求和微小需求三个水平；②主人公和求助者之间的关系类型，通过变换角色操纵该变量，包括亲子、朋友、陌生人三个水平；③文化，在印度和美国两种文化中选择被试；④年龄，选择不同年龄组的被试。使用多种因变量作为指标，考察不同条件下被试对情境中主人公行为的态度。

20.2 理论假设

米勒等提出了以下几种假设。

第一，如果故事中需要帮助的人是有中等需求的朋友或陌生人，或者对方仅有微小需求，印度被试将比美国被试更多地把满足对方的需求视为客观义务和受合法管制。

第二，如果故事中需要帮助的人有极端需求，或者双方关系为亲子关系且对方有中等需求，两国被试对满足对方需求的理解不会有跨文化差异。

第三，印度被试对故事中主人公行为的分类在各种需求水平和关系条件下保持不变，但美国被试的分类会随着需求水平和关系类型而变化。具体来说，印度被试认为在所有条件下满足对方的需求都属于道德问题，也就是在这些条件下把帮助对方视为客观义务，或者视为受合法管制。如果这种结果出现，将表明印度文化更加重视人们之间的相互依赖和相互帮助。美国被试仅在涉及极端需求或双方为亲子关系且对方有中等需求的情况下，才能从道德角度看待满足他人需求的行为。如果美国人表现出这些趋势，则表明美国文化会同时重视善行和个人自由的最大化。

第四，对控制事件的推理，即主人公拒绝参与不公正行为和拒绝做别人要求自己做自己不喜欢的事的事件，将不会出现跨文化差异。对于前者，主人公的行为将被视为客观义务和受合法管制；对于后者，主人公的行为既不会被视为客观义务，也不会被视为受合法管制，例如，可能会被看作个人选择问题。

20.3 研究方法与结果

20.3.1 研究方法

20.3.1.1 被试

米勒等在美国和印度的 2 年级、6 年级和大学这三个年龄组分别招募了 60 名被试，共 360 名被试参加了实验。

20.3.1.2 实验材料

采取若干措施保证研究材料在印度当地文化中的适切性。两个语言版本的材料都有 3 组共 9 个项目。

第一组的 3 个项目中，主人公拒绝帮助一个有极端需求的人，例如，面临生命威胁，二者的关系分为三种：第一种是亲子关系，主人公拒绝帮助自己 8～12 岁的孩子；第二种是朋友关系，主人公拒绝帮助一个同性别的最好的朋友；第三种是陌生人关系，主人公拒绝帮助一个同性别和同年龄的陌生人。第二组的 3 个项目中，主人公拒绝帮助一个有中等需求的人，例如，手术前的心理支持，二人的关系与第一组一样也是分为三种。第三组的 3 个项目中，主人公拒绝帮助一个有微小需求的人，例如，需要指出去商店的路，二人的关系与第一组和第二组一样分为三种。另外，其还构建了四个控制事件，在这些事件中，要求别人为其提供帮助的人实际上并不需要帮助。其中，前两个事件为一类，即避免不公正事件：主人公拒绝了别人要求主人公去做不公正的行为，例如，某人因为妒忌而要求主人公摧毁他人的花园，主人公拒绝了；另外两个事件是第二类，即个人偏好事件：主人公拒绝了别人要求主人公去做自己不喜欢的事，例如，当主人公想要阅读时事类书籍时，却被要求阅读体育类书籍，而主人公拒绝了这一要求。

每个情境都具有下述五个特点：①故事中寻求帮助的人需要主人公以满意的方式满足其需求；②寻求帮助的人明确要求主人公提供帮助；③主人公满足对方需求所须付出的代价极小；④主人公拒绝帮助对方的动机没有说服力且是自私的；⑤主人公拒绝提供帮助给对方造成了一定的影响。

20.3.1.3 实验程序

在第一阶段，将每个事件读给被试，然后进行三个问题的访谈。前两个问题考察被试对行为的评估。第一个问题要求被试指出并解释他们认为主人公的行为是不是可接受的（all right）；第二个问题要求被试用九点量表评估主人公行动的合意性（desirability），1 分表示“极度不合意”，9 分表示“极度合意”，中点为 5 分。对于儿童被试，不用九点量表，而是用从皱眉脸逐渐过渡到微笑脸的视觉形式打分。第三个问题要求被试判断特定情境中的行为是否受客观义务支配，该问题有两个版本。对于第一个版本，也就是主人公拒绝了别人要求主人公做不公正行为的控制事件，要求被试回答，即使主人公愿意做出这种不公正行为，他是否有义务拒绝做这件事？例如，“如果有人要主人公拆除他人的花园，你认为主人公是否有义务拒绝？”对于第二个版本，也就是主人公拒绝了别人要求主人公去做自己不喜欢的事的控制事件，要求被试回答，如果主人公不想做这件自己不喜欢的事，他是否有义务按照要求去做这件事？例如，“如果人们不想给别人指路，你是否认为他们仍然有义务给他们指路？”在所有情况下，都告知被试该问题涉及的是客观义务，即“不仅仅是因为规则或法律而存在的义务”。

访谈的最后部分是两项分类任务，要求被试对描述了每个事件概况的索引卡片进行分类。第一项分类任务的目的是评估被试认为行为是否受到合法管制，要求被试把每张卡片分到以下两种描述之一：①应以某种方式阻止，或惩罚做出类似行为的人；②这是他个人的事，以某种方式制止或惩罚做出类似行为的人是不对的。向被试解释，“制止或惩罚”不仅包括法律上的惩罚，还包括非法律的制裁，例如，轻视。将卡片归为第一类表明被试认为事件中的行为受到合法管制，将卡片归为第二类则表明被试从个人角度审视事件中的行为。第二个分类任务考察了对需求水平的实验操作。打乱卡片顺序，要求被试根据每个事件中要求主人公提供帮助的人的需求的水平，将这些事件分为四组，分别是“无需求”（0）、“微小需求”（1）、“中等需求”（2）和“极端需求”（3）。

20.3.1.4 数据编码

对于事件中的行为是否受高于规则或法律的道德义务支配，或是受到合法管制，或两者兼有的调查，被试的回答被编码为四类：①道德问题，既由客观义务支配也受合法管制的行为；②社会习俗，仅受合法管制支配，但不受客观义务支配的行为；③个人道德问题，仅受客观义务支配，但不受合法管制支配的行为；④个人选择，既不受合法管制支配，也不受客观义务支配的行为。

米勒构建了一种五类编码方案，用于编码被试为何对特定行为视为好事还是非好事的开放式解释。第一类是福利方面的考虑，包括：①提及他人的需求（例如，“她的女儿对手术非常恐惧”）；②主人公本来可以用自己的资源提供帮助，但他没有提供帮助（例如，“她有大量阿司匹林，所以她可以给一些”）；③主人公不提供帮助是自私或不友善（例如，“这是一件自私的事情”）。第二类是个人选择方面的考虑，包括：①主人公的自行决定权（例如，“取决于他的决定”）；②请求帮助的人的需求很小（例如，“去观光不是很重要”）；③请求帮助的人应对自己的问题负责（例如，“如果他想看电影，他应该带足够的钱”）；④没有义务提供帮助（例如，“如果您不想的话，不必给别人指示”）。第三类是不公正/有害，涉及主人公行为的不公正（例如，“不付钱就拿东西是不公平的”）和主人公行为所造成的损害（例如，“毁坏了他的花园”）。第四类是角色职责，是指由主人公的角色地位带来的义务（例如，“作为母亲要提供帮助，这是其义务的一部分”）。第五类是其他未提及的因素。

20.3.2 研究结果

20.3.2.1 对行为合意性的评估

米勒等以被试对事件合意性的评定为因变量，进行了 2（文化：美国、印度）×3（年龄：2 年级、6 年级、大学）×3（角色：亲子关系、朋友关系、陌生人关系）×5（事件类型：极端需求事件、中等需求事件、微小需求事件、避免不公正事件、个人偏好事件）的方差分析。结果发现，不同事件类型之间的合意性评级差异显著，极端需求事件被评为最不合意，其次是中等需求事件，最后是微小需求事件。另外，控制事件中的个人偏好事件被认为是比较合意的，避免不公正事件被认为是非常合意的。对于角色变量，相比陌生人的情况下，亲子和朋友的条件下事件被认为更不合意。这些结果表明，被试对事件合意性的评价具有惊人的共性，没有明显的文化或年龄差异。

20.3.2.2 对客观义务的评价

为了考察被试对客观义务的看法，对被试关于所考虑行为是否受规则或法律之上的义务支配的判断，米勒等以将这些行为归为客观义务的被试所占的百分比作为因变量，进行了 2（文化）×3（年龄）×3（角色）×5（事件类型）的方差分析。结果发现，对于朋友和陌生人的中等需求以及所有的微小需求事件，印度被试比美国被试更多地将满足其需求视为客观义务。但对于极端需求事件或者亲子关系的中等需求事件，则没有跨文化差异，印度被试和美国被试都将满足需求视为客观义务。对于所有其他需求事件，印度被试比美国被试更多地将满足其需求视为客观义务。

与假设一致，米勒等发现需求水平和角色仅对美国人的判断有显著影响。在需求水平的影响方面，随着需求水平的提高，美国人更频繁地将满足需求的行为视为客观义务。在角色的影响方面，在不同关系类型条件下，美国被试将满足需求视为客观义务的比例有差异。但需求水平和角色对印度被试的判断的影响很小，印度被试仅将满足陌生人的微小需求视为客观义务的频率较低，把其他情况下满足需求都视为客观义务。在控制条件下观察到的结果符合预测模式，几乎所有被试都将避免发生不公正事件归类为客观义务，而没有被试将个人偏好事件归类为客观义务，且没有文化差异。

20.3.2.3 对合法管制的认识

为检验被试对合法管制的看法，米勒等以将行为归类为合法管制行为的被试所占的百分比为因变量，进行了 2（文化）×3（年龄）×3（角色）×5（事件类型）的方差分析。结果发现，不同文化中对什么行为受合法管制的认识有差异。除了极端需求事件条件且角色为亲子关系的条件下没有表现出文化差异以外，其他条件下印度被试均比美国被试更多地认为满足需求的行为受到合法管制。另外，其还发现，需求水平和角色关系对美国人的影响要大于对印度人的影响。在需求水平方面，美国人多把极端需求事件视为受合法管制，在角色关系方面，美国人多把亲子关系条件下满足需求视为受合法管制。相比之下，需求水平和角色关系对印度人的影响较小，除了印度大学生较少将满足陌生人的微小需求视为受合法管制外，印度人将其他条件下满足需求均视为受合法管制。

对于控制事件的判断没有文化差异，所有被试都认为避免不公正事件的发生受合法管制，而个人偏好事件则不受合法管制。

20.3.2.4 美国人对个人选择类别的使用

米勒等以把需求事件归为道德类别、个人道德类别、个人选择类别的美国人的比例为因变量，进行了 3（年龄）×3（角色）×3（事件类别）×3（规则）的方差分析。结果发现，在不同角色关系的影响方面，在中等需求条件下，美国被试更多地把亲子关系行为事件归为道德类别，把陌生人行为事件归为个人选择类别，而把朋友行为事件归为个人道德类别，在微小需求条件下也是如此。对于需求水平的影响，极端需求事件多被归为道德类别，中等需求事件多被归为个人道德类别，微小需求事件多被归为个人选择类别。

总之，属于道德问题的行为与属于个人选择问题的行为之间的中间范围内的事件常被归为个人道德类别，该类别往往与朋友行为事件和中等需求事件有关。

20.4 讨　　论

米勒及其同事早期进行的研究表明，印度人具有优先考虑社会责任的道德规范，而美国人具有优先考虑个人权利的道德规范。为了更深入地考察在不同的需求水平和不同的角色关系条件下不同年龄和不同文化的人对满足需求行为的看法，米勒等在该研究中设计了两个实验，我们主要介绍了第一个实验中在不同需求水平和关系类型条件下所出现的文化效应。

20.4.1 文化对社会责任道德推理的影响

在类似于威胁生命这样的严肃情境中，美国被试和印度被试都把社会责任视为道德问题，但美国被试只将较小范围的社会责任视为道德义务，而印度被试对人际道德义务的看法极为广泛。米勒等认为，这是因为在印度文化观念和实践中强调以社会为中心，在这样的文化框架中，道德的出发点是社会整体，个人构成了社会整体的相互依存的部分。因此，通过响应他人的需求来为社会整体服务，这一义务往往被印度人视为基本的道德承诺。相比之下，美国被试所表现出来的人际道德义务的范围更窄，这反映了美国人认为自主的个体构成了基本的社会单位。在这种文化体系中，倾向于在个人的选择自由与高度期望的慈善价值之间进行权衡。

该研究结果给我们的一个启示是，过去一些认为道德规范具有普遍性的主张可能是有问题的。例如，柯尔伯格（Kohlberg，1981）认为社会责任并非我们所说的道德义务，但米勒却发现印度人将社会责任视为完全的道德义务，因此在不同的文化中，道德义务的范围是不同的。该研究给我们的另一个启示是，在解释亲社会道德推理的分布和起源时，须更加注意文化因素。

20.4.2 需求和角色对社会责任知觉的影响

需求水平对美国被试的道德判断有影响，这至少可以部分归因于美国人会在个人的自由和对他人的仁爱之间进行权衡。需求水平和道德判断之间的线性关系表明，美国人权衡了福利问题和个人选择因素。

角色因素的影响主要表现在：美国人更多地把涉及亲子关系的事件视为道德问题，即使子女的需求较小也是如此。这种趋势可能反映了美国文化中父母与幼儿角色关系的某种独特地位。与诸如亲朋好友或陌生人之类的人相比，他们后代的福利具有更大的自我关联性，他们之间的亲缘关系更为密切。美国人倾向于把对自己子女和朋友的社会责任视为客观义务，而不会把对陌生人的社会责任视为客观义务，这在一定程度上反映了他们尊重那些有需求的人。在所有情况下，美国被试均认为主人公有义务采取所考虑的行动，即使采取的行动违反了主人公的个人偏好。

在印度被试中，只有一种重要的角色效应发生：成年人较少把满足陌生人的微小需求视为道德义务。无论双方的关系是什么，只要对方有极端或中等需求，或者只要双方是亲子关系，无论对方有什么水平的需求，印度被试就把满足对方的需求视为道德义务。印度人强调等级结构化的社会义务，他们保持着更多基于角色的道德观点，因此，印度人应该表现出以角色为基础的道德认知普遍趋势，但本研究的结果并非如此。可以这样解释：尽管印度人将许多其他道德义务视为以角色为基础，但印度人似乎将社会责任视为所有人际关系中固有的基本义务和绝对责任。

20.4.3 个人道德：特定文化类别

米勒等在客观义务的概念（道德领域的特征）与个人选择自由的概念（个人领域的特征）之外，发现了一种个人道德概念。个人道德这一类别具有文化和内容的特定性，即仅由美国人使用，并且仅与介于道德观和个人选择之间的社会责任有关。

尽管美国人坚持认为履行社会责任是必要的，但也感受到了这种责任与个人选择自由之间的冲突，具体表现为他们采用了个人道德范畴。一方面，他们强调社会责任的客观性，以表达帮助求助者的承诺；另一方面，他们又宣称主人公是否履行社会责任是其个人的事情，从而实现对个人自由的承诺。

20.5 该研究在跨文化心理学中的重要性及长期影响

跨文化心理学试图在生态环境、社会文化、心理与行为差异之间建立起联系，以建立更具普适性的心理学，对心理现象进行更可靠、更合理的解释。在这些心理现象中，人们对道德的认识和评价在社会生活中至关重要。由于道德是调节社会行为的原则或观念，很多时候遵守或不遵守道德直接与人的生命、财产、地位、尊严等联系在一起，因此不同群体的道德观念是否一致，将对我们的生活产生重大影响。然而，道德是在特定文化中产生的，文化是否会影响人们在特定道德场景中对责任、义务这些与道德相关概念的理解呢？米勒的研究发现，印度和美国的被试在多个方面出现了差异，主要表现为需求水平、角色关系变量对印度人的影响很小，也就是说，他们把更广泛的需求视为客观义务和受到合法管制，而这些变量很容易对美国人产生影响。米勒的这项研究于 1990 年发表后，受到广泛关注。截至 2019 年，用谷歌学术搜索可以查到 600 多条引用。进入 21 世纪后，依然有很多研究在米勒的这项研究以及他们所进行的其他研究的基础上探讨新的问题。下面试举两例。

加利福尼亚大学洛杉矶分校的谢利·泰勒等（Taylor et al.，2007）研究了亚洲人和亚裔美国人与欧裔美国人在社会支持方面的差异。他们发现，虽然社会支持被认为是对抗压力的宝贵资源，但是亚裔和亚裔美国人却报告说社会支持对他们没有帮助，他们拒绝寻求社会支持，在支持服务的实际接受者中所占比例较低。泰勒等区分了显性社会支持（寻求和使用建议以及情感慰藉）和隐性社会支持（关注有价值的社会群体），发现亚裔和亚裔美国人在心理和生物学上受到的隐性社会支持比受到的显性支持多，而欧裔美国人则正好相反。在研究中，泰勒等引用了米勒等的研究指出，亚洲人在很广泛的条件下都认为应该对他人提供帮助，这说明虽然亚洲人不喜欢寻求社会支持，但实际上由于亚洲文化对于社会义务认识的普遍性，人们倾向于认为有义务支持他人，因此，亚洲人实际得到的隐性支持是很多的。

康奈尔大学的纳迪亚・切尔尼亚克等（Chernyak & Kushnir，2014）引用了本章介绍的研究以及米勒的其他若干研究，发现以往的研究认为不同文化的学龄前儿童和成人都了解选择的自由，同时还发现不同文化的成人在感知社会义务约束行为方面存在差异。他们以尼泊尔和美国的学龄儿童（4～11 岁）为研究对象，考察了他们关于遵循偏好、执行不可能行为、违反社会义务方面的信念。结果发现，不同文化和年龄的儿童都普遍认可遵循偏好和不执行不可能行为的选择。还发现两种文化中的幼儿都将社会义务视为行为的制约因素，但美国儿童产生这种想法的年龄较小。这说明虽然自由选择的基本概念是普遍的，但把社会义务看作行动约束的信念却是在文化的影响下形成的。

参 考 文 献

Chernyak，N.，& Kushnir，T.（2014）. The self as a moral agent：Preschoolers behave morally but believe in the freedom to do otherwise. *Journal of Cognition and Development，15*（3），453-464.

Gilligan，C.（1977）. In a different voice：Women's conceptions of self and of morality. *Harvard Educational Review，47*，481-517.

Kohlberg，L.（1981）. *The Philosophy of Moral Development：Moral Stages and the Idea of Justice. Vol 1. Essays on moral development*. New York：Harper & Row.

Miller，J. G.，& Luthar，S.（1989）. Issues of interpersonal responsibility and accountability：A comparison of Indians' and Americans' moral judgments. *Social Cognition，3*，237-261.

Miller，J. G.，Bersoff，D. M.，& Harwood，R. L.（1990）. Perceptions of social responsibilities in India and in the United States：Moral imperatives or personal decisions? *Journal of Personality and Social Psychology*, *58*, 33-47.

Schwartz, S. H. (1975). The justice of need and the activation of humanitarian norms. *Journal of Social Issues*, *31* (3), 111-136.

Taylor, S. E., Welch, W. T., Kim, H. S., & Sherman, D. K. (2007). Cultural differences in the impact of social support on psychological and biological stress responses. *Psychological Science*, *18*, 831-837.